Sandra Konrad
Liebe machen

AF641527

PIPER

Zu diesem Buch

»Liebe ist, wenn er mich ohne Worte versteht« ist genauso falsch wie »Beim nächsten Mann wird alles anders« oder »Glückliche Paare haben zweimal die Woche Sex«. Überhöhte Erwartungen und falsche Überzeugungen machen beiden Geschlechtern das (Liebes-)Leben schwer. Sandra Konrad beschreibt sehr anschaulich und einfühlsam die häufigsten Probleme bei der Partnerwahl, im Beziehungsleben und bei Trennungen. Untermauert mit spannenden wissenschaftlichen Studien und anhand vieler Beispielfälle erklärt sie, wie wir erkennen, was uns in einer Beziehung nicht guttut, warum Konflikte uns stärken statt schwächen, wie Paare die Herausforderung Kind meistern, ohne sich zu verlieren, wieso Treue kein Gefühl ist, sondern eine Entscheidung, und wie es uns gelingt, nach einer schmerzhaften Trennung loszulassen. Die perfekte Beziehung gibt es nicht, aber die gute Nachricht ist: Vieles liegt in unserer eigenen Hand und jeder kann eine Menge dafür tun, glücklich zu lieben.

*Dr. Sandra Konrad* ist Diplom-Psychologin und arbeitet seit 2001 als systemische Einzel-, Paar- und Familientherapeutin in eigener Praxis in Hamburg. In ihrer wissenschaftlichen und therapeutischen Arbeit untersucht sie transgenerationale Übertragungen – also den starken Einfluss der Vergangenheit auf die Gegenwart. Im Piper Verlag erschienen von ihr neben »Liebe machen« die Titel »Das bleibt in der Familie« und »Das beherrschte Geschlecht«. Sandra Konrad ist verheiratet und lebt in Hamburg.

Sandra Konrad

# Liebe machen

Wie Beziehungen wirklich gelingen

PIPER

*Mehr über unsere Autorinnen, Autoren und Bücher:*
*www.piper.de*

Von Sandra Konrad liegen im Piper Verlag vor:
Das bleibt in der Familie
Liebe machen
Das beherrschte Geschlecht
Nicht ohne meine Eltern

Die in dem Buch beschriebenen Fallbeispiele wurden anonymisiert und verfremdet.

***Für Patrick***
*You and I are more than you and I*
*Because it's we.*
*E. E. CUMMINGS*



Unser Versprechen für mehr Nachhaltigkeit
• Klimaneutrales Produkt
• FSC®-zertifiziertes Papier
• Hergestellt in Europa

FSC
www.fsc.org
MIX
Papier | Fördert gute Waldnutzung
FSC® C021394

Ungekürzte Taschenbuchausgabe
ISBN 978-3-492-30888-5
1. Auflage Juni 2016
4. Auflage November 2023

Umschlaggestaltung: rumbergdesign, Kornelia Rumberg
Umschlagabbildung: robodread/shutterstock (Herz), leungchopan/shutterstock (Papier)
Satz: Eberl & Koesel Studio, Kempten
Gesetzt aus der Whitman
Gedruckt von ScanBook in Litauen
Printed in the EU

*»Gib (ein bisschen) mehr*
*acht auf die Liebe*
*als auf alles andre.«*
E.E. CUMMINGS

# Inhalt

# Vorwort
# Über die Liebe und dieses Buch

Menschen sind gierige Wesen. Wir wollen alles und noch viel mehr, auch in der Liebe. Unsere Liebe soll einzigartig sein, tief und lodernd. Sie soll leidenschaftlich und sicher zugleich sein. Sie soll uns erfüllen. Unser Partner soll uns vervollständigen, uns herausfordern und auf allen Wegen begleiten. Unsere Beziehung soll ein Ort der Geborgenheit sein und gleichzeitig spannend, bis dass der Tod uns scheidet.

Wenn Sie diese Zeilen lesen, geht es Ihnen wahrscheinlich wie mir: Ein Teil in Ihnen stimmt entschieden zu und der andere winkt ab: Das geht doch gar nicht. Wir sind uns durchaus darüber im Klaren, dass die Liebe und unser Partner uns nicht *alles* geben können. Aber trotzdem fallen wir immer wieder auf unsere Sehnsüchte und uralte Mythen, die schon längst widerlegt sind, herein. Selbst ich, die es nach vielen Jahren aus eigener Beziehungserfahrung und besonders aufgrund meiner Arbeit als Paartherapeutin eigentlich besser wissen sollte. Ein zweistündiger Hollywood-Film genügt, um meine Vernunft aus- und all meine Prinz-Prinzessin-weißes-Pferd-Sehnsüchte anzuschalten. Wenn ich so einen Film gesehen habe, bin ich erst einmal sauer auf meinen Mann. Wieso hat er mir nicht so einen spektakulären Heiratsantrag gemacht? Wieso überrascht er mich nach einem Streit nicht mit einer Schnitzeljagd rund um den Globus? Wieso backt er mir keine Liebesbriefe in Soufflé-Törtchen ein?

Es ist verflixt: Frauen wissen meist theoretisch ziemlich gut, wie Beziehungen funktionieren, wenden ihr Wissen aber nicht an. Sie vergessen wichtige Weisheiten und am eigenen Leib gemachte Erfahrungen und steigern sich in Phantasien hinein, die sich in der Realität nie erfüllen werden: »Ich bin seit zehn Jahren seine Geliebte. Er hat mir versprochen, dass er seine Frau bald für mich verlassen wird.« Oder: »Wahre Liebe ist, wenn er mich ohne Worte versteht und mir die Wünsche von den Augen abliest.« Diese Sätze werden nicht wahrer, so oft Sie sie auch denken oder aussprechen.

Die typischsten – nachvollziehbaren – aber dennoch leider falschen Überzeugungen werden in diesem Buch thematisiert und anhand vieler Fallbeispiele beschrieben und aufgelöst. Mythen und Missverständnisse über die Liebe und Beziehungen fangen bei der Partnerwahl an, spiegeln sich in den schlechten Tagen des Beziehungsalltags und münden leider oft genug in eine Trennung – und so gibt dieses Buch in gewissem Sinne eine Chronologie der Liebesdenkfehler wieder.

»Love is all you need«, singen die *Beatles* und obwohl man ihnen nur zu gern Glauben schenken würde – es gehört noch ein bisschen mehr dazu, um in einer Beziehung glücklich zu werden. Denn während Verliebtheit einfach so, ganz ohne unser Zutun passiert, ist eine Liebesbeziehung eine Aktivität, deren Verlauf neben unserer Persönlichkeit und der unseres Partners auch von unserer Bindungsfähigkeit, vielen unserer Entscheidungen und von unserem Verhalten abhängt. Eben davon, was wir in oder aus einer Beziehung *machen*. Von diesen Liebesaktivitäten – und den zugrundeliegenden Missverständnissen, was Liebe ist oder sein sollte – handelt dieses Buch. Sie werden erfahren:

- Wie **Verlieben und Partnerwahl** funktionieren, warum wir denken, dass es »den Richtigen« gibt, obwohl er im Verlauf einer Beziehung immer falscher wird, wie Seelenverwandtschaft zu erklären ist und warum unsere Eltern unsere Partnerwahl mitbestimmen, ohne dass sie ein Wörtchen darüber verlieren müssen.
- Wie **Beziehungen** idealerweise, realistisch oder schlimmstenfalls gestaltet werden können und welche Enttäuschungen in gängigen Überzeugungen lauern wie beispielsweise: »Unsere Liebe soll bedingungslos sein«, »Er wird sich noch ändern (oder ich ihn)«, »Die Heirat ist die Krönung unserer Liebe« oder »Mit einem Kind wird unsere Beziehung vollkommen«.
- Warum **Treue** kein Gefühl, sondern eine Entscheidung ist, was Männer und Frauen beim Thema Sexualität und Liebe unterscheidet, warum Untreue die größte Verletzung oder das größte Geschenk sein kann, und wie ein Paar einen Seitensprung gemeinsam überleben und die Beziehung letztlich sogar davon profitieren kann.
- Warum **Trennungen** sich oft wie ein Versagen anfühlen, auch wenn zwei Menschen alles in ihrer Macht Stehende getan haben, um ihre Beziehung zu retten, welche falschen Gründe es gibt, zusammenzubleiben, wieso Trennungen so schmerzhaft sein können, wie lohnenswert Liebeskummer ist und was wir brauchen, damit beim nächsten Partner wirklich alles besser wird.

Wahrscheinlich werden Sie sich in einigen Passagen wiedererkennen. Vielleicht werden Sie sich über manche Aussagen in diesem Buch ärgern. Mir selbst ist auch nicht alles recht, was ich hier geschrieben habe. Es ist und bleibt trotzdem wahr. Wissenschaftliche Studien, Beobachtungen aus meiner therapeutischen Praxis und Feldstudien legen nahe: Die Realität von Liebesbeziehungen ist nicht immer magisch, romantisch und sexy. Stattdessen fordert uns die Liebe immer wieder heraus, sie weckt Sehnsüchte und Ängste, Kampfgeist und Verzweiflung. Sie treibt uns in die falschen Arme und bricht uns bei einer Trennung das Herz. Liebe kommt und geht, wie es ihr beliebt. Sie bewegt sich für jeden Einzelnen von uns zwischen Mangel und Magie.

»Es gibt kaum eine Aktivität, kaum ein Unterfangen, das mit so ungeheuren Hoffnungen und Erwartungen begonnen wird und das mit einer solchen Regelmäßigkeit fehlschlägt wie die Liebe«, schrieb Erich Fromm in »Die Kunst des Liebens«. Aber die Liebe muss nicht scheitern. Je klarer wir erkennen, was wir zu einer gelingenden Beziehung beitragen können und auch, an welchen Stellen wir die Liebe und unsere Partner überfordern, desto eher können wir in Liebe und mit Liebe leben. Denn wie der Psychologe Fritz Riemann ein wenig überspitzt, aber dennoch treffend sagte: »Die Liebe ist kein Zustand, sondern ein Tun.«

In diesem Sinne: Suchen Sie, finden Sie, irren Sie, träumen Sie, glauben Sie, geben Sie, nehmen Sie, vertrauen Sie – *machen* Sie Liebe.

Hamburg im Dezember 2014
*Sandra Konrad*

PS. Weil ich davon ausgehe, dass Beziehungsbücher und Bücher über die Liebe eher von Frauen als von Männern gelesen werden, spreche ich bevorzugt das weibliche Geschlecht an. Sollte sich diese Annahme als Mythos entpuppen, lassen Sie es mich bitte wissen, liebe männliche Leser. Die Aussagen sind dennoch größtenteils geschlechtsunabhängig, gelten also ebenso für Männer wie für Frauen.

# EINS

# Woran wir glauben – was wir wissen – wovon wir träumen

*You've got to give a little, take a little,*
*And let your poor heart break a little.*
*That's the story of, that's the glory of love.*

*You've got to laugh a little, cry a little,*
*Until the clouds roll by a little.*
*That's the story of, that's the glory of love.*

*You've got to win a little, lose a little,*
*Yes, and always have the blues a little.*
*That's the story of, that's the glory of love.*
*That's the story of, that's the glory of love.*

AUS DEM SONG »THE GLORY OF LOVE«

## Die Geschichte von Sue und Frank

Was wir von Profis über die Liebe lernen können

Vor ein paar Jahren machten mein Mann und ich Urlaub in Kalifornien. Eines Abends gingen wir in dem kleinen Küstenort Cambria in ein Restaurant. Neben uns saß ein Paar, das zum Dessert ein großes Stück Kuchen bekam, auf dem eine Kerze brannte. Sie lächelten sich an und pusteten die Kerze aus. Dann hoben sie ihre Weingläser und prosteten erst einander und anschließend uns zu. »Wir feiern heute unseren 54. Hochzeitstag«, erklärte die Frau. »Sind Sie auch verheiratet?«

Wir nickten. »Wir sind beide fast 100, wenn wir unseren 54. Hochzeitstag feiern. Das wird ein Fest!«, flüsterte mein Mann mir zu. Wir gratulierten den beiden, die sich als Sue und Frank vorstellten.

»54 Jahre! Das ist großartig. Würden Sie uns das Geheimnis Ihrer Ehe verraten?«, fragte ich. Als Paartherapeutin, die sich berufsbedingt eher mit den Schattenseiten der Liebe befasst, höre ich mir sehr gern gelungene Liebesgeschichten an.

»Erst einmal muss man den richtigen Partner finden«, sagte Frank. Er toastete Sue noch einmal zu. »Liebe heißt Geben und Nehmen und ich habe viel Glück gehabt, dass ich mehr bekommen habe, als ich überhaupt geben konnte.«

Sue lächelte und nahm seine Hand. »Das hat sich nach seiner Rente geändert. Nun gibt er mehr und verwöhnt mich.«

»Ich habe im Laufe der Jahre immer mehr gelernt, wie wichtig es ist, zuzuhören. Das fiel mir nicht immer leicht«, gestand Frank. »Aufeinander eingehen und versuchen, die Dinge aus den Augen des anderen zu sehen – das ist schwer, aber es hilft auf Dauer.« Er überlegte einen Moment. »Wenn man in einer Sache völlig verschiedener Meinung ist, sollte man sich nicht bis aufs Blut streiten, sondern lieber rechtzeitig eine Pause machen. Ich hab mir dann entweder die Kinder geschnappt und mit ihnen im Garten gespielt oder bin mit dem Hund eine Runde um den Block gelaufen. In dieser Zeit ist mir dann meist auch klar geworden, dass ich ein Trottel war. Und dann hab ich mich bei meiner Frau entschuldigt. Man sollte sich immer entschuldigen, wenn man einen Fehler gemacht hat. Wichtige Entscheidungen gemeinsam treffen. Zusammenhalten. Durchhalten, auch, wenn es mal Schwierigkeiten gibt. Einfach weitermachen.« Sue nickte, schlug einmal leicht mit der Hand auf den Tisch und sagte energisch: »Und ganz wichtig – nicht an den Schwachsinn glauben, der einem erzählt wird. Liebe ist nicht nur Sonnenschein. Man wird nicht täglich und für immer auf Rosen gebettet. Wir sind beide bodenständige Menschen. Wir wussten, dass es auch mal schwierig wird.«

Die 72-jährige Sue und der 75-jährige Frank gehören zu den etwa 50 Prozent Amerikanern, denen es gelungen ist, in erster Ehe verheiratet zu bleiben.[1] Sie hatten sicherlich nicht nur rosige Zeiten miteinander. Aber sie haben in ihrer Beziehung vieles richtig gemacht und einiges beherzigt, was wissenschaftliche Studien über langjährige Partnerschaften und Eheglück herausgefunden haben.

In meiner therapeutischen Praxis treffe ich meist Men-

1 Deutschland hat eine geringfügig niedrigere Scheidungsquote: Laut Schätzungen des Statistischen Bundesamtes werden etwa 36 Prozent aller in einem Jahr geschlossenen Ehen im Laufe der nächsten 25 Jahre geschieden.

schen, die weniger glücklich in ihren Beziehungen sind als Sue und Frank. Menschen, die an sich, an ihrem Partner oder gar grundsätzlich an der Liebe zweifeln. Menschen, die über Trennung nachdenken oder sich gerade in der Auflösung einer ehemals intensiven Partnerschaft befinden. Menschen, die die Liebe suchen, sie aber nicht finden. Von ihnen höre ich oft Gedanken und Überzeugungen, die ich im Folgenden als Mythen der Liebe bezeichne und hinterfrage. Denn Liebe ist oft viel mehr als wir denken, aber manchmal eben auch weniger als wir erhoffen.

Jeder Mensch hängt gelegentlich unrealistischen und schlichtweg falschen Vorstellungen nach. Die Kunst ist, sie loszulassen und sich auf das, was das Leben und die Liebe uns bietet, wirklich einzulassen. Verantwortung zu übernehmen für unser Verhalten und unser eigenes Glück. So wie Sue und Frank, die von Anfang an wussten, dass es in ihrer Beziehung nicht immer leicht sein würde und die sich trotzdem vorgenommen hatten, nicht aufzugeben. Weder sich selbst, noch ihre Beziehung, noch die Liebe, die sie nach 54 Jahren immer noch verbindet.

## Liebe ist Schicksal

Warum aus Hollywood schöne Filme und schlechte Ratschläge kommen

Sara und Jon lernen sich im Dezember beim Weihnachtseinkauf zufällig kennen. Obwohl beide in festen Beziehungen leben, verbringen sie den Nachmittag zusammen und verlieben sich ineinander. Jon möchte Sara wiedersehen, aber Sara will, dass das Schicksal über ihre Zukunft entscheidet: Sie bittet Jon, seine Telefonnummer auf einen Geldschein zu schreiben, den sie sogleich ausgibt. Sara schreibt ihre Telefonnummer in ein Buch, das sie am nächsten Tag in einem Antiquariat verkauft. Sie ist überzeugt: Wenn er das Buch und sie den Geldschein findet, sind sie füreinander bestimmt.

Hat Sara recht und ist Liebe Schicksal? Finden zwei Menschen auch unter schwierigsten Bedingungen (zu-)einander? Und ist es nicht undankbar, das Schicksal herauszufordern, wenn man jemanden getroffen hat, zu dem man sich so hingezogen fühlt? Sara und Jon haben Glück. Ein paar Jahre später – kurz bevor sie andere Partner heiraten – finden sie sich wieder und werden endlich ein Paar.

Warnung an alle Romantiker: Diese Geschichte ist nicht wahr. *Weil es dich gibt* ist ein Hollywood-Märchen mit einem Drehbuch, wie es unrealistischer nicht sein könnte. Ob wir die Liebe unseres Lebens finden – vorausgesetzt, es gibt sie – hängt im wahren Leben nicht vom Schicksal oder ausschließlich vom Glück ab.

Es hängt davon ab, ob wir überhaupt lieben können. Ob wir bereit sind, uns zu binden. Ob wir genug Vertrauen in uns selbst und das Leben haben, uns in dieses Abenteuer zu stürzen. Viele Menschen haben große Sehnsucht nach einer Liebesbeziehung. Aber sie haben auch Angst davor: »Diese erste Phase des Kennenlernens ist immer so anstrengend! Was ist, wenn meine Gefühle nicht erwidert werden? Was, wenn er sich nachher als der Falsche entpuppt und ich wieder meine Zeit verschwendet habe? Wenn es nicht klappt, wird es mir wehtun!«

Natürlich gehen wir mit jeder Begegnung/Beziehung auch das Risiko ein, enttäuscht zu werden. Zurückgewiesen zu werden. Aber wir geben uns auch die Chance, unser Glück zu finden, wenn wir uns diesem Risiko aussetzen. »Das Leben ist gefährlich und endet mit dem Tod«, heißt ein Sprichwort, was uns immer wieder vor Augen führen kann, dass wir die begrenzte Zeit zwischen Geburt und Tod nutzen müssen, um sie zu füllen.

Klienten, die sich in ihren Sehnsüchten und dazugehörigen Ängsten verlieren, erzähle ich gern folgende Geschichte:

Ein Mann betet jeden Tag zu Gott: »Lieber Gott, ich brauche dringend Geld, bitte lass mich einmal eine große Summe im Lotto gewinnen.« Über ein Jahr lang bittet er Gott inständig um einen Lottogewinn, bis Gott der Kragen platzt und er vom Himmel herabschreit: »Ja, Herrschaftszeiten, dann kauf dir doch endlich ein Los!«

Wer einen Hirsch erlegen will, muss in den Wald gehen. Wer einen Partner finden will, muss sich aus seinem Schneckenhaus bewegen, die Wohnung verlassen, unter Menschen gehen oder sich in einer Partnerschaftsbörse anmelden, sich der Welt zeigen und offen sein für Begegnungen. Ob aus einem Kennenlernen ein zweites Treffen, ob aus einem Flirt die große Liebe, ob aus der großen Liebe eine verbindliche Beziehung wird, dafür gibt es keine Garantie. Aber zumindest versuchen Sie, Ihrem Ziel etwas näher zu kommen.

Die Liebe ist nicht vom Schicksal abhängig, sondern zu großen Teilen »selbstgemacht«. Wenn Sie weiterhin an Schicksal und Fügung glauben möchten, bitte. Aber vergessen Sie nicht, dass Sie sehr viel dazu beitragen können, dass das Schicksal Sie auch findet und bedenkt. Ohne Los kein Lottogewinn. Ohne offen für einen Partner zu sein, ohne der Liebe eine Chance zu geben, keine Beziehung.

# ZWEI

# Sich verlieben: Vom Suchen und Finden

*»Ich will doch nur einen netten, liebenswerten, gut aussehenden, witzigen, wahnsinnig tollen Typen.«*

CHARLOTTE IN DER SERIE
»SEX AND THE CITY«

## Von Traummännern und Traumfrauen

Warum wir uns am Anfang belügen und der Richtige mit der Zeit immer falscher wird

Das Wort sagt alles: Eine Traumfrau ist nicht real. Ein Traummann ist der Mann, den wir uns erträumen. Also ein perfekter Mann. Einer, der uns alles gibt, was wir wünschen. Eigentlich so, wie die meisten Männer am Beginn einer Beziehung sind. Sie sagen die richtigen Dinge. Sie tun alles für uns. Männer werden zu enthusiastischen Spaziergängern, Katzenliebhabern oder Vegetariern, um die Dame ihres Herzens zu gewinnen. Als ich meinen Mann kennenlernte, erwähnte ich beiläufig, dass ich Filme gern in der englischen Originalversion sehe. Er wollte Zeit mit mir verbringen, also sagte er: »Ich *liebe* Filme im Original. Ruf mich bitte jederzeit an, wenn du ins Kino gehen möchtest.« Ein paar Monate später – als wir ein Paar geworden waren – fand ich heraus, dass er es furchtbar anstrengend findet, Filme auf Englisch zu schauen. Wir diskutieren heute – Jahre später – noch darüber, ob wir eine DVD auf Englisch oder Deutsch schauen.

Sollte man nicht immer ehrlich miteinander sein? Wer nicht ehrlich ist, täuscht etwas vor und womöglich verliebt sich der Partner in eine Illusion. In eine Lüge womöglich. Aber genauso verhält es sich beim Kennenlernen und Verlieben: Das, was wir am Anfang von und in unseren potenziellen Partnern sehen, ist meist nicht die Realität. Nicht nur, weil wir alle versuchen, uns anfänglich von unserer Schokoladenseite zu zeigen, sondern auch, weil unsere eigene Phantasie mit uns durchgeht. Wir sind »blind vor Liebe«, wir sehen den anderen durch eine rosarote Brille: Er ist der attraktivste, lustigste, anziehendste Mann, den wir jemals kennengelernt haben. Wir wollen unbedingt, dass es diesmal perfekt ist. Wir lieben es, verliebt zu sein und dazu gehört auch, den anderen zu idealisieren und das Gefühl zu genießen, selbst idealisiert zu werden. Diese im wahrsten Sinne des Wortes phantastische Phase hält erfahrungsgemäß zwischen drei Monaten und zwei Jahren an, je nachdem, wie schnell man sich näherkommt, wie schnell die Realität der Phantasie dazwischenfunkt oder wie schnell unser Hormonhaushalt sich wieder auf ein normales Maß herunterregelt. Dann fangen wir an, erste Ecken und Kanten an unserem Partner wahrzunehmen und er an uns. Die Anfangslügen und kognitiven Verzerrungen werden offenbar und je nach Dimension und Wichtigkeit führen sie zu Konflikten oder gar zur Trennung.

Amelie lernt abends in einer Bar einen Mann kennen. Sie trinken und tanzen gemeinsam. Es prickelt. »Ich bin so verliebt«, erzählt sie ihren Freundinnen am nächsten Tag. Der Mann schickt ihr tagsüber romantische SMS. Abends kommt er zu ihr, sie tanzen und trinken und landen bald im Bett. Die darauffolgenden Wochen vergehen wie im Flug. Amelie ist beruflich viel unterwegs und schwebt weiterhin über den Wolken. Bis ihr Traummann beginnt, von sich und seinem Leben zu erzählen. Er hat zwei Kinder aus einer früheren Beziehung. Er war vor Amelie unglücklich verliebt. Er macht gern Musik und arbeitet viel. Er kümmert sich am Wochenende um seine Kinder, die er über alles liebt. »Er ist plötzlich so komisch«, findet Amelie. Sie fängt an, ihn zu kritisieren. Sein Job sei nicht ernst zu nehmen. Toll, dass er sich so um seine Kinder kümmert, aber wo bleibt sie denn da? In dem

Alter noch so schräge Musik machen, das ist irgendwie peinlich. Die Gemeinsamkeiten schwinden mit dem wirklichen Kennenlernen, der Zauber der Verliebtheit auch. Nach einer Weile hat Amelie sich entliebt. Ihr Freund auch. Die Wahrheit ist: Sie waren nicht verliebt ineinander, sondern in den Zustand des Verliebtseins.

Manchmal ist die Beziehung schon richtig ernst, bis wir feststellen, dass wir uns im anderen geirrt haben. Je gravierender die Täuschung, desto schlimmer auch die Ent-täuschung.

Oft sind es aber auch genau die Wesenszüge, in die wir uns ursprünglich verliebt haben, die uns später stören. Hier geht es nicht um eine Illusion oder Verherrlichung des anderen, sondern oft um Anteile, die uns selber fehlen und die wir deshalb anziehend finden, nach dem Motto: Gegensätze ziehen sich an. Aber Gegensätze ziehen sich in Beziehungen erfahrungsgemäß nur am Anfang an, später stoßen sie sich ab. Aus der anfänglichen Attraktion wird eine *fatale* Attraktion, die zur Trennung führt. Aus »Er ist so lustig!« wird nach einer Weile »Er ist so oberflächlich, er kann nie ernst sein. Er ist richtig peinlich und unreif.« Aus »Er ist so stark, endlich mal ein Mann, bei dem ich mich anlehnen kann« wird »Er ist ein Diktator, alles will er bestimmen, wie mein Vater.« Und aus »Er ist so spontan und lebensfroh« wird schließlich »Ich kann mich einfach nicht auf ihn verlassen. Er übernimmt keine Verantwortung und ich weiß nie, woran ich mit ihm bin.«

In jeder Beziehung werden aus Phantasien über den anderen realere Wahrnehmungen – jeder Idealisierung muss zwangsläufig eine Enttäuschung folgen. Aber diese Ent-Idealisierung führt bestenfalls nicht zum Ende der Beziehung, sondern zur wahren Liebe: Wir lieben den anderen *trotz* seiner Makel, *trotz* seiner Unperfektion. So, wie wir selbst ja auch (trotz allem) geliebt werden wollen.[1] Wenn es uns gelingt, die Enttäuschung als sinnvolle Fortführung und Ergänzung des Verliebtseins zu verstehen, dann lösen sich die Traummänner und Traumfrauen nach dem Aufwachen nicht in Luft auf, sondern werden zu echten Lebenspartnern.

Wer nie über die erste Verliebtheitsphase hinauskommt, auch mit verschiedenen Partnern nicht, ist entweder unter 20 oder hat ein Problem. So wie der 38-jährige Oliver aus dem wunderbaren Liebesfilm *Beginners*, dem es nicht gelingt, sich auf eine Beziehung wirklich einzulassen. Sein Vater Hal erzählt ihm kurz vor seinem Tod eine Geschichte über die Liebe: »Seit du klein warst, hast du immer davon geträumt, dass du eines Tages einen Löwen kennenlernst. Und du wartest und wartest und wartest, aber der Löwe kommt nicht vorbei. Und dann kommt irgendwann eine Giraffe. Du kannst allein bleiben, oder du kannst es mit der Giraffe versuchen.«

Oliver antwortet ohne zu überlegen: »Ich würde weiter auf den Löwen warten.«

»Deshalb mache ich mir Sorgen um dich«, sagt Hal und er hat recht, denn Oliver hat sich im Laufe der Jahre emotional so verpanzert, dass er den Löwen nicht mal mehr erkennt, als er schließlich (in Form der sensiblen Anna) vor ihm steht.

---

1 Die Möglichkeit, negativ empfundene Seiten des Partners auszuhalten, wird in der psychoanalytischen Theorie darauf zurückgeführt, dass wir die erste Idealisierung unserer Bezugspersonen überwunden haben: »Wer in der Kindheit auch negative Züge in das Bild der Mutter integrieren konnte, wird auch dann, wenn der erste Höhenflug der romantischen Liebe vorbei ist, in der Lage sein, negative Momente in das positive Bild der geliebten Person zu integrieren, ohne dass dieses grundsätzlich ins Wanken gerät.« (Ethel Person)

In der Jugendzeit ist es wichtig, sich auszuprobieren und langsam ein Gefühl für die eigenen Bedürfnisse in einer Partnerschaft zu entwickeln. Wer auch im fortgeschrittenen Alter von einer Verliebtheit zur nächsten stürzt, kann sich folgende Fragen stellen: Will ich überhaupt eine Beziehung? Möchte ich mich wirklich an eine einzige Person binden? Was befürchte ich, wenn ich mich auf eine Person und eine Beziehung einlassen würde? Oft sind es unbewusste Ängste vor Nähe und Verbindlichkeit, die unsere Sehnsucht in engen Bahnen halten und uns nicht erlauben, eine Beziehung auszuprobieren.

Manche Singles sind allerdings auch davon überzeugt, dass sie noch nicht den Richtigen gefunden haben. Aber was ist das – und gibt es ihn überhaupt: den »richtigen« Partner?

## Jeder Topf findet einen Deckel

Warum *ein bisschen* Prinzessin okay ist und zu wilde Träume einsam machen

»Faaabian, meinst du, ich werde irgendwann den Passenden für mich finden?«, fragt Claire, eine bildschöne Brasilianerin, die seit ein paar Jahren in Hamburg wohnt und genauso lange Single ist, ihren Mitbewohner. Er schaut sie kurz zweifelnd an und murmelt dann: »Jeder Topf findet einen Deckel.« Claire überlegt eine Weile, wie das Sprichwort zu verstehen ist und kreischt dann: »Und was, wenn ich eine Pfanne bin?«

Claire war keine Pfanne, sie hat nun seit ein paar Jahren einen festen Freund. Woran liegt es aber, wenn Frauen lange Single sind – ohne dies zu wollen? »Du hast zu hohe Erwartungen« ist ein typischer Vorwurf, der Single-Frauen gern gemacht wird. »Du suchst nicht richtig« ein weiterer. »Die guten Männer sind ab einem bestimmten Alter alle vergeben« ist eine Erklärung, der sowohl alleinstehende als auch gebundene Frauen gerne zustimmen. Überprüfen wir diese Annahmen.[2]

Es war einmal ein König, der wollte seine Tochter vermählen und lud alle standesgemäßen Junggesellen ins Schloss ein. Die stolze Prinzessin jedoch wollte gar nicht heiraten und verhöhnte ihre Bewerber. Als sie den letzten Freier wegen seines krummen Kinns als »König Drosselbart« verlachte, verlor ihr Vater die Geduld. Als Strafe für ihren Hochmut verfügte er, dass sie den erstbesten Bettler zum Mann nehmen sollte, der am Hofe erschien. Ein paar Tage später machte der Vater seine Drohung wahr: Die Prinzessin wurde mit einem Bettler verheiratet, musste mit ihm in eine ärmliche Hütte ziehen und dort niedere Dienste verrichten. Sie bereute schnell, dass sie nicht den wohlhabendsten ihrer Verehrer – König Drosselbart – gewählt hatte und nun stattdessen ein Leben an der Seite eines armen Spielmanns fristen musste. Nachdem die Prinzessin viele Demütigungen über sich ergehen lassen musste, gab sich der Bettler als König Drosselbart zu erkennen und führte die mittlerweile geläuterte Prinzessin als rechtmäßige Braut in sein Schloss ein. Die Moral von der Geschicht': Als Mädchen schön gehorsam und bescheiden sein, sonst bekommt man als Strafe den Staub auf der Straße.

---

2 Bis auf die Theorie mit den guten Männern, die angeblich alle vergeben sind, weil diese Aussage natürlich Quatsch ist. Im Umkehrschluss würde das bedeuten, dass alle Single-Männer – und der Gerechtigkeit und Logik halber auch alle Single-Frauen – beziehungstechnisch Schrott sind.

Daran glaubt heute kein Mensch und keine Frau mehr und deshalb verhalten sich viele Frauen wie die Prinzessin. Bevor sie jemanden wählen, der nicht ihren Vorstellungen entspricht, bleiben sie lieber allein. Mit unter 30 ist das kein Problem, mit über 40 kann es zu einem werden. Denn zu diesem Zeitpunkt sind die entscheidenden Partnerverteilungskämpfe meist gelaufen. Die verbleibende Auswahl ist gering und zudem werden die Frauen immer wählerischer: Ein Grund dafür, dass hoch qualifizierte Frauen über 40 in Deutschland zu den am schwersten vermittelbaren Singles gehören liegt darin, dass erfolgreiche Frauen einen Mann haben wollen, der ihnen sozial mindestens ebenbürtig, wenn nicht überlegen ist. Männer legen weniger Kriterien an ihre Partnerwahl an. Sie beschreiben ihre ideale Partnerin mit durchschnittlich 40 Prozent weniger Eigenschaften als Frauen, wobei die wichtigsten Merkmale »Attraktivität«, »Schönheit« und »eine gute Figur« sind (was Frauen wahrscheinlich zu einem einzigen Faktor zusammengefasst hätten). Männer haben zudem nach wie vor gesellschaftlich gesehen mehr Auswahl als Frauen: Sie dürfen sowohl »nach unten« heiraten, als auch viel jüngere Partnerinnen wählen. Beides wird bei Frauen immer noch mit einem Nasenrümpfen begleitet: Ein 40-jähriger Chef und seine 28-jährige Sekretärin? Klischeehaft, aber kein Problem. Eine 40-jährige Chefin und ihr 28-jähriger Angestellter? Für alle Beteiligten wie auch Außenstehenden eine andere Geschichte.

Tatsächlich sind es nicht die zu hohen Erwartungen, die manche Frauen Single bleiben lassen, sondern die *falschen* Erwartungen. Wenn Sie etwas so Wichtiges wie Ihren Lebenspartner wählen, sollten Sie hohe Erwartungen haben! Ihnen sollte bewusst sein, was Sie sich wünschen und was Sie wirklich brauchen, um glücklich zu sein. Eine nähebedürftige Frau wäre mit einem Unternehmensberater oder einem Kapitän, der neun Monate im Jahr auf Reisen ist, nicht gut bedient. Aber überprüfen Sie die Relevanz Ihrer Erwartungen: Ist es wirklich wichtig, dass er 20 cm größer ist als Sie, sportlich und dunkelhaarig? Ist ein bestimmter Musikgeschmack wirklich ausschlaggebend und sagen das Auto, die Klamotten oder die Wohnungseinrichtung wirklich so viel über den Charakter aus? Gibt sein fehlender akademischer Abschluss tatsächlich Hinweise auf seine Bildung und Intelligenz? Ist die Tatsache, dass er bereits einmal verheiratet war wirklich ein Nachteil, was seine Bindungsfähigkeit betrifft? Ist es unverzeihlich und unannehmbar, dass ein 45-jähriger Mann bereits Kinder mit einer anderen Frau hat? Und das Allerwichtigste: Gibt es irgendwo auf der Welt einen Mann, der wirklich alle Ihre Träume verwirklichen könnte?

Nina hat panische Angst vor ihrem nächsten Geburtstag. Sie wird 40. Und sie hat keinen ihrer Lebensträume verwirklicht. »Ich wollte immer mit spätestens 30 verheiratet und mit 36 Mutter von drei Kindern sein.« Tatsächlich ist sie seit fast zehn Jahren Single, mit kurzen, aber nichtssagenden Unterbrechungen. Die letzte langjährige Beziehung hatte sie von Mitte bis Ende 20. Sie liebte ihren Freund, aber nicht genug, um eine Familie mit ihm zu gründen. Als sie sich trennten, hatte sie ein sehr konkretes Bild von dem Mann ihres Lebens: Er sollte treu, leidenschaftlich und familienorientiert sein. So wie sie selbst. Sie zweifelte nicht eine Sekunde, bald den Richtigen zu treffen und mit ihm ihre Träume zu verwirklichen. Aber sie fand ihn nicht im Garten ihrer Eltern. Sie fand ihn nicht auf Partys, in Kneipen oder Klubs. Sie fand ihn nicht im Freundeskreis. Und auch nicht in ihrem Arbeitsumfeld. Irgendetwas stimmte immer nicht.

Entweder waren die Männer zu alt, zu jung, zu verbraucht, zu unerfahren, zu flippig, zu spießig, zu distanziert oder sie klammerten. Der eine konnte nicht kochen, der andere hatte einen zu femininen Einrichtungsstil und der nächste, der eigentlich ganz gut passte, schied letztlich aus, weil er »eine Haltung wie ein Fragezeichen« hatte. Während ihre Freundinnen sich auf nicht perfekte Männer einließen, heirateten und Mütter von ein, zwei oder drei Kindern wurden, blieb Nina allein. »Ich hab den Absprung verpasst«, sagt sie heute traurig. Und wäre bereit, eine Beziehung zu einem Mann einzugehen, der nicht alle ihre Kriterien erfüllt. »Aber es ist sehr schwer, jemanden zu finden. Die, die ich heute kennenlerne, sind entweder gebunden, bindungsunfähig oder bindungsunwillig«, fasst sie zusammen. Vielleicht hat Nina recht. Oder es ist wie die Jahre zuvor: Irgendetwas gibt es immer, das mit den Männern nicht stimmt. Nina wird sich irgendwann eingestehen: Der richtige Mann muss nicht »perfekt« sein. Oft entpuppt sich sogar jemand mit Eigenschaften, die wir gänzlich ausschließen wollten, als der Richtige: Eine amerikanische Freundin stellte mir vor ein paar Jahren ihren neuen Freund Edward vor. »Du bist sehr konsequent«, sagte ich zu ihr, als wir für einen Moment allein waren. Julianne lachte. Es gab zwei goldene Regeln, die sie mir und anderen Freundinnen immer eingebläut hatte: »Verlieb dich nie in einen Mann aus England. Und nie in einen mit Glatze.« Edward ist waschechter Brite und hat kein einziges Haar mehr auf seinem Kopf. Meine Freundin war so klug, dass sie ihre (ohnehin fragwürdigen) partnerschaftlichen No-Gos zum Fenster hinauswarf, als Edward an dieses klopfte. Julianne und Edward sind nun seit vielen Jahren glücklich verheiratet. Sie haben wie jedes Paar auch mit Problemen zu kämpfen, aber – soweit ich weiß – rührt keine der Schwierigkeiten aus Edwards Herkunft oder aus der Tatsache, dass er eine Glatze hat.

Wenn Sie gerade Single sind, überlegen Sie sich gut, wie Ihr zukünftiger Partner sein sollte. Machen Sie am besten eine Liste. Vielleicht erstellen Sie anschließend eine Hierarchie der Punkte, die Ihnen besonders wichtig sind. Ist sein Alter bedeutsamer als seine Haarfarbe? Sein (naher) Wohnort wichtiger als die Tatsache, dass er schon einmal verheiratet war? Sind guter Humor und Intelligenz relevanter für Sie als sein Einkommen?

Danach vergessen Sie die Liste – und versuchen Sie, möglichst viele Menschen kennenzulernen. Tun Sie das, was Ihnen Spaß macht. Eine zu krampfhafte Suche ist meist ebenso wenig erfolgreich wie resigniertes Auf-dem-Sofa-Sitzen. Wenn Sie dann irgendwann jemanden getroffen haben, den Sie attraktiv finden, nehmen Sie sich Zeit, ihn wirklich kennenzulernen. Nach ein paar Tagen und selbst nach ein paar Wochen wissen Sie nur das von Ihrem Gegenüber, was er bereit ist, preiszugeben. Überstürzen Sie nichts, sondern gehen Sie das Kennenlernen gelassen an. Überprüfen Sie vor allem Ihre Gefühle: Wie gut fühlen Sie sich in der Gegenwart des anderen? Wie viele Ihrer Bedürfnisse werden befriedigt? Macht die Zweisamkeit Sie ruhig und satt oder werden ungesunde Bedürfnisse angesprochen und alte Wunden aufgerissen, die Sie unsicher und misstrauisch werden lassen?

Wenn Sie schon eine ganze Weile Single sind, sollten Sie Ihre Liste überdenken. So wie Julianne, die seit nunmehr vielen Jahren mit Edward glücklich verheiratet ist. Oder Sie ergründen, ob es einen tieferen Sinn hat, warum Sie Ansprüche an einen Partner stellen, die niemand erfüllen kann: Vielleicht haben Sie Angst, sich auf eine (neue) Beziehung einzulassen? Vielleicht sind die Bande an Ihre Herkunftsfamilie noch so stark, dass der Aufbau einer eigenen Familie einen Loyalitätskonflikt hervorrufen könnte? Vielleicht haben Sie eine alte Beziehung noch nicht verkraftet, oder Sie befürchten, abgelehnt und verletzt zu werden und vermeiden deshalb unbewusst, Männern eine Chance zu geben – ähnlich wie Nina, die sich schließlich bei einer Partnerbörse im Internet anmeldete und sich nicht entschließen konnte, auch nur einem einzigen Mann zu schreiben. Sie suchte zwar nach einem gut aussehenden Mann, selektierte aber alle Männer aus, die sich in ihrem Profil als »attraktiv« beschrieben, weil: »Wie eingebildet ist das denn?« Sie wollte einen bindungsfähigen Mann zwischen 40 und 45, lehnte aber alle Männer ab, die geschieden waren und Kinder aus ihren ersten Ehen hatten, weil: »Zu viele Altlasten, ich will, dass wir gemeinsam bei null anfangen.«

Nina erkannte irgendwann, dass hinter den Schwierigkeiten bei der Partnersuche und ihren festgelegten Erwartungen vor allem eigene Minderwertigkeitskomplexe steckten und die Angst, den Ansprüchen anderer nicht genügen zu können: »Bevor mich jemand ablehnt, sage ich lieber selber Nein.« Wie so oft ist es die schwierige Beziehung zu sich selbst, die einer Liebesbeziehung – mehr als alles andere – im Weg steht.

Es hilft zu wissen, dass Männer viel weniger kritisch mit Frauen sind als sie selbst, um die Angst vor dem ersten Kennenlernen und der damit einhergehenden gefürchteten Bewertung zu verlieren. Oder wie die kluge Eule bei Pu der Bär einst sagte: »A girl sees what she likes, a boy likes, what he sees.« – Ein Mädchen sieht, was sie mag, ein Junge mag, was er sieht.

Übrigens: Entgegen dem weitverbreiteten Mythos, dass Alleinstehende per se unglücklich sind, ergab eine aktuelle

Studie, dass jede zweite Single-Frau bewusst alleinstehend und glücklich mit ihrer derzeitigen Lebenssituation ist. Diese Frauen wissen die Vorteile ihrer Unabhängigkeit zu schätzen. Sie machen ihr Glück nicht von äußeren Umständen abhängig, sie sorgen selbst dafür, dass es ihnen gut geht. Und schaffen sich somit beste Voraussetzungen, Mr Right eine Chance zu geben, wenn sie ihn treffen.

## Der »richtige« Partner

Warum alle das Gleiche wollen und sich doch nicht jeder in jeden verliebt

Gibt es den richtigen Partner überhaupt? Die Antwort lautet: ja und nein. Es gibt den richtigen Partner genauso sehr oder wenig, wie es den falschen Partner gibt. Es gibt bessere Partner und schlechtere, passendere und unpassendere Partner. Niemand würde sich wohl bei vollem Bewusstsein einen Partner wünschen, der gewalttätig, alkohol- und drogenabhängig, kriminell und gemein ist, aber auch diese Menschen leben in Beziehungen.

Die meisten antworten auf die Frage, wie ihr Partner sein soll: attraktiv, humorvoll, intelligent. Anonyme Studien zeigen, dass Männer gern »jung« und Frauen »erfolgreich« hinzufügen. Partnerwahlattribute sind also grundsätzlich sehr ähnlich – alle wollen demnach den gleichen Typ Mensch. Und trotzdem verliebt man sich nicht in jeden, der obige Attribute besitzt. Es scheint mehr zum Verlieben zu gehören als eine Handvoll Kriterien, die ohnehin ziemlich vage oder interpretierbar sind.

Oft genug verlieben wir uns gar nicht in die oben genannten Eigenschaften, sondern eher in Wesenszüge, zu denen wir uns unbewusst hingezogen fühlen: In Äußerlichkeiten und Andeutungen, von denen wir auf das Innere schließen – und laufen somit Gefahr, einer Illusion aufzusitzen. Oder einen grundsätzlich passenden Partner zu schnell auszuschließen.

Wir brauchen weniger als eine Sekunde, um abzuschätzen, ob unser Gegenüber als potenzieller Partner infrage kommt oder nicht – viel zu kurz, um bewusst eine kluge Entscheidung treffen zu können. Denn es gibt mehr passende Partner für Sie, als Sie glauben. Allerdings: Wenn der berühmte Funke nicht überspringt, bleibt auch ein passender Mann ein uninteressanter oder gar unsichtbarer Mann. Aber es gibt andere, die ziehen uns in ihren Bann, lassen unser Herz höherschlagen. Und nicht nur, weil sie besonders attraktiv sind, sondern: Weil sie uns an jemanden erinnern. Weil sie etwas in ihrer Gestik und Mimik, etwas in ihrer Ausstrahlung oder in ihrem Verhalten haben, was den ersten Liebespartnern unseres Lebens ähnelt: unseren Eltern. Dass das Finden des Liebesobjektes immer auch eine Wiederfindung früherer Beziehungsvorbilder ist, erkannte Sigmund Freud bereits vor 100 Jahren und es bestätigt sich immer wieder: Wir fühlen uns jemandem nah, wenn er vertraute Gefühle in uns hervorruft, die wir aus unserer Kindheit kennen – die tiefe Geborgenheit, die wir in der Magengrube spüren, wenn wir mit dem anderen zusammen sind, das Hochgefühl, wirklich gesehen und verstanden zu werden, die Befriedigung, für den anderen interessant und wichtig zu sein.

Und weil mit dem Partner am Anfang alles so rosig und schön ist, sind wir uns sicher, dass es für immer so bleibt.

Dass er vielleicht auch unsere alten emotionalen Wunden heilen kann. Dass er uns das gibt, was wir in unserer Kindheit von den Eltern an Zuwendung und Einfühlung gebraucht, aber vielleicht nicht ausreichend bekommen haben. Weil wir aber Partner wählen, die in emotionalen Kernbereichen unseren Eltern ähneln oder wir unbewusst alles dafür tun, um sie ihnen ähneln zu lassen, wiederholen wir im Hier und Heute mit unseren Partnern oft alte, unbefriedigende Kindheitserfahrungen. Der Sinn dieser qualvollen (und natürlich nicht bewussten) Reinszenierung: Wir hoffen auf ein Happy End.

So wie Daniel und Nicola, die seit einem Jahr ein Paar sind. »Also, eigentlich lieben wir uns und wir wollen auch zusammenbleiben. Aber irgendwie ist seit einer Weile der Wurm drin«, erzählt Daniel in der ersten Sitzung. »Ich verstehe gar nicht, was passiert ist. Am Anfang war Daniel so aufmerksam. Er hat sich total um mich bemüht, obwohl ich mir gar nicht sicher war, ob ich ihn wollte«, berichtet Nicola. Daniel schaut sie schweigend an, als sie fortfährt: »In dem Moment, als ich mich auf dich eingelassen habe, hast du dich plötzlich zurückgezogen. Ich dachte, du wolltest mit mir zusammen sein. Und plötzlich stößt du mich dauernd zurück. Weißt du noch, wie du um mich gekämpft hast? Was ist denn jetzt plötzlich so anders?«

Erst die vorsichtige Rückbesinnung auf die Kindheiten von Daniel und Nicola erklärt die Dynamik, die an einem bestimmten Zeitpunkt einsetzte und die beiden seither zur Verzweiflung treibt: Nicola hat sich von ihren Eltern oft zurückgewiesen gefühlt. Als sie Daniel kennenlernt, glaubt sie, ihren Traummann gefunden zu haben. Er umwirbt sie, gibt ihr das Gefühl, gewollt und geliebt zu sein und lässt nicht locker. Daniel wiederum ist in seiner Kindheit von seiner

Mutter zu sehr bedrängt worden. Er verliebt sich in Nicola, gerade *weil* sie so zurückhaltend wirkt. Weil er derjenige ist, der den Kontakt und die Nähe steuern kann. Er denkt, dass Nicola eine sehr unabhängige Frau sei. Nicola glaubt, dass Daniel ein sehr nähebedürftiger und zuverlässiger Mann sei. Auf den ersten Blick sind sie ein Traumpaar füreinander, das perfekte Gespann. Aber nach einer Weile lernen sie sich wirklich kennen: Nicola vertraut Daniel und wird anhänglicher. Daniel zieht sich ein wenig zurück, weil es ihm zu eng wird. Nicola wird ängstlicher und sucht mehr Nähe zu Daniel, um sich zu beruhigen. Daniel fühlt sich bedrängt und wirft Nicola vor, zu klammern. Nicola fühlt sich in ihre Kindheit zurückversetzt mit Eltern, die nicht vorhersehbar waren und wirft ihm vor, ihr »Heiß-Kalt-Duschen« zu verabreichen. Beide fühlen sich vom anderen betrogen: »Du willst mehr Nähe, als du anfangs vorgegeben hast. Du bist gar nicht so unabhängig!«, klagt Daniel. »Du hast Angst vor Nähe, du bist gar nicht so verbindlich, wie es anfänglich den Anschein gemacht hat!«, schimpft Nicola.

Die beiden sitzen in einer Falle: Sie haben beide auf ein Zuviel und ein Zuwenig aus ihrer Kindheit reagiert und erhofften sich, voneinander genau das zu bekommen, was sie brauchen, um sich in einer Beziehung sicher zu fühlen – das, was ihre Eltern ihnen jeweils nicht gegeben haben.

Aufgrund ihrer jeweiligen Bindungserfahrungen mit ihren Eltern, haben sowohl Nicola als auch Daniel eine widersprüchliche Gefühlsmelange aus Sehnsucht und gleichzeitiger Angst vor Nähe entwickelt. Angst vor Nähe hat unterschiedliche Gesichter und manifestiert sich in sogenannten Bindungsunsicherheiten, die zu einem späteren Zeitpunkt noch näher beleuchtet werden.

Bei bindungsunsicheren Menschen reicht eine kleine Verhaltensänderung des Partners, um alte Ängste auszulösen. Als Nicola begann, sich mehr und mehr auf Daniel einzulassen und mehr Nähe zuzulassen, geriet das zuvor perfekt austarierte Nähe-Distanz-Mobile in eine Schieflage. Aus Traumpartnern wurden plötzlich Gegner, aus Erwachsenen zwei Kinder, die sich aus seelischer Notwehr bekämpfen. Nicola wurde in Daniels Augen zu seiner klammernden bedürftigen Mutter. Daniel verwandelte sich zu Nicolas Entsetzen in ihre ablehnenden Eltern. Diese Verwechslung mit den Eltern (oder anderen wichtigen Bezugspersonen) nennt man Übertragung. Übertragungsphänomene sind nicht geschlechtsgebunden, wir verwechseln den Partner sowohl mit dem gleich- als auch mit unserem gegengeschlechtlichen Elternteil, je nachdem, welches verletzende Verhalten gezeigt und erinnert wird. Wir erkennen Übertragungsgefühle daran, dass sie sehr stark sind und dass sie uns emotional in eine Zeit zurückwerfen, in der wir nur wenig Verhaltens- und Wahlmöglichkeiten hatten. Es gibt nur einen Weg aus dem Dilemma und der führt zurück in die Vergangenheit. Erst, wenn wir verstehen, wie stark unsere kindlichen Bedürfnisse einst verletzt wurden, wenn wir uns erlauben, die alten Wunden zu betrachten und den alten Schmerz zu fühlen und zu betrauern, besteht die Chance, aus dem Teufelskreis auszusteigen. Und den Partner als das wahrzunehmen, was er ist: Ein liebe*volles* und liebe*bedürftiges* Gegenüber, das ebenfalls hofft, dass wir die Medizin für seine eigenen Wunden haben.

Nicola und Daniel brauchten eine Weile, bis sie ihre unbewussten Muster und Abwehrstrategien erkennen konnten. Sie verstanden, dass sie sich auch deshalb als Partner gewählt hatten, weil der andere ihr jeweils ungelöstes Lebens- und Liebesthema verkörperte: »Bin ich, Nicola, es wert, geliebt zu werden und bin ich sicher in einer engen Beziehung?« und »Kann ich, Daniel, lieben und geliebt werden, ohne mich selbst aufzugeben oder gar aufzulösen?«.

Wäre es nicht grundsätzlich besser, sich in jemanden zu verlieben, der nicht die alten Gefühle in uns hervorruft? Die Frage bleibt hypothetisch, weil wir Menschen, die keine unbewussten Erinnerungen in uns auslösen, meist blass und langweilig finden. Wir versuchen unser Leben lang, alte Wunden zu versorgen – und das gelingt nur mit Menschen, die an ihnen rühren. Und so fühlen wir uns zu jenen hingezogen, die uns im Laufe der Zeit an die dunklen Momente unserer Kindheit erinnern, die schmerzhafte Gefühle in uns auslösen und uns an unsere seelischen Abgründe bringen, die wir glaubten, gut gesichert oder gar verarbeitet zu haben. Unerledigtes, Verdrängtes, Unangenehmes bahnt sich durch ein bestimmtes Verhalten unseres Partners seinen Weg zurück in unser Empfinden und bringt alte Enttäuschung und Verletzungen mit sich, die sich mit den aktuellen Gefühlen vermischen.

In jeder Beziehung gibt es ein unbewusstes Zusammenspiel zwischen der Partnerwahl und den späteren Paarkonflikten beziehungsweise den Lösungsversuchen. Oft besteht bei beiden Partnern der gleiche ungelöste Grundkonflikt wie beispielsweise die Angst vor Nähe, eine massive Selbstwertproblematik oder der Wunsch, vom anderen versorgt zu werden. Dieser Grundkonflikt wird dann in der Beziehung unbewusst bearbeitet. Der Schweizer Psychotherapeut Jürg Willi prägte in diesem Zusammenhang den Begriff der »Kollusion«: Zwei Menschen versuchen, ihren Grundkonflikt zu lösen, indem sie in ihrer Partnerschaft jeweils konträre Rollen einnehmen. Bei einem Paar wie Nicola und Daniel, das Angst vor Nähe hat, gibt es einen Verfolger und einen Vermeider. Bei zwei Partnern mit Selbstwertproblematik übernimmt einer die Rolle des grandiosen Stars und der andere die Rolle des Bewunderers. Bei unbewussten Versorgungswünschen wird einer zum Versorger und der andere zum Versorgten. Aber starre Rollen verhindern Entwicklung und so steigt mit der Zeit die Unzufriedenheit beider Partner und der Grundkonflikt wird immer deutlicher spürbar. Enttäuschung macht sich breit: »Du hast mich nicht gerettet. Du liebst mich nicht richtig.« Der kollusive Selbstheilungsversuch muss scheitern, weil er eine Weiterentwicklung beider Partner verhindert. Auch wenn der Partner uns auf den ersten Blick komplettiert – er kann unseren inneren Mangel nicht auf Dauer ausgleichen, erst recht nicht, wenn unsere Rollen sich weiter polarisieren und verhärten.

Die Paare aber, die es wie Nicola und Daniel schaffen, über die erste magnetische Anziehungskraft und die zwangsläufig irgendwann einsetzende Desillusionierung hinwegzukommen und ihre unbewussten Geschichten bewusst miteinander zu bearbeiten, erzählen zwar von schwierigen, aber auch tief befriedigenden Beziehungsverläufen.

Der richtige Partner ist also der, der viele unserer bewussten und unbewussten Erwartungen erfüllt. Partnerwahl ist immer auch ein Resultat unserer Kindheitserfahrungen, unserer Bindungsfähigkeit und unserer Sehnsüchte. Idealerweise können wir unsere Übertragungen verstehen und stoppen. Wir können unseren Partner aus dem Zerrbild entlassen und sowohl Verständnis für unsere eigenen Wunden als auch die seinen aufbringen.

»Liebe«, schreibt die Psychoanalytikerin Ethel Person, »erfüllt die Aufgabe, ein Stück weit alte Schmerzen und Wunden zu heilen, indem sie eine Verbindung zwischen der Vergangenheit und der Gegenwart herstellt. Sie macht die noch immer nachwirkenden Demütigungen der frühen Kindheit gut, lässt Sinnlichkeit mit der Zärtlichkeit, den Körper mit der Seele verschmelzen und stellt Kontinuität her, während sie gleichzeitig die Lösung von der Vergangenheit ermöglicht.«

Idealerweise können wir mit unserem Partner wachsen und uns sogar gemeinsam auf dem Weg der Heilung begleiten, ohne in Erlösungsphantasien oder maßlos überfordernden Erwartungen zu schwelgen. Oder, wie eine Klientin einmal treffend sagte: »Wir können uns mal ziehen und mal schieben, mal trösten und mal ermutigen, aber wir können uns nicht die ganze Zeit tragen, sonst brechen wir beide zusammen.«

## Wer suchet, der findet. Aber wo? Und wann?

»Wer sich nicht trifft, wird auch kein Paar«, so lautet eine sich selbsterklärende Weisheit zum Thema Partnersuche. Studien belegen, dass Partner vor ihrem Kennenlernen oft nicht weiter als 20 Kilometer voneinander entfernt wohnten und dass wir Menschen, die wir häufiger sehen, sympathischer finden als Fremde. Die meisten lernen ihren Partner im Freundes- und Bekanntenkreis kennen, gefolgt vom Arbeitsplatz beziehungsweise während der Ausbildung.

Wer keine Zeit oder Lust hat, abends auszugehen oder Hobbys zu pflegen, hat heutzutage noch weitere praktische Möglichkeiten, nach dem richtigen Partner zu fahnden.

Als eine meiner Freundinnen 40 wurde, schenkten ein paar weitere Freundinnen und ich ihr eine Partnerschaftsanzeige in der *ZEIT*. Wir setzten uns ohne das Geburtstagskind zusammen und dachten uns einen genialen Text aus. Wir hatten ein wenig Sorge, wie wir unsere Zeit einteilen würden, um uns durch die Hunderten von Zuschriften lesen zu können, denn das Ziel war, unserer Freundin anschließend eine exquisite Auswahl von etwa 10 Männern präsentieren zu können. Folgender Text wurde geschaltet: »Attraktive 40-Jährige mit Kind, sucht durchtrainierten und durchtherapierten Mann.« Wir gratulierten uns vorab zu unserem durchschlagenden Erfolg und warteten. Es meldeten sich: zwei Männer. Genau zwei. Einer davon hatte viele Muskeln (wie das beigelegte Foto bewies). Der andere hatte während seiner Studienzeit vor 30 Jahren ein Semester Wirtschaftspsychologie studiert und ein Buch über Transaktionsanalyse gelesen. Wenn man nur zwei (nicht mal ganz ernst gemeinte) Anforderungen an seinen Partner stellt und sich dann für einen von beiden entscheiden muss, ist es ratsam, weiterzusuchen. Die Freundin hat mittlerweile übrigens einen Partner gefunden: über eine Online-Dating-Agentur. Selber suchen erschien ihr doch Erfolg versprechender, als sich noch einmal auf ihre Freundinnen zu verlassen.

Internetpartnerbörsen funktionieren nach dem Prinzip: Gleich und gleich gesellt sich gern. Aufgrund von wissenschaftlichen Fragebögen werden »passende« Partner ausgewählt, die eine hohe Deckungsgleichheit bezüglich Werten, Interessen und Charaktereigenschaften haben. Ich kenne viele Paare, die sich in den letzten Jahren über das Internet kennengelernt haben, aber auch diese Art der Partnersuche ist keine Garantie, »den Richtigen« zu finden. Internetpartnersuche ist entgegen der ersten Annahme zeitaufwendig. Nachdem man wissenschaftliche Fragebögen ausgefüllt hat, damit die passenden Partner ausgewählt werden können, sitzt man wochenlang vor dem Computer, liest Anfragen, schreibt E-Mails, schickt Fotos und wartet auf Antworten. Es ist einerseits eine schnelle und unkomplizierte Kontaktaufnahme, andererseits eine träge und langwierige Geschichte, bis man sich das erste Mal trifft. Man lernt sich buchstäblich virtuell kennen und oft verplempert man wertvolle Zeit mit einem Gegenüber, das die Partnersuche nicht so ernsthaft – oder ernster – betreibt als man selbst. Fakt ist, dass viele Menschen im Internet offensiv suchen – und mehrere potenzielle Partner gleichzeitig daten. Fakt ist, dass man ein dickes Fell braucht, weil sich im Netz auch Menschen tummeln, die nicht nur Gutes im Schilde führen. Im Schutz der Anonymität wird beleidigt und gekränkt, Grenzen des guten Geschmacks werden überschritten und gerade aufblühende Beziehungen abrupt und ohne Angabe von Gründen abgebrochen. Wie im wahren Leben, nur schneller und schonungsloser. Ein Online-Flirt kann sogar verletzender enden als eine reale Begegnung, denn offensichtlich neigen wir mitunter dazu, Fremden mehr anzuvertrauen als Vertrauten, was als »stranger in the train«-Phänomen bekannt geworden ist. Der Fremde im Zug und besonders der Fremde im Netz sind wunderbare Projektionsflächen für unsere Sehnsüchte, die wir im Schutz der Distanz für einen Moment entblößen.

»Wir haben vier Wochen jeden Tag gechattet. Er war so nett und einfühlsam. Er hat immer gleich zurückgeschrieben und genau die richtigen Dinge gesagt. Er weiß, wie ich aussehe, was ich gern esse, wie viele Geschwister ich habe und was mich an meinen Eltern stört. Er weiß, dass ich gerne zwei Kinder haben möchte. Er weiß, warum mich mein letzter Freund verlassen hat und – oh Gott – er weiß einfach alles über mich! Es hat sich so gut angefühlt, sich das alles einmal von der Seele zu schreiben. Und als wir uns gestern endlich treffen wollten, hat er kurz vorher abgesagt, weil er angeblich findet, dass wir doch nicht so gut zueinanderpassen«, berichtet die 32-jährige Jessica aufgebracht und beschämt von ihrem letzten Internetabenteuer. Ein hoher Grad an Anonymität fördert weitaus mehr Offenheit als ein face-to-face-Kennenlernen in der realen Welt und somit auch die Gefahr, verletzt zu werden, wenn der andere kein richtiges Interesse hat. Ergo: Lieber schnell ein Treffen vereinbaren, als wochenlang von Männern zu träumen, die es in der realen Welt dann doch nicht gibt. Geduld mag eine Tugend sein, aber wenn Sie wirklich eine richtige Beziehung wollen, dann heißt es: Weniger träumen und mehr Realität schaffen – nicht zuletzt auch, um Ihr Herz im eBay der Liebe zu schützen.

Wohl jeder Mensch ist zwischen seiner Volljährigkeit und seinem Lebensende irgendwann einmal vorübergehend Single. Viele kennen besonders nach einer Trennung oder nach einer längeren Phase des Alleinseins Gefühle der Hoffnungslosigkeit: »Ich werde nie wieder jemanden kennenlernen«, »Es wird sich nie wieder jemand für mich interessieren«, »Ich bin zu hässlich, zu dick, zu alt«. Diese Gedanken sind natürlich Unsinn und je mehr wir sie zulassen, desto trostloser werden wir. Es entsteht ein Tunnelblick, der unsere Zukunft düster und einsam aussehen lässt. Selektive Wahrnehmung führt zudem dazu, dass wir überall auf der Welt knutschende glückliche Paare sehen, deren Himmel voller Geigen hängt, während wir selbst mutterseelenallein und ohne Glücksmomente vor uns hin vegetieren. In solchen Phasen ist es wichtig, sich zu fragen, wie man leben würde, wenn man einen Partner hätte und was dann konkret anders wäre. Würde man abends auf ein Konzert oder ins Kino gehen? Im Herbst in die Sonne fliegen? Wochenendausflüge planen? Egal, was Ihnen zu dieser Frage einfällt: Tun Sie es –

entweder mit Freunden, oder allein. Allein macht es nicht so viel Spaß wie mit Partner, wenden viele an dieser Stelle ein. Ja, das stimmt. Aber macht es mehr Spaß, zu Hause sein Leben auf Pause zu stellen, bis man irgendwann wieder einen Partner gefunden hat, der dann vielleicht gar keine Lust hat, ins Kino zu gehen, in die Sonne zu fliegen und Wochenendausflüge zu planen? Mit dem man stattdessen über den Haushalt, die Finanzen oder die Kindererziehung streitet? (Was jedes Paar in regelmäßigen Abständen tut, glauben Sie mir.)

Mein Appell: Leben Sie Ihr Single-Leben genauso, wie Sie es sich mit einem Partner vorstellen: Unternehmen Sie viel, genießen Sie, betrachten und behandeln Sie sich liebevoll und seien Sie sich selbst ein guter Begleiter. Und wer weiß, vielleicht gehören Sie zu denen, die sich genau dann verlieben, wenn sie schon gar nicht mehr damit gerechnet hatten, an Orten, die Sie nie für möglich gehalten hätten. Ich kenne Paare, die sich bei einem Auffahrunfall auf einer Landstraße kennengelernt haben oder im Krankenhausflur mit jeweils einem gebrochenen Bein und auf der Polizeiwache beim Anzeigen zweier Diebstahlsdelikte. Oder auf den Lofoten. Potenzielle Partner laufen überall frei herum. Sie müssen sich nur begegnen.

Und die Zeit muss reif sein – für die Liebe und füreinander. Viele glückliche Paare erzählen mir, dass sie sich nie ineinander verliebt hätten, wenn sie sich ein paar Jahre vorher kennengelernt hätten. Es scheint zudem besondere Liebeszeitfenster zu geben, die sich in bestimmten Phasen öffnen und uns bereit machen, uns zu verlieben. »Frühlingsgefühle« können zu jeder Jahreszeit auftreten und uns aufgeschlossener machen für potenzielle Partner, denn: Wir sind bereit, wir wollen uns verlieben und wir wollen uns binden. In dieser Phase passiert es manchmal, dass wir uns hintereinander in verschiedene Menschen verlieben. So wie Romeo, der nur fünf Tage, bevor er Julia begegnete, sich noch nach seiner Nichte Rosalinde verzehrte, die seine Gefühle jedoch nicht erwiderte. Dann traf er Julia und ward erneut von Amors Pfeil getroffen: »Liebt ich wohl je? Nein, schwör es ab, Gesicht! Du sahst bis jetzt noch wahre Liebe nicht.«

Übrigens: Liebe auf den ersten Blick, die ja laut des Dramatikers und Nobelpreisträgers George Bernard Shaw so zuverlässig sein soll, wie die Diagnose auf den ersten Händedruck, ist zu Unrecht (besonders in psychologischen Kreisen) in Verruf. Diese Strohfeuerliebe, die als Projektion der eigenen Wünsche auf den unbekannten Partner gilt, erweist sich gemäß Studien überraschenderweise im weiteren Beziehungsverlauf als ähnlich verbindlich und genauso glücklich und zufriedenstellend wie die Liebe der Paare, die sich erst nach mehr als zweimonatiger Bekanntschaft füreinander entschlossen haben.[3]

Ein Hoch auf unser Unbewusstes oder, wie der französische Philosoph Blaise Pascal einst bemerkte: »Ein Tropfen Liebe ist mehr als ein Ozean Verstand.« Aber: Es ist eben nicht nur die Liebe, sondern auch unser Wille, unsere Werte, unsere Motivation und unsere Vernunft, die mitentscheiden, ob Beziehungen halten oder nicht. Aber sie alle wären nichts ohne die Liebe.

---

3 Zudem gilt die anfängliche Verliebtheit in langjährigen Partnerschaften als wichtiger Stabilisator – die Erinnerung an eine schöne Anfangszeit hilft, Krisen zu überwinden und emotionale Durststrecken zu überstehen.

# Wir sind seelenverwandt

## Warum wir uns selbst im anderen suchen und was das mit Narzissmus zu tun hat

Ich liebe Frauenzeitschriften, aber sie machen mir auch Angst. Sie bieten »Psychotests« an, mit denen man allerlei herausfinden soll: »Welche Disney-Prinzessin bin ich?« – »Joko oder Claas – wer passt besser zu mir?« – »Bin ich heißer als ich denke?« – »Welches Auto passt zu mir?« – »Namenskunde – was sagt sein Name über ihn aus?« Und natürlich auch: »Ist er der Richtige für mich?« Für jeden Geschmack der passende Psychotest. Wir Psychologen können einpacken. Aber vorher mache ich noch schnell den Online-Test »Sind Sie und Ihr Partner seelenverwandt?«

Ich habe den Test meiner wissenschaftlichen Ehre wegen dreimal gemacht. Beim ersten Mal habe ich bewusst alle Fragen in Richtung Seelenverwandtschaft beantwortet:

»Was dachten Sie, als Sie Ihren Partner das erste Mal sahen?« – »Da ist er ja!«

»Spielt Ihr Partner eine Rolle in Ihren Träumen?« – »Oh ja, das tat er sogar lange, bevor ich ihn traf, nur dass ich damals noch nicht wusste, dass er es ist.«

Beim zweiten Mal habe ich den Mittelweg gewählt und die etwas neutraleren Antworten angeklickt. Beim dritten Mal habe ich die unseelenverwandtschaftlichsten Antworten gegeben, die der Test vorgab:

»Spielt Ihr Partner eine Rolle in Ihren Träumen?« – »Nee, eher andere Männer.«

»Was dachten Sie, als Sie Ihren Partner das erste Mal sahen?« – »Passt scho.«

»Denken Sie mal kurz an Ihren Freund – was sehen Sie?« Statt einer romantischen Antwort wie: »Ich sehe genau, was er gerade macht, ob es ihm gefällt und welches Outfit er gerade trägt«, klickte ich die nüchterne Antwort an: »Ich sehe ihn eher so wie auf einem Passfoto.«

Und jetzt kommt das Schönste: In allen drei Testdurchgängen waren mein Partner und ich seelenverwandt. He's my soul man, yeah. Ich könnte mich nun über dieses großartige Testergebnis freuen und mich zurücklehnen. Seelenverwandt – was soll uns jetzt noch passieren? Aber ich bin zu ehrlich mit mir selbst, zu bodenständig, zu realistisch. Ich weiß aus leidlicher Erfahrung, dass mein Mann und ich uns nicht blind oder ohne Worte verstehen, dass wir nicht immer das Gleiche denken und wollen und uns in vielen Bereichen des Lebens ganz und gar nicht einig sind und es vielleicht auch nie sein werden. Ich schaue unter den drei Ergebniskategorien[4] nach und lese erleichtert, dass den armen Seelen, die nicht miteinander verwandt sind, nicht zur Scheidung geraten wird, sondern eher dazu, an gemeinsamen Zielen zu arbeiten – so wichtig sei das mit der Seelenverwandtschaft ja nun auch wieder nicht.

Abgesehen davon, dass der Seelenverwandtschaftstest offensichtlich einen Programmierfehler hatte – Psychotests in Frauenzeitschriften genügen ohnehin weder wissenschaftlichen Ansprüchen, noch durchschnittlicher Intelligenz. Seien wir ehrlich – wir wissen genau, was für ein Ergebnis wir haben möchten und dementsprechend manipulieren wir die Antworten mehr oder weniger dahingehend, dass wir

4 Stark seelenverwandt wie Romeo und Julia (volle Punktzahl), mittelseelenverwandt wie Jack und Rose aus *Titanic* (mittlere Punktzahl) und nicht seelenverwandt wie Bridget Jones und ihr bindungsunfähiger Chef Daniel Cleaver aus *Schokolade zum Frühstück* (schlechteste Punktzahl).

in unserer Wunschkategorie landen. Frauenzeitschrift-Psychotests sind deshalb in etwa so aussagekräftig wie Zeitschriftenhoroskope – es gibt viel Raum für Interpretationen und am Ende glauben wir das, woran wir glauben wollen und sind genauso schlau wie vorher.

Zurück zur Seelenverwandtschaft: Schön wäre es schon, sich vertraut und einig zu sein, ohne viel erklären zu müssen. Sich immer 100 Prozent verstanden zu fühlen und mit dem Partner über alle Sinne automatisch verbunden zu sein. Es reicht nicht, einander zu lieben und (guten) Sex miteinander zu haben und in den wichtigen Dingen einer Meinung zu sein, wir wollen auch noch, dass unsere Seelen sich verbinden. Dabei ist es genau diese Gier, die uns die »Misere« mit der Partnersuche und Partnerwahl überhaupt eingebrockt hat. So sieht es jedenfalls Platon, der schon vor 2000 Jahren von der Sehnsucht nach unserem Seelenpartner berichtete. Denn laut griechischer Mythologie waren vor langer, langer Zeit die Menschen rund, sie hatten kugelförmige Rümpfe mit jeweils vier Armen und Beinen, »zwei Angesichtern auf einem kreisrunden Halse [...] und einem gemeinschaftlichen Kopf.« Unter den Kugelmenschen gab es drei Geschlechter: einige waren rein männlich, andere rein weiblich und das dritte Geschlecht war androgyn, es hatte also eine männliche und eine weibliche Hälfte. Nach einer Weile wurden diese Kugelmenschen, die »von gewaltiger Kraft und Stärke waren«, hochmütig und wollten die Götter angreifen. Zeus, der Herr des Universums, beriet sich mit den anderen Göttern und sie beschlossen, das Menschengeschlecht nicht zu vernichten, wohl aber empfindlich zu strafen. Also spaltete Zeus die Kugelmenschen in zwei Teile. Aus den einst vollkommenen Wesen wurde der heutige »halbe« Mensch, der seither unter der Trennung von seiner anderen Hälfte leidet und sich danach verzehrt, sie wiederzufinden.[5] Und so wandeln wir heute auf zwei statt auf vier Beinen auf der Erde und suchen unser Pendant, unsere andere, »bessere« Hälfte. Normale Sterbliche finden einen Partner. Andere – besonders Glückliche, vielleicht von den Göttern Auserwählte – finden einen Seelenverwandten: »Es ist, als ob wir uns schon unser ganzes Leben – oder aus einem vorherigen Leben kennen würden.« Zwei Menschen »er-kennen« sich und fühlen sich wie Platons zwei Hälften, die endlich wieder zusammengefunden haben.

Etwas nüchterner sehen es Psychologen, wenn sie darauf hinweisen, dass die seelenverwandte Liebe oft auf der sogenannten narzisstischen Partnerwahl beruht: »Man liebt sich selbst im anderen.« Blöd nur, wenn der Partner bei näherem Hinschauen uns doch nicht so ähnlich ist. Oder wenn er nicht nur lieblicher Spiegel unserer selbst ist, sondern auch die unangenehmen Anteile von uns besitzt. Seelenverwandte Spiegel-Liebe funktioniert so lange gut, wie der Partner so ist und bleibt, wie ich es mir in meinen schönsten Träumen vorstelle. Wer so liebt, hält Abweichungen vom Idealbild oft nicht aus. So wie Narziss[6], der niemanden außer sich selbst lieben konnte und der verzweifelte, als sein schönes Spiegelbild im Wasser durch Wellenbewegungen verzerrt wurde.

5 So erklärt die Mythologie auch gleich homo- und heterosexuelle Veranlagung und Orientierung.

6 Einer griechischen Sage nach war Narziss ein wunderschöner Jüngling, gezeugt bei einer Vergewaltigung der Nymphe Leiriope durch den Flussgott Kephissos. Narziss war so schön, dass sich viele in ihn verliebten, ohne, dass er diese Liebe je erwidern konnte. Eines Tages sah er in einer Quelle sein Spiegelbild und verliebte sich darin. Er sehnte sich danach, mit seinem Ebenbild zu verschmelzen, erkannte jedoch, dass bei jeder Berührung des Wassers sein Bild verschwand. Gebannt von seiner eigenen Schönheit konnte er sich von seinem Anblick nicht lösen und starb schließlich vor Erschöpfung und Trauer.

Diese oberflächliche Verliebtheit wird bei jeder tiefen Berührung, bei wirklicher Nähe, bei wirklichem Erkennen des anderen erschüttert. Der schöne Jüngling aus der griechischen Mythologie ist der Posterboy einer narzisstischen Persönlichkeit: Er ist egozentrisch, oberflächlich und unfähig, andere zu lieben. Er ist zu eitler Selbstverliebtheit verflucht, weiß aber nicht, wer er wirklich ist. Seine Selbstliebe ist unstillbar, weil er sich und anderen nicht nahekommen kann, ohne das perfekte Bild, das er von sich selbst hat, zu zerstören. Ein Narzisst leidet unter einem geringen Selbstwertgefühl und braucht deshalb ein Gegenüber, das ihm viel positive Aufmerksamkeit zollt und Grandiosität bescheinigt, ihn also positiv »spiegelt«. Und zwar am liebsten 24 Stunden am Tag.

Weil Narzissten in ihrer Kindheit oft die Erfahrung gemacht haben, nicht um ihrer selbst willen geliebt zu werden, bilden sie stattdessen ein »falsches Selbst« aus, eines, das ihre Eltern annehmen konnten. Ein erwachsener Narzisst ist von sich selbst entfernt und leidet unter einer großen inneren Leere und verkappten Minderwertigkeitskomplexen. Typischerweise schwanken Narzissten zwischen Vorstellungen ihrer Grandiosität und absolutem Versagen und brauchen deshalb ein Gegenüber, das sie aufbaut: Am besten einen Seelenpartner, der sie vervollständigt und nährt und mit dem sie in absoluter Harmonie und Liebe existieren können.

In der Realität erwarten den Narzissten in Beziehungen viele Enttäuschungen: Weil die Liebe und die Aufmerksamkeit des anderen nie reichen. Weil der andere ein getrenntes Wesen mit eigenen Bedürfnissen bleibt und somit eine Verschmelzung immer wieder misslingt. Weil die idealisierende Verliebtheit nicht in reale Liebe umgesetzt werden kann.

So wie bei Nele und ihrem Freund, deren Beziehung abrupt abbrach, als sich die Idealisierung des anderen nicht mehr aufrechterhalten ließ und die Kränkungen aufgrund von nicht erfüllten Bedürfnissen zu stark wurden.

Nele, eine alleinerziehende Mutter von zwei Söhnen, lernte bei einem Geschäftsessen einen Mann kennen, der ihr sofort den Hof machte. »Ich hab noch nie so viele Komplimente bekommen. Aber es war mehr als das, da war eine so besondere Nähe, wie ich sie selten erlebt habe. Er sprach von Seelenverwandtschaft und dass er sich zu mir so hingezogen fühle, dass er sich ein Leben ohne mich nicht mehr vorstellen könne.« Nele war überwältigt von seiner Aufmerksamkeit, seinen liebevollen Gesten und den Gefühlen, die sie für ihn entwickelte. »Ich fühle mich von ihm total verstanden. Es ist, als ob er meine Gedanken lesen könnte und ich seine. Es ist unglaublich«, schwärmte sie ihren Freundinnen vor. Sie kannten sich zwei Monate, als er eine Riesenparty für ihren Geburtstag schmiss, er mietete ein teures Restaurant, lud alle ihre Freunde ein, engagierte eine Band, die bis in die frühen Morgenstunden für gute Stimmung und eine volle Tanzfläche sorgte, weil er wusste, wie gern sie tanzte. Er sprach von Hochzeit und Zusammenziehen. Nele war überglücklich. Sie begannen, nach einer gemeinsamen Wohnung zu suchen. Er stellte sich ein repräsentatives Penthouse in einem noblen Stadtviertel vor. Nele wünschte sich eine Erdgeschosswohnung mit Garten in dem Viertel, in dem sie bereits lebte, um ihre Kinder nicht aus Kindergarten und Schule zu reißen. Es gab erste Spannungen. Er warf ihr vor, ihre Kinder wichtiger zu nehmen als ihn, und die gemeinsamen Träume zu verraten. Als er ihr einen spontanen Wochenendtrip nach London schenkte, wo er Karten für ein Konzert ihrer Lieblingsband besorgt hatte und sie absagen musste, weil eins ihrer Kinder krank war, fand er sie undankbar. Er sagte, er fühle sich ihr nicht mehr so nah wie am Anfang und dass sich ihre Seelen nicht mehr berühren würden. Kurz danach brach er die Wohnungssuche und schließlich auch die Beziehung ab. Nele blieb erschüttert zurück, weil sie nicht verstand, wie ein paar Unstimmigkeiten etwas so Großes wie Seelenverwandtschaft und ihre Liebe zerstört haben konnten.

Tatsächlich birgt gerade der Anspruch auf immerwährende Seelenverwandtschaft enormes Enttäuschungs- und Konfliktpotenzial, denn aus der seelenverwandten Einheit schälen sich irgendwann zwei Individuen mit unterschiedlichen Bedürfnissen heraus.

Bei aller Liebe: Wir können nicht für immer und ewig »eins« sein. Genau genommen ist unser gesamtes Leben ist eine Hin- und Herbewegung zwischen Nähe und Distanz: Die ersten neun Monate verbringen wir in symbiotischer Einheit im Leib unserer Mutter[7] bis wir geboren und abgenabelt werden. Wir brauchen die Bindung zu unseren Eltern, aber wir sind gleichzeitig eigenständige Wesen, die immer autonomer werden, bis wir uns auch auf einer psychischen Ebene von den Eltern abnabeln, ausziehen und unser eigenes Leben gestalten. Die Bindung zu den Eltern hält bis zum Ende unseres Lebens – selbst wenn wir starke Konflikte haben, sogar, wenn wir den Kontakt abbrechen. In unseren Paarbeziehungen setzen wir das Wechselspiel von Nähe und

7 Aus psychologischer Sicht ist davon auszugehen, dass Platons Kugelwesen mit vier Armen und vier Beinen eine Erinnerung an die Zeit im Mutterleib ist. Wer als Erwachsener einen Hang zu symbiotischen Beziehungen hat, der hat in der Kindheit oft eine Störung der ersten wichtigen Symbiose erlebt: Er wurde zu früh oder zu plötzlich von der Mutter getrennt, oder war zu lange und zu intensiv an sie gebunden.

Distanz fort. Wir verlieben uns und möchten jede Minute mit unserem Geliebten verbringen. Nach und nach verwandelt sich die anfängliche Symbiose in Vertrautheit, in der sowohl gemeinsames als auch getrenntes Erleben möglich ist. Wer als Paar wie ein siamesischer Zwilling zusammenwächst, wird sich weniger inspirieren als behindern. Eine Liebesbeziehung muss sowohl ein Ich, als auch ein Du, als auch ein Wir ermöglichen.

Selbstverständlich brauchen auch langjährige Paare immer wieder Momente der absoluten Nähe, die hergestellt wird durch Zärtlichkeiten, Sexualität, intime Gespräche oder indem sich die Partner aufeinander einlassen und versuchen, mit Gefühlen und Gedanken mitzuschwingen, ohne sie zu bewerten oder abzutun. Aber wir können den symbiotischen Zustand der Verschmelzung nicht für lange Zeit aufrechterhalten, ohne Teile von uns selbst oder des anderen zu verleugnen oder abzuspalten.

Das Konzept der Seelenverwandtschaft ist bisher wissenschaftlich nicht erforscht worden, wohl weil es keine Messgeräte gibt, um den Grad der Seelennähe zu ermitteln und weil die Lager der kritischen Zweifler und esoterischen oder romantischen Streiter für Seelenverwandtschaft nicht leicht zueinanderfinden. Versuchen wir trotzdem eine definitorische Abgrenzung der einzelnen Typen:

Es gibt die unreife, zum Scheitern verurteilte Seelenverwandtschaft, die auf narzisstischen Wünschen beruht, sich im anderen spiegeln zu wollen. Jedes Anderssein und Andersfühlen wird als starke Kränkung erlebt, als Zurückweisung der eigenen Person und als Angriff auf den eigenen Wert. Diese Form der Seelenverwandtschaft verrät sich selbst, denn sie kann nie das halten, was sie verspricht: totale Symbiose, Gleichheit und ewigen Gleichklang.

Es gibt die platonische Seelenverwandtschaft, die nicht unbedingt zwischen Liebespartnern stattfinden muss, sondern ungeachtet des Geschlechts, des Alters und der kulturellen Verwurzelung bestehen kann – wie sie häufig in Brieffreundschaften zu finden ist, innerhalb derer sich zwei Menschen manchmal über Jahrzehnte miteinander austauschen und aus der Distanz heraus eine große Nähe aufbauen.

Es gibt Seelenverwandtschaft, die durch die gleichen Verletzungen der Seele entsteht: Menschen erkennen sich in ihrem Schmerz und begleiten sich eine Weile, meist in der Hoffnung, einander zu heilen. Oft enden diese einstmals intensiven und liebevollen Beziehungen enttäuscht, weil zwei Durstige sich retten möchten, aber dann doch um den letzten Tropfen Wasser kämpfen müssen, um nicht zu sterben.

Es gibt Seelenverwandtschaft, die entsteht, weil der andere unsere abgespaltenen oder verdrängten Anteile besitzt und wir hoffen, diese durch die Beziehung mit ihm in uns selbst wieder integrieren zu können. Auch diese Verbindungen enden meist unglücklich, weil eine Übertragung der erwünschten Anteile in den seltensten Fällen funktioniert, es ist eher eine weitere Polarisierung zu beobachten – wie bei einem Mann, der sich in eine gefühlvolle Frau verliebt, weil er hofft, durch sie selbst mehr zu fühlen, während die Frau hofft, stabiler und gelassener zu werden. Nach einer Weile haben sie ihre verschiedenen Anteile aber zu ihrem Leidwesen nicht ausgetauscht und ausgeglichen, sondern sich gegenseitig in ihren Rollen verstärkt – die Frau wird immer emotionaler und instabiler, der Mann wird immer härter und gefühlloser.

Vielleicht ist das gesündeste und lebbarste Konzept von Seelenverwandtschaft nicht, dass der andere genauso ist und fühlt wie ich, sondern dass sich zwei Individuen begegnen, die – wie Verwandte – ähnlich sozialisiert und geprägt wurden, die ähnliche Werte, ähnliche Wunden und Ansichten haben und somit »auf einer Wellenlänge« schwimmen. Die sich nah fühlen, weil sie Grundlegendes nicht erklären müssen. Die sich verstehen und annehmen. Die sich in ihrer Beziehung komplettieren, ohne so sein zu wollen, wie der andere. Die in einer Beziehung voneinander profitieren, ohne aufzurechnen, weil beide wissen, dass jeder so viel gibt, wie er kann. Gesunde Seelenverwandtschaft würde bedeuten, auch die Unterschiede auszuhalten, Disharmonien in das große Konzert der Verbundenheit einzufügen und sowohl Nähe- als auch Distanzwünsche zu respektieren und zu leben.

Aber was, wenn wir unseren Seelenverwandten nie finden? Dafür hat der australische Künstler Tom Minchin eine tröstliche und wahre Vision geschaffen. Minchin untersucht in dem Lied »If I didn't have you« das Thema große Liebe auf eine erfrischende Weise, wenn er die mathematische Wahrscheinlichkeit hinterfragt, dass seine geliebte Frau, über die er als 17-Jähriger auf der Highschool stolperte, wirklich seine einzige seelenverwandte Partnerin sein soll, die vom Universum für ihn gemacht wurde:

*Your love is one in a million*
*You couldn't buy it at any price*
*But of the 900.999 hundred thousand other loves*
*Statistically, some of them would be equally nice*

Für ihn ist Liebe keine schicksalhafte Perfektion, sondern eine Verbindung, die sich im Laufe der Zeit festigt, während die Gefühle (füreinander) wachsen:

*Like a flower*
*Or a mushroom*
*Or a guinea pig*
*Or a vine*
*Or a sponge*

Minchin schließt sein Lied mit einer ehrlichen Liebeserklärung:

*With all my heart and all my mind I know one thing is true:*
*I have just one life and just one love and, my love, that love is you.*
*And if it wasn't for you, baby, I really think*
*that I would have somebody else.*[8]

## Das schönste Gefühl der Welt

Warum Verliebte Schmetterlinge im Bauch und Zwangsgedanken im Kopf haben

»Ich habe so etwas noch nie gemacht«, sagt der junge Mann namens Eric, der zum ersten Mal einer Psychologin gegenübersitzt: mir. Er sei Ingenieur, erfolgreich in seinem Beruf und hätte nie gedacht, dass er mal zum Therapeuten gehen würde.

---

8 »Deine Liebe ist einzigartig, sie ist unbezahlbar, aber von 900.999 anderen Lieben, wären, statistisch gesehen, einige von ihnen ähnlich wunderbar. – Wie eine Blume, oder ein Pilz, oder ein Meerschweinchen oder eine Rebe oder ein Schwamm. – Von ganzem Herzen weiß ich: Ich habe nur ein Leben und eine Liebe und diese Liebe, mein Liebling, bist du. Und wenn es nicht du wärest, Baby, bin ich sicher, es wäre jemand anders.«

»Was führt Sie dann heute hierher?«, frage ich.

»Ich glaube, ich habe eine mittelschwere Depression.« Er habe seine Symptome gegoogelt und die Diagnose sei eindeutig. Ich frage ihn nach seinen Beschwerden.

»Ich kann nicht schlafen, ich mag nichts essen, ich kann mich nicht konzentrieren.«

Ich mache mir ein paar Notizen. Plane, ihn nach Suizidgedanken und der typischen Dreifaltigkeit von depressiven Gedanken zu befragen: Ich bin schlecht, die Welt ist schlecht, die Zukunft ist aussichtslos. Aber – so richtig depressiv wirkt er gar nicht auf mich. Er ist sehr wach im Kontakt, eher aufgedreht als bedrückt, aber vielleicht auch nur eine Abwehr der depressiven Lähmung, sinniere ich weiter. Als ich seinen besorgten Blick sehe, fahre ich mit meinen Fragen fort: »Seit wann haben Sie die Symptome?«

»Seit ein paar Wochen.«

»Ist irgendetwas vorgefallen vor ein paar Wochen?«, forsche ich nach.

»Hm«, antwortet er. Und wird rot. »Hm.«

Ich lasse ihm Zeit, zu antworten. Er schweigt eine Weile.

»Hm«, beginnt er von Neuem. »Ich habe da jemanden kennengelernt. Eine Frau«, schiebt er hinterher. Auf meine ermunternden Fragen fährt er fort, er habe sie seit dem Kennenlernen vier Mal getroffen, sie habe aber noch keine Anstalten gemacht, ihn zu verführen oder ihm in irgendeiner Art und Weise näherzukommen. Bisher habe er immer Frauen kennengelernt, die sich ihm gegenüber eindeutig verhalten hätten. Er habe sich dann meist auf die Annäherungsversuche eingelassen, finde aber, dass dieser ganze Beziehungskram überbewertet sei.

Ich fasse zusammen: »Bisher haben Sie immer Frauen kennengelernt, weil diese die Initiative ergriffen haben. Dies ist die erste Frau, die zurückhaltend ist und Ihnen keine klaren Signale gibt. An Ihrer Stelle würde mich das auch ganz schön unsicher machen.«

»Ja?«

»Ja. Und es hört sich so an, als ob Sie diese Frau richtig toll finden.«

»Ich finde sie super. Sie sieht toll aus, hat eine tolle Figur – nicht, dass das das Wichtigste wäre –, sie ist schlau und witzig, hm …«, verlegen blickt er aus dem Fenster.

»Es scheint, als ob Sie sich in sie verliebt haben.«

Er blickt mich an. »Meinen Sie? Ich weiß nur, dass ich mich in meinem ganzen Leben noch nie so gefühlt habe. Ich sagte Ihnen doch, ich kann mich nicht mehr richtig konzentrieren, ich hab keinen Hunger mehr – ich hab schon drei Kilo abgenommen – ich kann super schlecht einschlafen.«

»Hört sich an wie frisch verliebt«, biete ich an.

»Frisch verliebt«, wiederholt er. Lächelt. Lehnt sich zurück. »So fühlt sich also verliebt sein an.«

Ich streiche die Fragen zu etwaigen Suizidgedanken.

»So toll find ich Verliebtsein dann gar nicht«, bemängelt er.

Ich lache. Und erinnere mich daran, wie es sich anfühlt, verliebt zu sein, ohne zu wissen, ob mein Schwarm dasselbe auch für mich empfindet. Verliebtsein kann durchaus als Qual empfunden werden. Bei dem indonesischen Volksstamm der Makassaren wird Verliebtheit gar als Krankheit angesehen, die der Heilung bedarf. Tatsächlich ist der Hormonhaushalt von Frischverliebten auf der ganzen Welt im Ausnahmezustand: Stress- und Glückshormone wie Adrenalin, Cortisol und Endorphine werden vermehrt ausgeschüttet und sorgen für Schmetterlinge im Bauch. Hirnscans von

Verliebten ähneln Personen, die sich gerade im Drogenrausch befinden, in beiden Gehirnen lässt sich ein erhöhtes Dopaminlevel feststellen. Und der Serotoninlevel sinkt auf Werte, die man sonst nur bei Zwangserkrankten findet. Verliebte waschen sich nicht 44-mal am Tag die Hände, aber sie denken mehr als vier Stunden am Tag an das Objekt ihrer Begierde. »Verliebte und Verrückte sind beide von so brausendem Gehirn«, so befand es Shakespeare in seinem *Sommernachtstraum*, ohne zu ahnen, dass Hirnforscher ihm 500 Jahre später zustimmen würden.

Wie wir alle wissen, vergeht der Liebeswahn mit der Zeit. Für eine dauerhafte Partnerschaft braucht es dann – unter anderem – des Bindungshormons Oxytocin, das ebenso unter den Namen »Kuschel-, Liebes-, Wohlfühl- und Schmusehormon« geläufig ist. Alles nur Chemie – so erklären die Sache mit der Liebe jedenfalls Neurowissenschaftler, die sich seit ein paar Jahrzehnten mit dem schönsten Thema der Welt befassen. Sie fanden sogar heraus, dass es bestimmte Bedingungen gibt, unter denen wir uns eher verlieben.

Einer meiner Psychologie-Professoren, der sehr unterhaltsame und nützliche Vorlesungen über die Liebe hielt, gab uns Studenten immer wieder den Rat, beim ersten Date etwas Aufregendes, Gefährliches zu unternehmen, um die Chance zu erhöhen, dass der andere sich in uns verliebe. Er bezog sich damit auf das berühmte »Brückenexperiment«, das Psychologen 1974 in Kanada durchführten. Sie stellten fest, dass Männer, die über eine gefährlich schwankende Hängebrücke gingen, signifikant stärkeres Interesse an einem weiblichen »Lockvogel« hatten als Männer, die über eine solide, sichere Holzbrücke gingen. Ein gewisses Maß an Angst, Aufregung und körperlicher Anstrengung, so stellte sich auch in späteren Studien heraus, wirkt förderlich fürs Verlieben – auch, wenn eigentlich nur eine Verwechslung, eine sogenannte Fehlattribution, vorliegt: Die körperliche Aufregung wird mit einer Person des anderen Geschlechts in Zusammenhang gebracht, der schnellere Herzschlag, ein flauer Magen, weiche Knie soufflieren: »Ich bin verliebt.«

Wer also einen potenziellen Partner für sich gewinnen möchte, sollte ihn in die Geisterbahn, zum Bungee-Jumping oder zum Freeclimbing schleppen. Aber nur, wenn eine gewisse Grundsympathie beidseitig vorhanden ist, denn erhöhte Anspannung kann auch zum gegenteiligen Effekt führen, sodass wir unser Gegenüber noch unsympathischer und abstoßender finden als ohnehin schon. Allerdings gehört mehr zur Liebe als ein Aufwallen unserer Hormone: »Liebe ist kein Hormoncocktail«, wie der deutsche Philosoph Richard David Precht richtig bemerkt, und unsere Hormone sind nicht ausschlaggebend, ob und in wen wir uns verlieben, sondern lediglich getreue Diener, die unsere Empfindungen in eine chemische Aufregung umwandeln, Erfüllungsgehilfen, die unseren Körper in Erregung versetzen.

Aber egal, wie viele Liebesstudien weltweit geführt werden – die Liebe ist und bleibt unabwägbar, wir können sie nicht planen oder kontrollieren. Der amerikanische Sexualwissenschaftler Alfred C. Kinsey, der die körperliche Liebe zu erforschen versuchte, prägte den schönen Satz: »When it comes to love, we are all in the dark.« – Hinsichtlich der Liebe tappen wir alle im Dunkeln. Die Liebe kann schön und schrecklich sein, sie kann uns Halt geben oder uns zerstören. Auch wenn die Wissenschaft irgendwann das letzte Rätsel der Liebe erforscht haben mag, wird sie uns trotzdem noch heiß oder kalt erwischen, uns in die Irre führen oder uns verrückt machen.[9] Auf dem Spielfeld der Liebe werden wohl auf ewig alle möglichen Verwechslungen stattfinden. Wir meinen verliebt zu sein, obwohl wir eigentlich nur einen Überschuss an Adrenalin haben. Verliebtsein wird nur allzu gern als Liebe verstanden. Oder wir werden – wie Eric – krank vor Liebe und googlen uns in eine vermeintliche Depression hinein. Selten hat mir die Auflösung einer Fehldiagnose so viel Freude bereitet, wie bei diesem jungen Mann. Er hatte ein Gewinnerlos in der Liebeslotterie gezogen und konnte die Zahlen nicht lesen. Er brauchte lediglich einen Übersetzer und ein bisschen Nachhilfe im Erkennen von Gefühlen.

Meinem frisch verliebten Klienten war es nach der anfänglichen Erleichterung, keine Depression zu haben, übrigens ziemlich egal, was sich hormonell in seinem Kopf und seinem Körper abspielte. Er wollte nur, dass es der Frau seiner Träume genauso wie ihm gehe und bat mich, mit ihm gemeinsam einen Schlachtplan zu erstellen, wie er sie für sich gewinnen könne.

Ein paar Wochen nach unserer Sitzung erhielt ich eine E-Mail von ihm: »Konzentration nach wie vor nicht vorhanden, Einschlafen und Durchschlafen immer noch schwierig, aber aus anderen Gründen *smiley*. Mit anderen Worten: Wir sind nun ein Paar. Vielen Dank! PS. Übrigens: Meine Freundin und ich lieben Ihre Diagnose ›verliebt sein‹ und hoffen, für immer krank zu bleiben.«

---

9 Nicht jedem war und ist die Erforschung der Liebe geheuer. Der US-Senator William Proxmire gab in den 1970er- Jahren eine Presseerklärung heraus, in der er erklärte, warum er Forschungsmittel zur Entmystifizierung der Liebe zurückzog: »Ich glaube, dass 200 Millionen Amerikaner meine Auffassung teilen, dass gewisse Dinge im Leben geheimnisvoll bleiben sollten, und an der Spitze der Liste jener Dinge, die wir nicht wissen wollen, steht, warum sich zwei Menschen ineinander verlieben!«

# … and they lived happily ever after

Warum Märchen immer bei der Hochzeit aufhören, obwohl die Geschichte da erst richtig anfängt

Am Ende küssen sie sich nicht einmal. Sie nehmen sich zart an den Händen und plötzlich ist aus einer frisch Getrennten, einem Witwer und seinem kleinen traurigen Sohn wieder eine Familie geworden. Eine glückliche Familie, selbstverständlich. Die Kamera blendet ab, Annie, Sam und Jonah aus *Schlaflos in Seattle* gehen nach Hause und wenn sie nicht gestorben sind, leben sie noch heute. Das Publikum ist glücklich. War das schön! Haben die es gut, diese attraktiven Menschen, die in charmanten Häusern am Meer oder in riesigen Lofts mit Blick über die ganze Stadt wohnen und jetzt für immer im Zauber ihrer Liebe baden.

Großartig auch die Schlussszene von *Schokolade zum Frühstück*, in der die schusselige, aber leidenschaftliche Bridget Jones, die endlich mit ihrem Mr Darcy zusammengefunden hat, in Unterhose auf einer verschneiten Straßenkreuzung in London steht. Wir werden nie erfahren, ob sie sich eine Blasenentzündung oder nur eine schwere Erkältung geholt hat. Ob Mr Darcy sie hingebungsvoll gepflegt hat, oder ob er bald genug hatte von einer schlecht gelaunten Bridget, deren Nase trieft und deren Schleim in den Bronchien rasselt. Liebeskomödien hören immer da auf, wo die Realität anfängt – oder wie Tucholsky schrieb: »Die Ehe war zum jrößten Teile vabrühte Milch un Langeweile. Und darum wird beim happy end im Film jewöhnlich abjeblendt.«

Die meisten realen Beziehungen ähneln jedoch keinen leichten Sommerkomödien, sondern eher Tragödien – ein bisschen Komik und eine Prise Drama gehört auch meist dazu. Beziehungen sind Entwicklungsgeschichten mit zwei Protagonisten, die Konflikte und Krisen bewältigen müssen und selbst, wenn alles ganz passabel läuft – es gibt keine Garantie für ein »happy ever after«.

Jedes Paar hat bestimmte Hürden, die es miteinander nehmen muss und dazu gehörte lange Zeit das verflixte siebte Jahr, in dem die Trennungsgefahr besonders hoch sein sollte.

Die Sieben hat seit jeher eine besondere, eine mythische und magische Bedeutung, sie findet sich in Sprichwörtern, Märchen und in natürlichen Rhythmen: »Wenn du deinen Teller nicht aufisst, gibt es sieben Tage Regen«, »Wer sich beim Anstoßen nicht in die Augen sieht, hat sieben Jahre schlechten Sex«. Es gibt den Wolf und die sieben Geißlein, Schneewittchen und die sieben Zwerge, die sieben Weltwunder, sieben Tage, in denen die Welt erschaffen wurde, die sieben Sinne, sieben Weltmeere, sieben Laster und Siebenmeilenstiefel. Und im Jahre 2007 forderte Simone Pauli, die für die traditionelle CSU kandidierte, allen Ernstes, man möge jede Ehe nach sieben Jahren automatisch auslaufen lassen – es sei denn, beide Partner verlängerten sie aktiv.

Im Rahmen einer Beziehung oder besser einer Trennung, kommt der Sieben jedoch keine inhaltlich relevante Bedeutung zu – wenngleich statistisch gesehen viele Ehen zwischen dem vierten und dem siebten Jahr geschieden werden. Das führte dazu, dass für eine Weile auch die Zahl Vier in Verruf kam. Immerhin wurden dieses Mal evolutionspsychologische Erklärungen herangezogen: Nach vier Jahren ist der gemeinsam gezeugte Nachwuchs seit jeher bereits so lebensfähig, dass es nicht mehr beider Eltern für die Versorgung bedarf. Da sich die Statistiken immer auf verheiratete Paare beziehen, verwässert die Theorie des verflixten vierten oder siebten Jahres, denn manche Paare heiraten im ersten Jahr, andere erst nach zehn Jahren wilder Ehe.

Es gibt keine gefährlichen oder magischen Zahlen im Leben eines Paares, sehr wohl aber schwierige Phasen, in denen neue Lebenssituationen entstehen, die Stress auslösen und ein Umdenken und Sich-neu-Orientieren erfordern. Selbst Lebensphasen, auf die man sich gefreut hat, können zu Krisen führen. Typische Stressfaktoren für ein Paar sind Entwicklungsphasen wie: Zusammenziehen, Heiraten, berufliche Veränderungen, Geburt der Kinder, Umzüge, Hausbau, Auszug der Kinder.

Dazu kommt der ganz normale Alltag(s-Wahnsinn): fremdbestimmte Arbeitszeiten, Haushalt, Freizeitstress. Geld muss verdient, Nahrung eingekauft und zubereitet werden, Kinder müssen gezeugt und später versorgt werden, Urlaube geplant und bezahlt, Familie und Freunde wollen eingeladen und besucht werden. Das Leben kann ziemlich anstrengend sein und oft vergessen Paare die Hebel zu nutzen, die ihnen durchaus zur Verfügung stehen würden. Es wird darüber gestritten, wer was im Haushalt macht, anstatt zusammenzulegen und eine Haushaltshilfe zu bezahlen, selbst, wenn Paare sich diesen Luxus ohne Weiteres leisten könnten. Die Aufgabe, einen verantwortungsvollen Babysitter zu finden, scheint unüberwindbar, sodass ich oft Eltern vor mir sitzen habe, die schon jahrelang keine Zeit für Zweisamkeit hatten. Die paartherapeutischen Sitzungen sind für diese Paare dann ein entscheidender Anfang, sich wieder – jenseits von Alltagssachlichkeiten – zu begegnen.

Aber manchmal gibt es auch Paare, die es nicht so weit kommen lassen möchten, Paare, die mich überraschen und mit denen die Arbeit eine ganz besondere Freude ist, wie mit der 25-jährigen Mirja und dem 27-jährigen Ralph, die mich mit einem eher ungewöhnlichen Anliegen aufsuchten: »Wir lieben uns sehr und planen gerade unsere Hochzeit. Da wir beide familiär gesehen nicht so gute Vorbilder haben – unsere Eltern sind geschieden –, möchten wir uns vorab beraten lassen, wie wir alles richtig machen. Dürfen wir einmal zu Ihnen kommen?« Selbstverständlich durften sie, ich war begeistert von diesem jungen Paar, das mit so viel Verve und Verantwortung in das Abenteuer Ehe startete.

»Eigentlich gehören wir nicht in eine Paartherapie, weil wir noch gar keine Probleme miteinander haben. Aber wir möchten, dass es so bleibt. Bisher waren wir uns in allem ziemlich einig. Deshalb sind wir auch so glücklich miteinander. Im Moment können wir uns gar nicht vorstellen, dass es mal anders wird. Aber dann schauen wir auf unsere Eltern – die sich ja auch mal geliebt haben – und bekommen ein bisschen Angst. Was können wir tun, damit wir spätere Konflikte gut miteinander lösen?«, fragt Mirja in unserer ersten Sitzung. Viele Paare suchen Paartherapeuten in einer Krise auf und erwarten dort die schnelle Lösung ihrer Probleme. Diese müssen ihre Klienten dann zunächst einmal enttäuschen, denn selbst wenn sie eine Lösung der Probleme wüssten – eine Beziehung wird nur besser, wenn das Paar sich auf den therapeutischen Prozess einlässt, versteht, verändert, mitarbeitet. Aber Mirja und Ralph kamen, bevor Probleme entstanden waren, sie erwarteten von mir nicht das Schwingen eines Zauberstabes (den ich übrigens nur allzu gern hätte), sondern sie wollten prophylaktisch Werkzeug für schlechte Tage anschaffen.

»Erzählen Sie mir doch ein bisschen über sich. Was ist es, was Sie am anderen lieben?«

»Wo soll ich anfangen?«, fragt Ralph. »Sie ist cool und süß, sie weiß, was sie will, sie vertraut mir, sie sieht unglaublich gut aus – Mirja ist die Frau, die ich mir immer gewünscht habe und nun ist sie einfach da und alles ist gut.«

»Wir verstehen uns oft ohne Worte«, sagt Mirja. »Ich fühle mich total geborgen bei Ralph. Ich kann sein, wie ich bin, ich kann mit ihm rumalbern oder ihm von meinen Ängsten erzählen, er kann mit mir gut umgehen.«

»Es ist verrückt, aber ich fühle mich mit Mirja wie angekommen. Obwohl wir ja beide noch ziemlich jung sind. Viele Freunde können nicht verstehen, dass wir uns schon so sicher miteinander sind. Aber es fühlt sich so gut an – das kann gar nicht besser werden.«

»Haben Sie gemeinsame Pläne?«, frage ich.

»Ja. Wir wollen heiraten. Wenn wir genug Geld gespart haben, würden wir uns gern eine Wohnung kaufen«, sagt Ralph. Mirja nickt. »Irgendwann dazwischen würde ich gern schwanger werden.« Sie lächeln. Bei den großen, wichtigen Themen sind sie sich also einig.

»Wie sieht es mit dem Alltag aus, gibt es Dinge, die Sie gern gemeinsam unternehmen?«, frage ich.

»Wir machen gern Ausflüge mit dem Fahrrad. Ralph sucht Strecken raus und ich pack ein kleines Picknick ein und dann geht es los. Das machen wir oft am Wochenende«, sagt Mirja.

»Wir gehen sehr gern gemeinsam essen«, sagt Ralph. »Wir haben einen ähnlichen Filmgeschmack, wenn wir ins Kino gehen. Und ich mag Mirjas Freunde. Das finde ich wichtig. Ich hatte mal eine Freundin, wo es so gar nicht klappte mit den unterschiedlichen Freundeskreisen.«

»Ja, das finde ich auch total toll, nach zwei Jahren hat sich das sogar schon ein bisschen vermischt mit unseren Freunden. Und wir fahren auch gern gemeinsam in den Urlaub. Am liebsten nach Thailand«, sagt Mirja.

»Wie sieht es denn aus mit Zeit, die jeder für sich allein verbringt – gibt es das und wie fühlt sich das an?«, frage ich.

Die beiden nicken. »Am Dienstag gehe ich immer zum Sport und am Donnerstag ist Ralph mit Freunden unterwegs. Ich treffe mich dann auch oft mit meinen Mädels. Und unter der Woche oder Samstag Morgens geht Ralph auch manchmal noch joggen. Das ist alles gut, so wie es ist. Ich finde es auch wichtig, mal nur für mich allein zu sein«, sagt Mirja.

»Ja, auch das finde ich super an Mirja. Dass sie mich so sein lässt, wie ich bin. Meine letzte Freundin war immer eifersüchtig, wenn ich mal mit meinen Jungs gefeiert hab. Dabei bin ich so treu, wie man sich das nur wünschen könnte.«

»Sie brauchen mich wirklich nicht«, sage ich kopfschüttelnd und die beiden lachen. Mirja und Ralph hatten großes Glück, einander gefunden zu haben. Sie hatten übereinstimmende Werte, Zukunftspläne und auch genug Alltagsthemen, in denen sie sich gut verstanden. Und sie hatten Vertrauen ineinander. »Sie haben richtig gute Voraussetzungen für Ihre gemeinsame Zukunft«, fasste ich am Ende der Sitzung zusammen. Mirja und Ralph feierten eine tolle Hochzeit, wie sie mir ein paar Monate später schrieben. Wir hatten vereinbart, dass sie sich jederzeit bei mir melden würden, wenn sie glaubten, Unterstützung bei der Lösung von Konflikten zu benötigen, spätestens aber noch einmal eine Postkarte nach ihrer silbernen Hochzeit schicken würden.

Ich wünschte diesem Paar von ganzem Herzen, dass sie es immer wieder schaffen würden, gemeinsame Lebens- und Liebesthemen zu finden. Dass sie sich im Laufe der Jahre und Veränderungen nicht verlieren, sondern miteinander entwickeln würden. Dass sie die kleinen, mittleren und großen Krisen, die ihnen wie jedem Paar bevorstehen, bewältigen und sich immer wieder bewusst füreinander entscheiden würden. Dass sie ihr Verständnis und ihren Humor nicht verlieren würden. Und dass sie die nun folgenden typischen Mythen der Liebe hartnäckig und kritisch hinterfragen, denn sie sind es, die zu falschen Erwartungen und fatalen Missverständnissen führen, die Frauen, Männer und Beziehungen wirklich fertigmachen können.

# DREI

# Mittendrin: Liebesleben und Beziehungsglück

*»Was passiert, wenn Menschen sich ineinander verlieben?«*
*»Sie schreiben Gedichte. Haben Sex.«*
*»Und was kommt dann?«*
*»Nach den Gedichten und dem Sex? Alles oder nichts. Der Rest ist Verhandlungssache, sozusagen.«*
*»Wie meinst du das?«*
*»Man kann es belassen bei Liebe und Zuneigung. Oder man macht es kompliziert, so wie die meisten Menschen.«*

AUS DEM FILM »THE SESSIONS«

# »Liebe dich selbst und es ist egal, wen du heiratest«

## Wie Liebe und Bindung entsteht und warum unsere Partnerwahl von unserem Selbstbild abhängig ist

*Liebe dich selbst und es ist egal, wen du heiratest* ist ein großartiger Buchtitel, weil die Quintessenz des Buches bereits auf dem Cover steht. Man muss das Buch gar nicht lesen, der Titel ist der Inhalt, die Botschaft, das nun zu verfolgende Ziel. Man könnte sich das Cover an den Spiegel hängen, um den Satz möglichst oft zu sehen. Man könnte sich den Titel abends als Mantra vor dem Einschlafen immer wieder sagen und das Buch unter das Kopfkissen legen, damit die Weisheit leichter und nachhaltiger in den eigenen Schädel findet. Selbstliebe wurde irgendwann zum Modewort der Psycho- und Esoterikszene und gilt seitdem als das höchste Gut. Selbst mein Cockerspaniel weiß heute, dass Selbstliebe wichtig ist und holt sich eine Extraportion Fressen, wenn ich gerade nicht aufpasse.

Whitney Houston sang mit »The greatest love of all« eine Hymne auf die Selbstliebe. In dem Lied hört es sich so einfach an: Am besten man verlässt sich nur auf sich selbst, denn andere können die eigenen Bedürfnisse ohnehin nicht befriedigen. Bloß nicht im Schatten von anderen verschwinden und immer Würde behalten, egal wie tief man fällt. Und das alles ist möglich, weil man die größte Liebe bereits gefunden hat: in sich selbst und zu sich selbst. »I found the greatest love of all inside of me.« Dass das bei Whitney

Houston selbst nicht geklappt hat, ist bekannt: Drogensüchtig, mit einem gewalttätigen Mann verheiratet, viel zu früh gestorben. Ein Megatalent, dem die Welt zu Füßen lag und das doch strauchelte und definitiv nicht in gesunder Selbstliebe badete, so viel ist auch von Weitem zu diagnostizieren.

Aber wie geht das überhaupt mit der *greatest love of all*? Verliebt man sich irgendwann in sich selbst und wandelt sich diese aufgeregte Idealisierung dann mit der Zeit in eine tiefe, vertrauensvolle Bindung? Sind wir uns im Idealfall wirklich selbst genug und ist es möglich und erstrebenswert, so unabhängig von anderen zu werden, dass wir uns wie Baron von Münchhausen am eigenen Schopf aus jeder Misere ziehen können? Ich fürchte, so einfach ist es nicht. Um zu verstehen, warum wir lieben, wie wir lieben, müssen wir zurück in unsere Kindheit blicken, in die Wiege unserer Liebes- und Bindungsfähigkeit.

## Hunger, Pipi, Kalt – warum Kinder feinfühlige Eltern brauchen und wie die Gesellschaft unser Elternbild bestimmt

Wir kommen auf die Welt als abhängiges Bündel voller Bedürfnisse: Wir brauchen alles, und zwar sofort. Wir können uns nicht selbst versorgen, sondern sind auf unsere Bezugspersonen angewiesen, auf ihre Fürsorge, ihr Verständnis, ihre Fähigkeit, unsere Bedürfnisse zu lesen und zu befriedigen. Dann: Ein voller Magen. Eine angenehme Berührung. Wärme. Mamas Geruch. Papas Stimme. In den Schlaf gleiten. Zufriedenheit. Unsere Welt besteht am Anfang aus sinnlichen Erfahrungen, die uns wohl oder unwohl fühlen lassen. Durch unser angeborenes Bindungsverhalten wie Anklammern, Schreien, Lächeln, Blickkontakt herstellen, können wir mit unseren Eltern kommunizieren und allmählich stellen sich Handlungsabläufe ein, auf die wir vertrauen: Wir schreien, wir werden gefüttert. Wir weinen, wir werden aus dem Bettchen gehoben und beruhigt. Wir jammern und schon ist Mama da, die uns an ihre warme Haut drückt und liebkost. Unser Wunsch ist ihr Befehl. Es gibt kein Ich und kein Du, kein Außen und kein Innen, es gibt nur Symbiose, Mama ist ein Teil von mir. Es dauert, bis ein Baby versteht, dass es die Welt nicht beherrscht und regiert, sondern im Gegenteil – die Welt es. Erfolgt diese Erkenntnis zu früh und zu abrupt, wird dies ungünstige Auswirkungen auf unser Lebensgefühl haben. Ein Baby, das schreit und lange Zeit nicht beachtet wird, entwickelt Frust und Angst. Todesangst. Die Nähe der Eltern bedeutet Schutz, denn alleine kann das Kind nicht überleben. Zudem fehlt ihm die Vorstellungskraft, dass Mama oder Papa in einem anderen Raum sind. Weg ist weg. Da ist da. Weg ist schlecht, da ist gut. So einfach sieht die Welt für ein Baby aus. Erst mit ca. einem Jahr beginnen Kinder zwischen sich und anderen zu differenzieren und langsam zu verstehen, dass die Welt vielschichtiger ist, als bisher angenommen. In dieser Zeit haben sie schon viele Erfahrungen gesammelt, die ihnen entweder ausreichend Vertrauen in ihre Bezugspersonen gegeben haben oder sie in ihrem Urvertrauen verunsichert haben.

Es ist das Verdienst von aufmerksamen Psychologen, die in den 1960er-Jahren erkannten, was Kinder wirklich brauchen, um zu gesunden Erwachsenen heranzuwachsen: ausreichend gute Bindungspartner, die prompt und feinfühlig auf die Bedürfnisse des Kindes eingehen.[1] Also genau das Gegenteil davon, was die Gesellschaft in Bezug auf Kindererziehung in der westlichen Welt jahrhundertelang propagiert hatte. Lange Zeit ging man davon aus, dass Nahrung, Hygiene und Strenge die wichtigsten Grundpfeiler für eine gesunde Entwicklung des Kindes bedeuteten. Kinder sollten nicht verwöhnt, sondern an die Härte des Lebens schon früh gewöhnt werden.

Auch Deutschland blickt auf eine unrühmliche Vergangenheit zurück, in der schwarze Pädagogik an der gesellschaftlich erwünschten Tagesordnung war. In *Die deutsche Mutter und ihr Kind*, einem der erfolgreichsten deutschen Erziehungsratgeber des 20. Jahrhunderts, der 1934 erschien, gab die Ärztin Johanna Haarer haarsträubende Ratschläge: Das Kind solle gleich nach der Geburt für 24 Stunden von der Mutter getrennt werden, es solle fortan in einem stillen, ruhigen Raum verbleiben und begreifen, dass es zu bestimmten, von der Mutter festgesetzten Zeiten versorgt wird. Wenn das Baby vor Hunger oder Kummer schreit, appelliert Haarer an die Disziplin der Mütter: »Dann, liebe Mutter, werde hart! Fange nur ja nicht an, das Kind aus dem Bett herauszunehmen, es zu tragen, zu wiegen, zu fahren oder es auf dem Schoß zu halten, es gar zu stillen. Das Kind begreift unglaublich rasch (…). Nach kurzer Zeit fordert es diese Beschäftigung mit ihm als ein Recht, gibt keine Ruhe mehr, bis es wieder getragen, gewiegt oder gefahren wird – und der kleine, aber unerbittliche Haustyrann ist fertig.«

Diese feindliche Haltung dem Kind gegenüber wurde von Generationen Deutscher kritiklos übernommen. Bis Kriegsende hatten Haarers Ratgeber über 800 000 Mütter, Erzie-

---

1 Allen voran: John Bowlby, Donald Winnicott und René A. Spitz.

herinnen, Lehrerinnen und Kinderkrankenschwestern gelesen. Sie glaubten der selbst ernannten Fachfrau, weil ihre kruden Erziehungsthesen der gesellschaftlichen Norm und der nationalsozialistischen Ideologie entsprachen, Menschen, »zäh wie Leder und hart wie Kruppstahl« zu formen.

In der gleichen Zeit beobachteten Wegbereiter der Bindungstheorie wie der Kinderarzt John Bowlby und der Psychologe René A. Spitz in englischen und amerikanischen Kinderkrankenhäusern, wie Kinder, die wenig oder keinen Kontakt zu ihrer Mutter hatten, emotional verarmten und sowohl emotional als auch kognitiv ihr Wachstum einstellten – ein Phänomen, das als »Hospitalismus« bezeichnet wurde. Heute wissen wir: Kinder, die vernachlässigt werden – und genau das war es, was Johanna Haarer propagierte –, zeigen nach einer Weile resigniertes Anpassungsverhalten. Die Gewöhnung an den Mangel an Reizen und Zuwendung wird oft missverstanden damit, dass sich die Kinder beruhigen. Sie werden lediglich apathisch und stumpfen ab, fahren ihre Lebendigkeit auf ein Minimum herunter, vegetieren vor sich hin.[2]

Das alles scheint sehr lange her zu sein. Aber wir dürfen nicht vergessen, dass diese Zeit – wenn nicht uns selbst – zumindest unsere Eltern geprägt hat, die damals aufwuchsen. Und so sollten wir bei aller Kritik an den Erziehungsmethoden der vorherigen Generationen nie vergessen, dass

2 Fatalerweise wurde Haarers Wirken auch nach dem Krieg nicht gestoppt – ihr Werk wurde bis in die späten 1980er-Jahre aufgelegt und letztlich über eine Million Mal verkauft. Immerhin wurde der Inhalt nach Kriegsende »entnazifiziert« – und zwar ähnlich tief greifend und konsequent wie auch die Entnazifizierung der Deutschen stattfand: Worte wie »Führer« und »Volk« wurden entfernt, der Rest des menschen- und bindungsfeindlichen Werkes blieb unangetastet.

wir alle Kinder – und Eltern – unserer Zeit sind. Auch wir sind das Produkt unserer Eltern und unserer Gesellschaft und verhalten uns so, wie es uns aufgetragen wurde oder wie es die Gesellschaft als richtig empfindet.

Heute sind wir die Elterngeneration, die Kopfhörer mit klassischer Musik an Mutterbäuche hält, damit das Kind sich pränatal entspannt und einen kultivierten Musikgeschmack entwickelt. Wir suchen nach zweisprachigen Kitas, kochen ausschließlich bio-bio und könnten eine Doktorarbeit über den ergonomisch klügsten Kinderwagen schreiben, der so viel wie ein Gebrauchtwagen kostet. Warum das alles? Weil wir nur das Beste für unsere Kinder wollen. So, wie einst unsere Eltern und unsere Großeltern – nur, dass die Richtlinien für »das Beste« damals eben andere waren.

Und so sitzen manchmal ältere Damen in meiner Praxis und weinen mit ihren Töchtern darüber, dass sie ihnen keine besseren Mütter waren, weil das damalige Muttervorbild streng und kalt war und sie verunsichert übernommen hatten, was ihnen vorgelebt wurde. Deshalb nehmen junge Männer sich vor, ihren eigenen Kindern bessere Väter zu sein, als ihre Väter es waren und gehen gleichzeitig mit ihren Vätern hart ins Gericht, weil diese ihnen nie gesagt oder gezeigt haben, dass sie sie lieben. Die alten Väter antworten wahlweise kühl, empört oder verständnislos: »Das hat mir mein Vater auch nie gesagt.« Einige der alten Väter werden traurig. Manche versuchen, alles bei ihren Enkelkindern wiedergutzumachen. Jede Generation will es besser machen als die vorherige. Niemand will die Fehler seiner Eltern wiederholen. Deshalb macht jede Generation ihre eigenen Fehler. Und unbewusst wiederholen wir natürlich dennoch sehr viel von dem, was unsere Eltern uns vorgelebt haben. Das lässt sich nicht hundertprozentig vermeiden. Wir sind und bleiben nun mal die Kinder unserer Eltern und da Bindungsfähigkeit genetisch und sozial vererbt wird, sind wir Nutznießer oder Opfer des elterlichen Bindungsstils und unsere Kinder werden es ebenfalls sein.

## Was Bindung mit Liebe und Selbstliebe zu tun hat

Als Kind wäre ich gern Obelix gewesen. Natürlich nicht so dick und auch ein wenig klüger – aber seine Unverwundbarkeit schien mir äußerst attraktiv. Er war als Säugling in einen Kessel mit Zaubertrank gefallen und seither mit übermenschlicher Kraft gesegnet, konnte Bäume ausreißen und Römer verkloppen. Als einziges Mädchen hätte ich Obelix' Durchschlagskraft bei meinen zwei Brüdern gut gebrauchen können.

Aus emotionaler Sicht wirken frühe gute Bindungserfahrungen auf uns wie ein Zaubertrank. Sie stärken uns psychisch und physisch für unser gesamtes Leben. Denn unsere Fähigkeit zu lieben bildet sich maßgeblich in den ersten Jahren unseres Lebens aus. Mit unseren Eltern als Lehrmeister gehen wir durch eine individuelle Liebesschule: Wir lernen von und mit ihnen, was Liebe bedeutet, ob Bindungen sicher oder unsicher sind und ob Liebe gut- oder wehtut.

Im Idealfall wachsen wir in einer liebevollen Umgebung auf, in der unsere Bedürfnisse angemessen, also prompt und feinfühlig befriedigt werden, sodass wir Urvertrauen, ein gutes Selbstwertgefühl und einen sicheren Bindungsstil entwickeln. Idealerweise sind unsere Eltern liebevoll miteinander verbunden und lehren uns, dass Konflikte in Beziehungen normal und lösbar sind. Wir lernen Respekt und

Achtsamkeit im Umgang mit uns selbst und anderen. Mit diesen Voraussetzungen fällt es uns leicht, im Erwachsenenalter stabile Beziehungen einzugehen und fürsorglich zu uns selbst und anderen zu sein. Mit Selbstliebe haben wir dann kein Problem. Denn Selbstliebe ist nichts anderes als die verlängerte Liebe der Eltern, die wir verinnerlicht haben, die uns in Fleisch und Blut übergegangen ist. Selbstliebe ist einerseits ein wichtiges Produkt von sicheren Bindungserfahrungen und andererseits die grundlegende Voraussetzung, um im Erwachsenenalter eine sichere Bindung mit einem Partner einzugehen.

Die meisten Eltern lieben ihre Kinder und wollen das Beste für sie. Aber: Sein Kind zu lieben und ihm ein guter Bindungspartner zu sein, ist nicht das Gleiche. Eltern können ihre Kinder mehr als sich selbst lieben und ihnen dennoch nicht die Sicherheit und Geborgenheit geben, die Kinder brauchen, um ein gutes Selbstwertgefühl und eine sichere Bindung zu entwickeln. Emotional überforderte, psychisch kranke, traumatisierte oder bindungsunsichere Eltern sind für ein Kind oftmals keine ausreichend guten Bindungspartner. Sie sind für das Kind nicht vorhersehbar, nicht feinfühlig genug für dessen Bedürfnisse und geben nicht die Stabilität, die ein Kind braucht, um gesund aufzuwachsen – und ihr Verhalten ist ausschlaggebend für die Entwicklung eines unsicheren Bindungsstils. Schätzungen zufolge haben etwa 40 Prozent der Deutschen einen »unsicheren Bindungsstil«. Man unterscheidet bei den unsicheren Bindungsstilen zwischen einer vermeidenden, einer ambivalenten und einer – eher selten auftretenden – desorganisierten Bindung.

**Vermeidend**

Menschen, die einen ängstlich-vermeidenden Bindungsstil entwickelt haben, haben in ihrer Kindheit oft die Erfahrung gemacht, von ihrer wichtigsten Bezugsperson (in unserer Gesellschaft nach wie vor meist die Mutter) zurückgewiesen und vernachlässigt worden zu sein. Sie waren früh emotional auf sich selbst gestellt und lernten, sich nicht auf andere zu beziehen. Als Erwachsene vermeiden sie enge Beziehungen und verlassen sich vorwiegend auf sich selbst. Nähe wird von ihnen eher als unangenehm empfunden, während sie ihre Freiheit, Unabhängigkeit und Selbstständigkeit betonen. Vermeidende Bindungstypen neigen zur Idealisierung ihrer Eltern, obgleich sie oft wenig Erinnerung an ihre Kindheit haben.

**Ambivalent**

Menschen, die ambivalent gebunden sind, wurden von Eltern versorgt, die nicht vorhersehbar für sie waren: Mal überschwänglich und selbst nähebedürftig, mal abweisend und kalt. Kinder solcher Bindungspersonen entwickeln oft feine Antennen für die Befindlichkeiten ihrer Eltern, um wenigstens ein wenig Aufmerksamkeit zu bekommen. Die Konzentration auf die Eltern bedeutet, dass sie wenig bewussten Zugang zu ihren eigenen Bedürfnissen haben und dass die Ablösung von den Eltern oft nicht hinreichend gelingt, was spätere Beziehungen negativ beeinflusst. Ambivalent gebundene Erwachsene neigen dazu, in Beziehungen zu abhängig zu sein und zu klammern. Sie schwanken zwischen dem Gefühl, lieber allein bleiben zu wollen und ihren symbiotischen Beziehungswünschen, mit denen sie ihre Partner oft überfordern. Oft leiden sie unter starken Trennungsängsten.

**Desorganisiert**
Menschen mit einem desorganisierten Bindungsstil waren in ihrer Kindheit massivsten Belastungen ausgesetzt: Sie hatten psychisch kranke oder traumatisierte Eltern, die nicht ausreichend auf sie eingehen konnten oder sie haben in der Kindheit mindestens eine traumatische Trennung von wichtigen Bindungspersonen erlebt, sodass ihr Vertrauen nachhaltig erschüttert wurde. Viele wurden Opfer von psychischer, körperlicher oder sexueller Gewalt und sind somit selbst schwer traumatisiert. Menschen mit einem desorganisierten Bindungsstil haben kein Vertrauen in die Umwelt und wenig Vertrauen in sich selbst. Typischerweise haben sie es sowohl mit der Liebe als auch mit der Selbstliebe sehr schwer. Sie fühlen sich wertlos und meinen, es nicht verdient zu haben, dass man sie liebt. Sie schrecken vor Bindungen jeglicher Art zurück, weil sie in ihrer Kindheit so oft und so tief verletzt worden sind. Gleichzeitig fühlen sie sich oft sehr einsam und unglücklich. Solch schwere Bindungsstörungen gehen oft mit psychischen Erkrankungen einher und dem Versuch, sich selbst zu behandeln – mit Alkohol und Drogen.

»Liebe dich selbst« ist für Menschen, die einen unsicheren Bindungsstil ausgebildet haben, eine paradoxe Aufforderung. Denn wer als Kind nicht geliebt wurde, dem fällt es schwer, sich selbst zu lieben. Wer als Kind keine sichere Bindung erfahren hat, dem fällt es schwer, sich im Erwachsenenleben sicher zu binden. Wer als Kind nicht erfahren hat, wie beglückend es sein kann, geliebt zu werden und zu lieben, wird im Erwachsenenalter Schwierigkeiten mit der Liebe haben. Wahrscheinlich wird er Angst entwickeln, sich auf andere Menschen einzulassen.

Warum fällt es uns so schwer, die Vergangenheit hinter uns zu lassen? Wieso können wir unsere Kindheitserfahrungen nicht einfach wie einen alten, zu klein gewordenen Mantel ablegen und uns voller Zuversicht und Vertrauen in eine gesunde Erwachsenenbeziehung stürzen? Weil sich in unseren ersten Lebensjahren eine emotionale Software programmiert, die unsere Bindungserfahrungen über neuronale Netzwerke und kognitive Denkstrukturen in relativ stabile Bindungsstile umwandelt.

## Was Hänschen nicht lernt, lernt Hans nimmermehr? Wie frühe Erfahrungen unser Denken und Fühlen beeinflussen

Die Erfahrungen, die wir in unserer Kindheit mit unseren Eltern machen, prägen uns für unser gesamtes weiteres Leben, denn aus ihnen entwickeln wir schon sehr früh bestimmte Annahmen, sogenannte »innere Arbeitsmodelle«, mit denen wir Ordnung in unsere kleine Welt bringen. Diese Arbeitsmodelle beziehen sich auf unsere Bezugspersonen, die Welt an sich und auf uns selbst. Wer seine Eltern als sichere Bindungspartner erlebt, verinnerlicht folgendes: »Die Welt ist ein sicherer Ort, ich bin es wert, gut versorgt zu werden, ich bin liebenswert und ich kann mich auf meine Eltern verlassen. Alles ist gut. Alles wird gut.«

Wir können uns vorstellen, welche Annahmen ein Kind entwickelt, dessen Eltern sich nicht ausreichend gut um es kümmern – seine Arbeitsmodelle werden weniger optimistisch ausfallen: »Die Welt ist nicht sicher, ich kann mich auf meine Eltern nicht verlassen, vielleicht bin ich es nicht wert, dass sie sich um mich kümmern. Ich fühle mich unsicher, vernachlässigt, ungeliebt. Ich habe Angst. Ich weiß nicht, wer mir helfen kann. Ich weiß nicht, ob und wie ich das Ganze überlebe.«

Wahrscheinlich merken Sie schon beim Durchlesen der verschiedenen Arbeitsmodelle, dass sie unterschiedliche Gefühle hervorrufen. Die positiven Annahmen geben Ruhe, Sicherheit und Gelassenheit, die negativen Annahmen wühlen auf, verängstigen und lassen uns einsam fühlen. Vielleicht kennen Sie die ein oder andere Annahme gut – und wissen, wie stärkend oder schwächend sie wirkt.

Jeder Mensch hat bestimmte Annahmen entwickelt, die ihn ständig begleiten. Meist sind unsere Arbeitsmodelle unbewusst, sie laufen wie ein Hintergrundprogramm durch unser Leben. Sind Sie ein eher optimistischer Mensch, den nichts so schnell aus der Bahn wirft? Haben Sie langjährige, stabile Beziehungen zu anderen Menschen? Glauben Sie daran, dass sich alles irgendwie regeln lässt und dass Sie grundsätzlich in der Lage sind, eine Lösung zu finden? Dann haben Sie einen guten Radiosender eingestellt, höchstwahrscheinlich haben Ihre Eltern früh eine gute, sicher gebundene Wellenfrequenz für Sie gefunden, die Sie beibehalten haben.

Vielleicht gehören Sie aber auch zu denjenigen, die automatisch die Schuld bei sich suchen, wenn etwas schiefläuft, à la: »Das war ja klar, dass ich das wieder nicht schaffe, ich bin einfach zu blöd dazu. Kein Wunder, dass die mich nicht haben wollten, ich hätte das ohnehin nicht verdient.« Mit dieser Hintergrundmelodie wäre es an der Zeit, Ihre Überzeugungen zu hinterfragen und ein bisschen am Tuner zu drehen, bis Sie einen besseren Empfang gefunden haben. Denn auch, wenn frühe Bindungserfahrungen uns prägen – wir haben glücklicherweise die Möglichkeit, sowohl unsere

Arbeitsmodelle, als auch unsere Bindungsfähigkeit und unser Selbstvertrauen zu modifizieren.

Ein gutes Beispiel hierfür ist Angelika, die mit anderthalb Jahren bei ihrer Großmutter gelassen wurde, als ihre alleinerziehende Mutter mit den drei älteren Geschwistern in eine andere Stadt zog. »Sie konnte es sich nicht leisten, mich auch noch mitzunehmen, hieß es immer. Meine drei älteren Geschwister durften bei meiner Mutter bleiben, ich kam zu meiner Großmutter mütterlicherseits, die ich bis dahin kaum gekannt hatte. Sie war alt und streng und wusste nichts mit mir anzufangen, obwohl sie meine Mutter unter Druck gesetzt hatte, ihr wenigstens ein Kind zu lassen. Ich glaube, sie wollte damit eigentlich meine Mutter halten und dafür sorgen, dass sie sie möglichst oft besuchen kommt.« Aber Angelikas Mutter kam nur selten. Angelika kann die Besuche an einer Hand abzählen, bis sie mit 18 Jahren von ihrer Großmutter auszog. »Ich will nicht pathetisch klingen, aber ich hatte das, was man eine unglückliche Kindheit nennt. Ich hab mich oft so wahnsinnig einsam gefühlt. Meine Oma war keine liebevolle Frau, sie hat mich nie in den Arm genommen. Sie war eher grob und hat auch mal zugehauen, wenn ich frech war.« Angelikas Leben veränderte sich, als sie in der Schule ihren späteren Mann kennenlernte. »Ich stieg aus der Hölle in den Himmel auf. Plötzlich war da jemand, der mich mochte. Der zärtlich und lieb zu mir war. Er hat mich gerettet, im wahrsten Sinne des Wortes. Wir haben dann früh geheiratet und ich bin richtig aufgeblüht. Aber es war nicht nur er – es war auch seine Familie. Sie haben mich aufgenommen wie eine eigene Tochter. Das werde ich ihnen nie vergessen. Plötzlich hatte ich eine Familie. Wir haben die ersten Jahre im Haus der Eltern meines Mannes gelebt, die meisten Leute dachten sicherlich: ›Oh Gott, wie furchtbar‹, aber das war es nicht. Ich habe dort noch mal richtig aufgetankt, bevor mein Mann und ich dann eine eigene Familie gegründet haben.« Angelika und ihr Mann sind nun seit 45 Jahren verheiratet. Mit ihm und seiner Familie konnte sie ihre nicht gerade positiven Annahmen über die Welt und die Liebe verändern.

Gerade die Pubertät ist eine wichtige Phase der emotionalen Neuausrichtung. In den ersten Jahren unseres Lebens werden die Weichen gestellt, Bindungserfahrungen prägen unsere neuronalen Netzwerke – besonders in den ersten drei Jahren und erneut in der Pubertät, die als Umbauphase des Gehirns gilt. Menschen mit einem unsicheren Bindungsstil können im Rahmen einer Partnerschaft – natürlich auch noch nach der Pubertät – so viele gute Erfahrungen machen, dass das ursprüngliche Programm Schritt für Schritt überschrieben wird.

Immer wieder lerne ich Menschen kennen, die äußerst schwierige Startbedingungen im Leben hatten und bin berührt und beeindruckt, wie sie es geschafft haben, trotzdem im Leben Fuß zu fassen, sich sicher zu binden – und vertrauensvoll lieben zu können. Die Resilienzforschung – Resilienz ist ein anderes Wort für psychische Widerstandsfähigkeit – beschäftigt sich schon lange mit den hilfreichen Faktoren, die es Menschen ermöglichen, trotz teilweise traumatischer Widrigkeiten einigermaßen glücklich durchs Leben zu segeln. Psychologen fanden heraus, dass psychische Stabilität eng an die jeweilige Persönlichkeit gekoppelt ist. Intelligenz und eine hohe Selbstwirksamkeitserwartung tragen dazu bei, selbst gesetzte Ziele zu erreichen und sich auch bei Niederlagen von seinem Weg nicht abbringen zu lassen. Resilienz bedeutet nicht, sich nur auf sich selbst zu verlassen und andere nicht um Hilfe bitten zu können. Im Gegenteil:

Psychisch widerstandsfähige Menschen holen sich sogar oft früher als andere Hilfe, nicht zuletzt, weil sie gute Erfahrungen damit gemacht haben. Dieses Vertrauen in andere ist ein weiterer wichtiger Faktor für Resilienz. Sowohl Studien als auch Betroffene weisen immer wieder darauf hin, dass es in ihrer Kindheit und Jugend mindestens eine wichtige und stabile Bezugsperson gegeben habe, die die Schwierigkeiten des Elternhauses habe auffangen können: eine fürsorgliche Nachbarin, ein aufmerksamer Lehrer, die Mutter der besten Freundin, die Lieblingsoma oder der Patenonkel – irgendein Erwachsener, der sie unterstützt und an sie geglaubt hatte. Nur ein einziger hilfreicher Erwachsener kann dazu beitragen, aus einem unglücklichen Kind einen glücklichen, starken Erwachsenen zu machen, der an sich glaubt und sich selbst wertschätzen kann.[3]

Wer sich selbst liebt, kann sich anderen öffnen. Er kann sich zeigen, in seiner Stärke und auch in seiner Hilflosigkeit. Selbstliebe hat viel mit Vertrauen zu tun: In uns selbst und in andere. Whitney Houstons Interpretation der *greatest love of all* ist demnach ein großes und tragisches Missverständnis, denn bei aller inneren Stärke brauchen wir immer auch andere. Bindung und Liebe, auch die gepriesene, vermeintlich aus dem Ärmel zu schüttelnde Selbstliebe, entwickeln sich niemals im leeren Raum und niemals in einem Vakuum. Wir brauchen ein Gegenüber, in dem wir uns spiegeln können. Selbstliebe kann nicht ohne fremde Liebe entstehen. Es ist

3 Die Psychologin Emmy Werner führte auf der hawaiianischen Insel Kauai eine Langzeitstudie durch und begleitete einen ganzen Säuglingsjahrgang 40 Jahre lang. Sie fand heraus: Kinder, die mit wenigstens einer Person eine länger andauernde verlässliche Bindung erlebten, entwickelten ein signifikantes Maß an psychischer Widerstandsfähigkeit (Resilienz) gegen spätere Belastungen.

der Glanz im Auge der Mutter (oder einer anderen erwachsenen Bezugsperson) und später der Glanz im Auge des Partners, der uns unsere Liebenswürdigkeit spiegelt und uns ein sicheres Gefühl für uns selbst gibt. Wenn wir diesen liebevollen Spiegel internalisieren, also in uns aufnehmen, sodass er ein Teil von uns wird, können wir uns selbst positiv wahrnehmen und wir werden im Laufe der Zeit selbstsicherer und selbstbewusster.

## Einer ist wie der andere? Warum es absolut nicht egal ist, wen wir heiraten

Jetzt wird es kompliziert. Natürlich ist es nie egal, wen wir heiraten, an wen wir uns binden, wen wir als Partner wählen. Aber je nach emotionaler Softwareprogrammierung wählen wir erfahrungsgemäß Partner, die unsere Arbeitsmodelle bestätigen. Das ist wunderbar für diejenigen unter uns, die über eine sichere Bindung und ausreichend Selbstliebe verfügen. Und weniger wunderbar für alle anderen. Denn wer sich selbst nicht liebenswert findet, wird sich wahrscheinlich einen Partner suchen, der diese Annahme bestätigt. Sollte jemand sich über eine lange Zeit sehr um eine Person mit wenig Selbstliebe bemühen, wird diese wahrscheinlich misstrauisch: »Wer mich liebt, mit dem stimmt was nicht.«

Wir alle werden durch unsichtbare Fäden von den Partnern angezogen, die unser Selbstbild bestätigen. Und wir verlieben uns in Partner, die auf einer ähnlichen Reifestufe und ähnlich bindungsfähig sind wie wir (auch wenn Frauen das meist verneinen würden). Aber selbst wenn die in der Kindheit erlernten Bindungsstile relativ stabil sind, bedeutet es nicht, dass ein Mensch mit schlechten Startbedingungen keine Chance auf späteres Liebes- und Beziehungsglück hat. Bindung ist ein Prozess, der sich von der Wiege bis zur Bahre entwickelt. Ein sicherer Bindungsstil kann durch traumatische Erfahrungen beeinträchtigt werden und aus einer unsicheren Bindung kann im Laufe der Zeit eine sichere werden, wenn die alte, unsichere Programmierung durch viele gute Erfahrungen überschrieben wird. Allerdings geschieht eine grundlegende emotionale Veränderung nicht durch ein Fingerschnippen. Es kann das Resultat von vielen guten Beziehungserfahrungen sein. Oder von vielen Jahren Psychotherapie. Meist von beidem. Die wenigsten Menschen gehen immer nur glücklich durch ihre Liebesbeziehungen. Aber irgendwann kommt für uns alle der Moment, an dem wir die Augen aufmachen und eine gesunde Entscheidung für uns und unser Liebesglück treffen sollten. Manchmal bedeutet das, dass wir uns von einem Partner trennen müssen, mit dem die Chemie überwältigend ist, der uns aber unter dem Strich unglücklich macht.

## Liebe macht blind

Warum James Bond keine gute Partie ist und wieso wir trotzdem (erst mal) auf ihn reinfallen

*»Gestatten: Bond. James Bond.«* Ein Blick auf den smarten britischen Agenten und schon ist es um die Frauen geschehen. Die Frauen, meist Bond-Girls genannt, haben seit mehr als 50 Jahren folgende Gemeinsamkeiten: Sie sind schön, sie sind in die Fänge des Bösen geraten, sie sind bereit, sich von

Bond retten zu lassen und das Wichtigste: Sie sind willig, ohne Forderungen zu stellen.

In jedem Bond-Streifen erfüllt 007 seine Mission unter Einsatz seines Lebens: Er rettet die Welt vor dem Bösen, er ist unermüdlich im Kampf für die englische Krone. Nebenbei vernascht er so viele Frauen, wie das Drehbuch hergibt. Die Affären enden schnell und meist unglücklich, zumindest für die Frauen. Bond ist längst unterwegs zu einem neuen Einsatz und einer neuen Eroberung, die er retten und wieder fallen lassen kann. James Bond ist der Prototyp eines bindungsvermeidenden Mannes. Er gibt immer so viel, dass die Frauen ihm verfallen. Dann entzieht er sich, ohne je eine wirkliche Verbindung zu der Frau aufgebaut zu haben. Süße Versprechen liegen in der Luft, aber Bond bleibt un(an-)greifbar, schließlich hat er Wichtigeres zu tun, als sich um die Beziehung zu einer Frau zu kümmern.

Auch im wahren Leben gibt es viele Frauen, die bindungsvermeidenden Typen wie James Bond verfallen. Die meisten von ihnen glauben, dass es an ihnen liegt, dass der Mann sich nicht an sie binden kann. Sie denken, sie seien nicht schön, nicht schlank, nicht lustig genug. Die meisten glauben, sie seien nicht liebenswert genug. Diese Überzeugung führt dazu, dass sie sich überhaupt an einen bindungsunwilligen Mann binden. Und natürlich die Phantasie, dass er sich doch noch ändern wird. Dies gilt auch für Frauen, die sich wiederholt in unerreichbare Männer verlieben und immer wieder die Rolle der Geliebten einnehmen.

Die 36-jährige Tamara ist seit zwei Jahren in ihren gleichaltrigen Kollegen Lutz verliebt. Sie sehen sich ein- bis zweimal in der Woche nach der Arbeit, kochen, joggen und schlafen miteinander. Tamara genießt die Zweisamkeit, für sie fühlt es sich wie eine Beziehung an. Lutz jedoch besteht darauf, dass sie kein Paar sind. »Ich fühle mich noch zu jung, um mich festzulegen. Wir haben doch eine schöne Zeit miteinander, mach es nicht durch Diskussionen kaputt.« Tamara möchte nichts kaputt machen, im Gegenteil, sie möchte mehr Verbindlichkeit und eine Zukunft. Sie sucht mich auf, weil sie verstehen möchte, was in Lutz vorgeht und wie sie ihn für sich gewinnen kann. Ich finde es wichtiger, zu verstehen, was in Tamara vorgeht und warum sie sich mit einem Mann eine Zukunft wünscht, der ihr bereits in der Gegenwart jegliche Verbindlichkeit verweigert.

»Weil ich ihn liebe. Weil er – bis auf seine Wir-sind-kein-Paar-Arie – mein Traummann ist. Ich fühle mich so geborgen und aufgehoben bei ihm. Er ist total zärtlich und gibt mir so viel in diesen Momenten, wenn wir zusammen sind. Und er liebt mich auch. Er liebt mich wirklich, das spüre ich.«

»In welchem Verhältnis stehen die Momente, in denen Sie sich so aufgehoben und geliebt fühlen mit den Momenten, in denen Sie einsam und verzweifelt sind?«, frage ich.

Tamara überlegt. Und wird sichtlich traurig. Dann trotzig. »Ich will darüber gar nicht nachdenken. Im Moment haben wir wieder eine so gute Phase. Vielleicht hat er ja auch recht, dass ich alles problematisiere mit meinen spießigen Ideen, wie es richtigerweise zu laufen hätte.«

Tamara ist so verliebt in Lutz, dass sie die Augen vor Wahrscheinlichkeiten verschließt. Denn Lutz lässt keinen Zweifel daran, dass er die Beziehung zu Tamara nicht vertiefen will. Wie viele unglücklich Verliebte zweifelt sie lieber an sich als an ihrem Partner. Sie ist bereit, sich selbst und ihre Beziehungsvorstellungen und Werte zu verändern, um ihren Partner halten zu können. Solange Männer oder Frauen in dieser »Traummann-/Traumfrau-Phase« sind, macht es keinen Sinn, von außen Realitätschecks zu fordern. Manche Menschen verlieren sich in einer Traumwelt, in der sie 1 Prozent der Zeit zu 100 Prozent glücklich sind. Die übrigen 99 Prozent der Zeit leiden sie und versuchen, sich lediglich auf die gemeinsamen Momente zu konzentrieren. Und diese gemeinsamen Momente können tatsächlich großartig sein.

Je nach Leidensfähigkeit gelingt diese Strategie, aber sie trägt die wenigsten Menschen für immer. Die Unsicherheit, die Unzufriedenheit, der Frust werden mit der Zeit immer größer und sind irgendwann nicht mehr zu ertragen. Auch Tamara, die Lutz eigentlich um jeden Preis halten möchte, kann nicht jeden Preis für eine Beziehung zahlen, die für sie in Wirklichkeit nicht genug ist.

Ich begleite Tamara ein knappes Jahr, in dem sie mir abwechselnd von ihrer Hoffnung, ihrer Enttäuschung und ihren Trennungsängsten erzählt. Wir nähern uns ihrer Unfähigkeit, in engen Beziehungen etwas zu fordern und verstehen: Tamara hat ein jahrzehntelanges Training im Unterdrücken von Bedürfnissen erhalten. »Meine Eltern haben immer viel gearbeitet und wir Kinder sollten funktionieren. Wenn meine Geschwister oder ich etwas wollten, wie mehr Aufmerksamkeit oder abends mal kuscheln oder so, wurden unsere Eltern wütend und haben uns Vorwürfe gemacht. ›Wir schuften den ganzen Tag für euch! Nie seid ihr zufrieden. Ihr fresst uns die Haare vom Kopf und wollt immer noch mehr!‹« Tamara gelangt in unseren Sitzungen in Kontakt mit ihrer alten Traurigkeit, in ihren Bedürfnissen nicht gesehen und geachtet worden zu sein. Sie musste nehmen, was sie kriegen konnte und sollte dafür dankbar sein. »Es gab halt nicht mehr. Es hieß ›friss oder stirb‹. Kein Wunder, dass ich mir heute einen Mann aussuche, der mich genauso behandelt.« Sich *wie zu Hause* fühlen, bekommt für Tamara plötzlich eine ganz andere Färbung.

Tamara weint viel in unseren Sitzungen. Am Anfang schämt sie sich und macht sich Sorgen, dass ich schlecht über sie denken könnte. Stattdessen bedanke ich mich für ihr Vertrauen. »Glauben Sie wirklich, dass ich als Ihre Therapeutin auf Sie herabschauen könnte, wenn Sie sich mir öffnen und sich selbst erlauben, endlich alle Ihre Gefühle wahrzunehmen?« Sie weint und lacht gleichzeitig. »Absurd, oder? Aber es gibt da diese Stimme in mir, die mir sagt, ich soll mich gefälligst zusammenreißen.« Es ist die Stimme ihrer Eltern, die sie verinnerlicht hat. Wir versuchen gemeinsam, Verbindungen zu schaffen zwischen früher und heute, zwischen Kindheitserfahrungen und ihrem schwachen Selbstwertgefühl und ihrer Angst, zu Recht verlassen zu werden, wenn sie sich in ihren Bedürfnissen mehr zeigt und mehr fordert. Eines Tages erzählt sie mir tieftraurig, dass Lutz eine Party in seiner WG gefeiert hat, ohne sie einzuladen. Ich frage sie, ob sie nicht auch ein bisschen wütend sei. Sie schüttelt den Kopf. »Ich habe von einer Freundin erfahren, dass er sich bei Fremden als Single vorstellt und dass er sich mit anderen Frauen trifft. Ich bin darüber so traurig, dass mir die Stimme wegbleibt. Wütend bin ich nicht. Ich weiß gar nicht genau, wie sich das anfühlt, wütend zu sein.«

Ich frage Tamara, wie in ihrer Familie früher mit Wut umgegangen wurde und sie antwortet: »Es gab keine Wut. Es durfte keine Wut geben. Wenn ich oder meine Geschwister wütend wurden, wurde nicht mehr mit uns geredet. Wir wurden einfach ignoriert. Also haben wir uns die Wut schnell abgewöhnt. Wir haben so wenig bekommen von unseren Eltern, dass wir es uns nicht leisten konnten, auf das bisschen auch noch zu verzichten. Also haben wir unsere Wut runtergeschluckt.« Und das tut Tamara heute noch. Sie hält ihre Bedürfnisse auf Sparflamme und unterdrückt ihren

Frust und ihre Wut, wenn Lutz sie zurückstößt und kränkt – aus Angst, das bisschen Beziehung, das er ihr anbietet, auch noch zu verlieren. Unbewusst wiederholt sie mit Lutz ihre Kindheitsgeschichte: Nicht gesehen, in ihren Bedürfnissen nicht geachtet und erhört zu werden.

Tamara lernt mit der Zeit, ihre Bedürfnisse klarer wahr- und ernst zu nehmen. Sie beginnt, Forderungen zu formulieren. Je deutlicher sie wird, desto deutlicher wird auch Lutz. Er sorgt dafür, dass sie ihn in flagranti mit einer anderen erwischt. An diesem Tag ist Tamara zum ersten Mal wütend. Sie macht ihm in der Öffentlichkeit eine Szene. »Ich wollte mich nicht wie ein geprügelter Hund davonschleichen. Ich wollte, dass die andere weiß, dass es mich gibt.« Als sie mir davon erzählt, ist sie am Boden zerstört, aber ich höre auch ein kleines bisschen Stolz, dass sie sich nicht wie das brave, angepasste Mädchen verhalten hat, das sie so lange war. »Es geht mir total schlecht. Aber ich bin auch erleichtert, dass dieser Kampf nun vorbei ist. Ich hatte ja immer noch einen Funken Hoffnung, dass er sich mir zuliebe doch noch ändert. Das ist nun vorbei. Vielleicht musste es auch so brutal für mich enden, damit ich endlich verstehe, dass ich bei ihm nicht an der richtigen Adresse bin.«

Obwohl Tamara einerseits unter der Trennung von Lutz sehr leidet, wird sie andererseits auch stärker. Sie definiert ihre Bedürfnisse und die Art, wie sie eine Beziehung führen möchte, immer klarer: »Ich möchte einen Mann, der mit mir eine Beziehung führen will. Der zu mir steht. Der mich so sieht, wie ich bin und mich trotzdem oder genau deshalb liebt. Und ich werde beim nächsten Mal sehr genau darauf achten, welche Botschaften ein Mann schon am Anfang sendet. Lutz hat mir, um ehrlich zu sein, nie etwas vorgetäuscht. Ich selbst habe mir viel zu lange etwas vorgemacht.«

## Wer sich warum in James Bond verlieben könnte

Liebe macht blind, heißt ein bekanntes Sprichwort, aber es ist nicht reine, wahre Liebe, sondern es sind unsere alten Verletzungen, unsere falschen Glaubenssätze, die uns blind, taub, stumm und handlungsunfähig werden lassen in Anbetracht eines Partners, der an den alten Wunden rührt und uralte Muster reaktiviert. Es ist die eigene mangelnde Bindungsfähigkeit, die uns an Partner bindet, die ebenso wenig wie wir wissen, wie das funktioniert mit der ruhigen, erfüllten Liebe. Es ist die eigene Fehlprogrammierung, dass Liebe unbeständig und schmerzhaft, deshalb aber umso leidenschaftlicher und intensiver ist. »Aber am Anfang war er so aufmerksam und liebevoll und hat mit mir von einer gemeinsamen Zukunft geträumt« oder »Wenn wir uns sehen, ist es wunderschön, aber in der Zeit dazwischen meldet er sich einfach nicht und möchte keinen Kontakt haben«, berichten Frauen, die sich unglücklich in Bindungsphobiker verliebt haben. Tatsächlich sind bindungsvermeidende Männer nicht immer auf den ersten Blick zu erkennen, weil sie besonders charmant und einfühlsam sind in den wenigen Momenten, in denen sie Nähe zulassen können. Weil sie sich immer wieder entziehen, weil sich die Frauen ihrer nie ganz sicher sein können, halten sie die Spannung und die Leidenschaft auf einem hohen Niveau – die Beziehung bleibt immer »wie am Anfang«. Dieses unbewusste Nähe-Distanz-Spiel kann Frauen mit einer ebenfalls unsicheren Bindungsstruktur süchtig machen. Sie werden immer hungriger nach dem besonderen bisschen, was der Mann ihnen anzubieten hat und gleichzeitig – wie ein Insekt im Spinnennetz – immer bewegungs- und denkunfähiger. Mit der Zeit übernehmen sie die Logik des bindungsvermeidenden Mannes, zweifeln an der Rechtmäßigkeit ihrer eigenen Bedürfnisse und ihrem eigenen Wert. Je nach Persönlichkeit gleiten sie in eine Depression und in die totale Selbstabwertung oder versuchen, ein Minimum an Kontrolle zu simulieren, indem sie rationalisieren: »Mein Freund hilft mir, nicht abhängig von ihm zu werden und meine symbiotischen Nähewünsche im Griff zu halten.«

Fakt ist: Jede Frau kann sich in einen bindungsunsicheren Mann verlieben.[4] Aber eine Frau, die von ihrem inneren Wert überzeugt ist, weiß eher, was sie will und was sie braucht, um glücklich zu sein und hat keine Scheu, ihre Bedürfnisse zu formulieren. Sie hat gute Antennen für die Bindungsfähigkeit ihres Gegenübers und wird schneller hellhörig bei Unstimmigkeiten zwischen Worten und Taten. Sie wird die Schuld für Missverständnisse oder Konflikte nicht ausschließlich bei sich selbst suchen und recht schnell erkennen, ob sie das, was sie wünscht, von dem Mann bekommt, oder ob sie auf ewig an verlorener Front dafür kämpfen müsste. Eine Trennung ist auch für selbst- und bindungssichere Frauen schmerzhaft, aber sie lassen sich nicht so lange täuschen, bis ihr Selbstwertgefühl empfindlich angegriffen ist.

Wer sich dauerhaft auf eine Beziehung mit einem bin-

---

4 Auch wenn die Konstellation von klammernder Frau und vermeidendem Mann in der Praxis häufiger vorkommt, gilt die Dynamik natürlich auch im umgekehrten Fall und bei gleichgeschlechtlichen Partnerschaften – und zwar immer dann, wenn sich ein ambivalent gebundener Mensch in einen Menschen mit einem vermeidenden Bindungsstil verliebt. Studien ergaben, dass Beziehungen zwischen ängstlichen Frauen und vermeidenden Männern besonders stabil sind, während Beziehungen im umgekehrten Fall – also vermeidende Frauen mit ängstlichen Männern – als besonders instabile Verbindungen gelten.

dungsunsicheren Mann einlässt, hat oft wenig Selbstwertgefühl und versucht, sich den Bedürfnissen des Partners anzupassen. Die Frauen vermeiden, Forderungen zu stellen und zwingen sich, immer mehr auszuhalten, was ihnen eigentlich nicht guttut. Sie werden abhängig von ihren nicht erfüllten Sehnsüchten und der Hoffnung, dass alles doch noch besser werden wird. Sie suchen ihr Heil in einer Beziehung, obwohl sie dort nur Unheil erleben. Frauen mit wenig Selbstwertgefühl lieben oft bedingungslos. Aber nur die Männer, die ihnen nicht guttun. Sich selbst lieben sie nicht genug. Sich selbst schätzen sie nicht genug. Aus intelligenten, attraktiven, erfolgreichen Frauen werden sehnsüchtige Wochenend- und Bettgespielinnen, die hoffen, irgendwann doch noch das zu bekommen, was sie sich schon immer erwünscht haben: dass der Mann sich für sie entscheidet.

Eine dramatische Situation entsteht meist in der Lebensphase, in der die biologische Uhr anfängt zu ticken und Frauen sich ein Kind wünschen. Wer sich in dieser Phase für den bindungsphobischen, familienunfreundlichen Mann und gegen die eigenen Gefühle entscheidet, leidet oft sein ganzes Leben darunter. Dass die Frau ja durchaus die Chance hatte, sich einen anderen Mann zu suchen, dass sie viele Jahre die Verantwortung für ihr eigenes Leben verneint und sich selbst etwas vorgemacht hat, wird oft vergessen – oder bitter bereut. Manchmal allerdings hilft ein bindungsvermeidender Mann, der sich ganz klar gegen ein Kind ausspricht, seiner Partnerin auch dabei, die Verantwortung für ihre Kind-ja-Kind-nein-Ambivalenzen abzugeben. Mancher Frau fällt es leichter, ihren Mann zu hassen, als sich einzugestehen, dass sie selbst emotional gar nicht in der Lage gewesen wäre, ein Kind zu versorgen. Das Kind bleibt dann eine Vision, eine Sehnsuchtsblase im Leben eines unreifen Bond-

Girls, das auf verschiedenen Ebenen genauso wenig wie ihr bindungsvermeidendes männliches Pendant erwachsen wird und keine Verantwortung übernimmt – auch wenn im Inneren eine große Sehnsucht danach besteht, eine Familie zu gründen.

Die 32-jährige Vivian erkennt gerade noch rechtzeitig, dass sie ihr Herz an einen Mann verloren hat, der sie nie glücklich gemacht hätte. Ihr 40-jähriger Freund Marco hält sie auf Abstand – und sich selbst alle Türen offen. Er möchte nicht mit ihr zusammenziehen, er bezieht sie nicht in seine Urlaubsplanung mit ein, »Unabhängigkeit« ist und bleibt sein höchstes Gut. Vivian liebt ihren Freund, aber sie hat auch klare Vorstellungen von ihrer Zukunft: Sie wünscht sich Kinder, eine Familie und einen Mann, der bereit ist, diesen Weg mit ihr gemeinsam zu gehen. »Er sagt zwar, dass er nicht bereit ist, Vater zu werden, aber wenn er mit Kindern von Freunden spielt, wirkt er total glücklich. Alle Kinder lieben ihn. Er wäre ein absolut toller Vater«, schwärmt Vivian und setzt ihre rosarote »Alles-wird-gut-egal-was-er-sagt-er-meint-es-nicht-so-Brille« auf. Als sie ihrem Freund mitteilt, dass sie die Pille absetzen möchte, um schwanger zu werden, ist seine Antwort deutlich: Er schläft nicht mehr mit ihr. Gespräche führen immer wieder zu einem Ergebnis: Er möchte keine Familie gründen, er möchte kein Vater werden, er möchte keine Verantwortung tragen, er möchte nicht für die Zukunft planen. Vivian hinterfragt sich ein paar Monate und erkennt, dass ihr das Risiko zu groß ist, mit ihm zusammenzubleiben. »Ich liebe ihn, aber ich möchte unbedingt Kinder haben. Aber was, wenn er irgendwann doch dazu bereit ist und ich zu früh aufgebe?« Schweren Herzens entscheidet sie sich für die Trennung. Als sie einige Zeit darauf erfährt, dass eine andere Frau von ihm ein Kind erwartet, bricht sie zusammen. Ihre Horrorvision ist wahr geworden. Sie macht sich Vorwürfe, sich zu früh getrennt zu haben und beneidet die andere Frau um ihr Glück. Bis sie erfährt, dass ihr Ex schon längst wieder eine andere hat und seine schwangere Freundin kurz vor der Geburt sitzen gelassen hat. Ihr wird klar, dass sie sich selbst vor dem größten Fehler ihres Lebens bewahrt hat, denn sie wünscht sich nicht nur ein Kind, sondern auch einen Mann, der Lust darauf hat und emotional dazu in der Lage ist, mit ihr gemeinsam eine Familie zu gründen.

## Woran erkennt man bindungsvermeidende Männer?

Es gibt drei Typen von bindungsvermeidenden Männern: Die, die sich sofort zu erkennen geben und ehrlich sind in ihren Bemühungen, Nähe zu vermeiden. Die, die Spaß am Erobern haben und sich eigentlich Nähe wünschen, sie aber nicht leben können. Und die, die versuchen, ihre Ängste im Rahmen einer Beziehung in den Griff zu bekommen, indem sie den Grad der Nähe diktieren und kontrollieren.

### Typ 1: Der ehrliche Vermeider

Wenn ein Mann sich ohne triftigen Grund eine Woche nach dem ersten tollen Date nicht meldet, können Sie ziemlich sicher sein, dass er entweder kein Interesse an Ihnen hat, oder kein Interesse an einer verbindlichen Beziehung. Wenn ein Mann Ihnen deutlich sagt, dass er Probleme mit Intimität und Verbindlichkeit hat, dass er noch nie Freude an engen Beziehungen hatte und zu viel Nähe erdrückend findet, dann hören Sie ihm gut zu. Verschließen Sie bei diesen wichtigen

Informationen nicht Augen und Ohren und steigern Sie sich nicht in die Überzeugung hinein, dass Sie diejenige sind, die ihn retten und ändern und einführen kann in die schöne Welt der echten Beziehungen. Wenn ein Mann mit 45 noch nie mit einer Frau zusammengelebt hat und keine längeren Beziehungen hatte, sieht die Prognose eher düster aus, dass er sein Junggesellenleben für Sie aufgeben wird. Liebe ist nicht stärker als Bindungsangst.

**Typ 2: Der leidenschaftliche Eroberer**

Dieser bindungsvermeidende Typ Mann ist oft zu gut, um wahr zu sein: Er trägt Sie auf Händen, er liest Ihnen jeden Wunsch von den Augen ab, er neigt zu großen Gesten, er ist liebevoll, zärtlich, leidenschaftlich, er geht auf Sie ein, er ist der Superman der Liebe. Zumindest am Anfang der Beziehung. Oder in den wenigen Momenten, in denen Sie sich sehen. Der Eroberer ist ein Mann für gewisse Stunden, der beste Mann, den Sie sich vorstellen können. Aber er ist kein Mann für die Woche, den Monat, das Jahr und erst recht nicht für die Ewigkeit. Er entzieht sich nach Momenten der intensiven Nähe, ist sich nicht sicher, ob die Beziehung oder Sie für ihn das Richtige sind. Er verschwindet ohne Erklärung, oder er löst die Beziehung und taucht dann plötzlich wieder auf mit einer großen oder zumindest berührenden Geste. Er hebt Sie ins Himmel-hoch-Jauchzend und stürzt Sie ins Zu-Tode-betrübt – nicht einmal oder zweimal, sondern wieder und wieder und wieder. Eroberer sind oft sehr sensible Menschen, die sich danach sehnen, geliebt zu werden, aber die Angst, sich auf eine Frau einzulassen, ist größer als die Sehnsucht. Das Hin und Her schafft Spannung und Leidenschaft, aber auch Ohnmacht und Leid, solange die Partnerin noch hofft, oder wenn sie bereits abhängig geworden ist von der sich wiederholenden Eroberung ihres Geliebten.

**Typ 3: Der Nähe-Distanz-Regler**

In dieser Kategorie tummeln sich bindungsvermeidende Männer, die mehr Nähe zulassen können als die beiden vorherigen Typen, oder Männer, die aufgrund starker Konventionen eine Frau an ihrer Seite brauchen. Der Nähe-Distanz-Regler sitzt immer allein am Beziehungsmischpult, er diktiert und kontrolliert das Maß der Nähe – nicht um seine Partnerin zu quälen, sondern weil er nur so seine Ängste im Zaum halten kann. Je nach Bindungsangst braucht dieser Mann viel Freiraum, um die Konvention einer Beziehung aufrechtzuerhalten: Vielleicht hat er eine Zweitwohnung oder zumindest einen eigenen Bereich in der Wohnung, den niemand außer ihm betreten soll. Er hat zeitraubende Hobbys oder andere Möglichkeiten, sich den Nähewünschen seiner Partnerin zu entziehen wie Computerspiele oder exzessives Fernsehen. Er besteht darauf, oft allein in Urlaub zu fahren oder er schiebt Arbeit vor, um möglichst viel Zeit allein und außer Haus zu sein – Workaholics sind oft verkappte Bindungsphobiker. Frauen, die mit Nähe-Distanz-Reglern zusammen sind, beschreiben oft, dass sie immer hungrig sind nach Nähe, dass sie über das Verhalten des Mannes verwirrt sind, der sie gerade dann zurückstößt, wenn das Zusammenleben für sie am schönsten ist. Auch dieser Typ des bindungsvermeidenden Mannes kann punktuell sehr charmant und liebevoll sein, aber er braucht Phasen des extremen Rückzuges, um der gefühlten Bedrohung auszuweichen, von der Frau »verschlungen« zu werden.

## Sind James Bond und Co. »Scheißkerle«?

»Any woman he wants he'll get – he will break any heart without regret«, heißt es im 007-Feuerball-Titelsong von Tom Jones: Er bekommt jede Frau, die er haben möchte, er bricht jedes Herz ohne Reue. Männer, die (reihenweise) Frauenherzen brechen, sind gemeinhin als »Scheißkerle« bekannt.

Aber was ist mit den Männern, die Frauen warnen, dass sie nicht bindungsfähig oder -willig sind? Was ist mit Männern, die ihrer Geliebten immer wieder sagen, dass sie ihre Frau nie für sie verlassen würden? Was ist mit den Männern, die bevorzugt Affären mit gebundenen Frauen eingehen, weil diese ihnen mit ihren Nähebedürfnissen weniger gefährlich werden? James Bond sagt zu einer seiner Gespielinnen bedauernd, dass sie nicht sein Typ sei. »Weil ich smart bin?«, fragt sie. »Single«, antwortet er. Sie lässt sich trotzdem auf ihn ein. So, wie viele Frauen, die nicht hören und glauben wollen und sich in unrealistischen Hoffnungen verlieren – die Enttäuschung ist hausgemacht.

Fakt ist, dass die meisten bindungsvermeidenden Männer keine schlechten Menschen sind, die es darauf angelegt haben, Frauen zu zerstören. Aber so attraktiv, charmant, liebevoll, einfühlsam sie auch scheinen – sie können keine sichere Bindung bieten und halten, oder wie ein Klient es einmal traurig formulierte: »Ich kann lieben, aber ich kann nicht bleiben.«

Einige Männer leiden unter ihrem Unvermögen, andere haben kaum bis gar keinen Zugang zu ihren eigenen Gefühlen. Viele haben ein schlechtes Gewissen, was sie ihren Partnerinnen antun, andere sind emotional so verwahrlost, dass sie auch keine Empathie empfinden. Also handelt es sich doch um gefühllose Scheißkerle? Nein, denn hinter jedem bindungsunsicheren Erwachsenen steckt eine lange Geschichte von Enttäuschungen und Verletzungen. Jeder bindungsvermeidende Mann war einmal ein kleiner Junge mit einem ganz normalen menschlichen Nähebedürfnis.

Typischerweise bilden Menschen einen unsicher-vermeidenden Bindungsstil aus, wenn die Eltern sich in der Kindheit ablehnend verhalten. Das Kind erfährt immer wieder, dass es nicht erwünscht ist, dass es nicht richtig ist, nicht gut genug, dass Liebe an bestimmte Erwartungen geknüpft ist, dass letztlich kein echter emotionaler Kontakt und Austausch mit den Eltern möglich ist, kurz: dass Abhängigkeit bedrohlich ist. Der einzige Schutz und die naheliegende Überlebensstrategie für das Kind ist, sich in sich selbst zurückzuziehen und die Illusion zu entwickeln, dass es keine anderen Menschen braucht. So wie James Bond, der scheinbar unverletzlich den größten Gefahren unbeschadet entgeht. Dabei ist das größte Wagnis, sich selbst zu spüren und sein Herz zu öffnen. Hinter der coolen Fassade haben Bindungsängstliche einen tiefen inneren Konflikt zwischen ihren Bedürfnissen nach Nähe und nach Unabhängigkeit. Sie haben kein Urvertrauen, um ihrer selbst willen geliebt zu werden und kein Vertrauen in andere. Aus Angst, ihre Autonomie zu verlieren und zu viele Erwartungen des Partners erfüllen zu müssen, bleiben sie am liebsten allein oder lassen sich höchstens auf fragmentarische Bindungsmomente ein und leben auf diese Weise das Wenige an Beziehung, was sie ertragen können, ohne von Ängsten überflutet zu werden.

## Verliebt in James Bond – was nun?

Wenn Sie sich an einen bindungsvermeidenden Mann gebunden haben und darunter leiden, können folgende Fragen zu mehr Klarheit führen:

Wie offen haben Sie Ihre Bedürfnisse bisher formuliert und wie hat Ihr Partner darauf reagiert? Wenn Ihr Partner nicht bereit ist, auf Ihre Wünsche einzugehen, fragen Sie sich, wie weit Sie Ihre Erwartungen an Ihren Partner und eine Beziehung reduzieren können. Schätzen Sie ein, wie glücklich Sie dann mit diesem Minimal-Beziehung-Entwurf werden würden. Blicken Sie außerdem auf die gemeinsame Vergangenheit: Gab es irgendwann mit diesem Mann einmal eine längere Phase von mindestens sechs Monaten – außer der Kennenlernphase –, in der Sie sich ausreichend sicher, gesehen und geliebt gefühlt haben?

So schmerzhaft die Einsicht auch ist, aber wenn Sie in Ihrer Beziehung noch nie das bekommen haben, was Sie brauchen, ist die Wahrscheinlichkeit hoch, dass Sie es auch nie bekommen werden. Wenn Ihr Partner sich bis jetzt nicht geändert hat, ist die Wahrscheinlichkeit groß, dass er es auch in Zukunft nicht tun wird – nicht, weil er es nicht will, sondern weil er es nicht kann. Überlegen Sie, ob die Liebe zu diesem Mann es wert ist, zu leiden und wie lange Sie noch auf Ihr Beziehungsglück verzichten möchten. Holen Sie sich Hilfe bei guten Freunden oder beginnen Sie eine Psychotherapie, wenn der Leidensdruck zu groß wird und Sie merken, dass Sie es allein nicht schaffen, sich aus einer für Sie destruktiven Beziehung zu befreien.

Überprüfen Sie Ihre eigene Bindungsfähigkeit im Zusammenhang mit Ihrer Bindungssehnsucht: Wie lange hielten

Ihre bisherigen Paarbeziehungen, wie intensiv und verbindlich waren sie? Haben Sie in der Vergangenheit schon einmal eine sichere, verbindliche Beziehung geführt und wie ging es Ihnen dabei? Fühlten Sie sich glücklich und geliebt, oder verloren Sie das Interesse an Ihrem Partner und der Beziehung, je mehr er sich auf Sie einließ? In diesem Fall liegt die Vermutung nahe, dass Sie selber Angst vor Nähe haben und sich unbewusst eher Männer aussuchen, die Ihnen nicht gefährlich werden. Dass zwei bindungsvermeidende Individuen sich finden, die kurze Stippvisiten der Nähe gemeinsam genießen und sich dann wieder frohgemut ins Alleinsein stürzen, ist denkbar, allerdings ist diese Kombi erfahrungsgemäß eher selten. Weitaus häufiger findet sich eine bindungsunsichere, klammernde Frau an der Seite eines bindungsunsicheren, vermeidenden Mannes – und leidet still vor sich hin oder macht ihm die Hölle heiß.

Wenn Sie also auch in der Vergangenheit immer an unverbindliche Männer geraten sind und unglücklich in diesen Beziehungen waren, folgen Sie höchstwahrscheinlich einem unbewussten Muster und wiederholen Kindheitserfahrungen, sich unsicher, abgelehnt und ungeliebt zu fühlen. Die punktuellen Wohlfühlmomente sind emotionale Höhepunkte, in denen Sie für eine kurze Zeit alles bekommen, was Sie sich schon immer gewünscht haben. Die Folge: Sie werden abhängig von dieser Sättigung durch den jeweiligen Mann und glauben, nur er könne Sie retten und Ihre alten Wunden heilen. Sie übersehen, dass er durch seine Ambivalenz und seinen wiederholten plötzlichen Rückzug die alten Wunden wieder aufreißt und Ihnen zudem neue zufügt. Sie hoffen, dass Sie sich gemeinsam mit ihm weiterentwickeln und Sie beide Ihre unbefriedigenden Kindheitserfahrungen hinter sich lassen können – aber dies kann nur geschehen, wenn Sie beide sich Ihrer Muster, Ihrer Ängste, Ihrer alten Verletzungen bewusst werden, sodass Sie sie nicht länger miteinander ausagieren müssen.

Es wird deutlich: Die Schwierigkeiten in Ihrer Beziehung mögen an Ihrem bindungsvermeidenden Partner liegen, aber Sie selbst tragen auch dazu bei, weil Sie sich diesen Partner irgendwann einmal ausgesucht haben und bis heute an ihm festhalten. Es ist niemals allein die Verantwortung oder Schuld des Mannes, dass Sie sich in ihn verliebt haben oder dass Sie in einer Beziehung bleiben, die Sie nicht glücklich macht. Niemand muss Ihre Bedürfnisse besser kennen und dafür sorgen, dass sie erfüllt werden, als Sie selbst. Niemand muss besser auf Ihr Herz aufpassen, als Sie selbst. Und je mehr Sie leiden, desto notwendiger wird es, Fürsorge für sich selbst, Verantwortung für Ihr Leben zu übernehmen und sich Schritt für Schritt aus ungesunden Verbindungen zu lösen.

## Er wird sich noch ändern (oder ich ihn)

Was der Unterschied zwischen »rumschrauben« und verhandeln ist und warum wir das gesamte Paket annehmen müssen

»Ich finde es erschreckend, wie Partner immer versuchen, aneinander rumzuschrauben«, sagte eine meiner guten Single-Freundinnen beim Kaffee kürzlich. Ich aß meinen Kuchen auf und stimmte ihr von ganzem Herzen zu. Als ich zu Hause angekommen war, stolperte ich über das Altpapier im Flur, das mein Mann schon gestern weggebracht haben wollte.

»Meinst du, das Papier findet den Weg zum Altpapiercontainer von selbst oder soll ich es dorthin bringen?«, fragte ich meinen Mann ironisch. Er räkelte sich auf dem Sofa und antwortete ungerührt: »Ich entsorge es heute Abend noch, wenn du bis dahin deine Zeitungs- und Zeitschriftenstapel im Arbeitszimmer sortierst.«

Ich fragte mich, was das eine mit dem anderen zu tun hat und genau an dieser Stelle hätte ich einen kleinen, aber feinen Streit vom Zaun brechen können, wenn ich mich nicht an die Worte meiner Freundin erinnert hätte. Den anderen auf seine Aufgaben hinweisen – ist das schon an ihm rumschrauben? Um Ordnung in der gemeinsamen Wohnung zu bitten, Aufgaben zu verteilen und sich zu ärgern, wenn der andere sich nicht daran hält und ihn darauf anzusprechen – ist das aneinander rumschrauben? Aufgaben gegeneinander aufzurechnen – Moment mal, wer schraubte eigentlich gerade an wem herum? Ich atmete tief durch, setzte mich zu meinem Mann und fragte ihn, ob er fände, dass ich an ihm herumschraube.

Er blickte von seinem Buch auf und sagte lächelnd: »Ich bringe das Altpapier gleich weg. Du musst auch dein Arbeitszimmer gar nicht aufräumen, ich dachte nur, dann kann ich das zusätzliche Altpapier auch gleich mitnehmen.«

Er hatte es also nett gemeint. Und er fand nicht, dass ich an ihm rumschraube, wenn ich ihn auf unerledigte Dinge hinwies. »Das ist eine sachliche Angelegenheit, wer was wann im Haushalt macht. Da darf man sich – freundlich – dran erinnern.«

Eine Beziehung zu führen heißt, in täglichen Verhandlungen zu stehen: Wer will was; wer macht was; wo gibt es eine gemeinsame Schnittmenge; wie entsteht letztlich ein ausgewogenes Zusammenspiel aus Geben und Nehmen? Es muss Kompromisse geben. Viele Kompromisse. »Er soll sich ändern«, ist kein Kompromiss. Schon häufig habe ich gelesen und beobachtet, dass Frauen bei ihren Männern gern den Werkzeugkasten holen und an ihnen herumschrauben. Ich mag dieses Bild. Ich kann viel mit ihm anfangen. Tatsächlich gibt es da ein paar Kleinigkeiten, die ich an meinem Partner gern verändert hätte (und um der Wahrheit Genüge zu tun – er bestimmt auch einiges an mir).

Aber wie wäre es überhaupt, mit einem Partner zusammenzuleben, der sich ganz auf unsere Bedürfnisse und Wünsche »einstellen« ließe? Wir hätten geklonte Männer, Maschinen. Nein, danke. Ich behalte lieber mein einzigartiges Exemplar mit all seinen Ecken und Kanten. Und hoffe, dass er es genauso sieht.

Allerdings ist es utopisch, davon auszugehen, dass man sich in einer Partnerschaft nicht gegenseitig beeinflusst. Im Zusammenleben hält man einander immer wieder (mehr oder weniger liebevoll) einen Spiegel vor. Man erinnert einander an die Dinge, die man sich einst versprochen hat und an die wichtigen Spielregeln, die die Beziehung und die Liebe am Leben halten. Man korrigiert einander. Idealerweise findet man in der grundlegenden Ausrichtung des Lebens einen gemeinsamen Kurs. Und – man achtet aufeinander und gibt dem Leben des anderen dadurch Bedeutung. »Liebe beinhaltet Bestätigung, weil die andere Person alle unsere Eigenschaften bemerkt und wichtig nimmt«, schreibt die Psychoanalytikerin Ethel Person. »Das Geliebtwerden heilt unsere wunden Punkte und versichert uns, dass wir wichtig sind, so wie wir sind.«

## Paardynamik – It takes two to tango

Ein Paar hat sich zu einer Paartherapie angemeldet und erscheint zur ersten Sitzung.

Therapeutin: »Wer möchte anfangen zu erzählen, was Sie zu mir führt?«

Sie (wie aus der Pistole geschossen): »Ich, weil er eh nie zu Potte kommt.«

Therapeutin: »Was wünschen Sie sich hier?«

Sie: »Dass mein Mann sich ändert. Er soll endlich stark und selbstbewusst werden. Mir die Stirn bieten. Nicht immer wegknicken im Streit.«

Therapeutin zu ihm: »Und was wünschen Sie sich?«

Er: »Was soll ich sagen? Ich wäre tatsächlich gern selbstbewusster und souveräner.«

Sie unterbricht ihn und ruft der Therapeutin zu: »Sehen Sie? Er ist so ein Waschlappen!«

»Mein Mann soll sich ändern« ist wohl einer der häufigsten (unausgesprochenen) Gründe, warum Frauen eine Paartherapie beginnen. Männer sollen mehr reden, emotionaler und leidenschaftlicher werden, sich mehr um die Kinder kümmern, liebevoller sein, mehr Engagement in die Paarbeziehung stecken. Alle diese Wünsche sind nachvollziehbar. Im Übrigen wünschen Männer sich auch oft, dass ihre Frauen sich verändern: Sie sollen weniger Ansprüche stellen, zufriedener sein mit dem was ihre Männer ihnen freiwillig anbieten, mehr loben, achtsamer sein für die Bedürfnisse der Männer. Auch diese Wünsche sind nachvollziehbar. Und so suchen dann beide gemeinsam Spezialisten auf, die dem jeweils anderen erklären sollen, wo er/sie »falsch« ist und was er/sie dringend verändern muss. Es ist für viele Paare zunächst enttäuschend, wenn sie feststellen, dass Paartherapeuten sich weder zum Anwalt ihrer Sache machen lassen, noch als Richter urteilen.

Jeder wünscht sich manchmal eine höhere Instanz, die in einem Konflikt dem Gegenüber unmissverständlich mitteilt: »Du hast unrecht. Nun entschuldige dich und ändere dein Verhalten ab sofort.« Aber so funktioniert das weder in der Paartherapie, noch im »wahren« Leben. Denn Wertungen, die von außen kommen, ändern weder unsere Gefühle, noch unser Verhalten auf lange Sicht. Wer ein Gesetz als ungerecht betrachtet, wird es brechen, es sei denn, die Angst vor Strafe ist zu groß. Für wirkliche Haltungs- und Verhaltensveränderungen braucht man persönliche Einsicht und eigenen Antrieb. Oder eine Veränderung des Systems oder der Dynamik. Frauen wundern sich beispielsweise häufig, warum ihre Männer in der Paartherapie plötzlich anfangen zu sprechen. »Das ist hier der Vorführeffekt, zu Hause redet er nie so viel.« Die Frage ist, warum redet er zu Hause weniger? Was braucht der Mann, um auch zu Hause mit seiner Frau gesprächiger zu sein? Und, um auch auf die Wechselseitigkeit des Prozesses hinzuweisen: Welche Atmosphäre fördert sowohl die Redefreudigkeit des Mannes als auch das Zuhören der Frau?

»Zum Streit gehören immer zwei« lautet eine Binsenweisheit. Nicht einer, sondern zwei bestimmen den Verlauf und die Atmosphäre einer Beziehung und den Umgang miteinander, man spricht von der sogenannten Paardynamik. *It takes two to tango*, also fangen Sie bei Ihren eigenen Tanzschritten an: Wenn Sie möchten, dass Ihr Partner mehr Führung übernimmt, müssen Sie mehr Führung abgeben. Wenn Sie möchten, dass er mehr mit Ihnen redet, müssen Sie ihm mehr Raum geben und ihm möglicherweise besser zuhören. Wenn Sie möchten, dass er Sie besser versteht, müssen Sie sich vielleicht deutlicher ausdrücken. Übernehmen Sie Verantwortung für Ihre Bedürfnisse und Ihr Verhalten und Sie können gespannt sein, was sich in Ihrer Beziehung zum Guten verändert, wo mehr Klarheit und Verständnis entsteht.

Wir können unseren Partner nicht ändern. Aber wir können bei uns selbst anfangen, um das Beziehungsmobile zu drehen und in eine bessere Position zu bringen. Die Idee, dass der andere sich ändern müsse, mag in vielen Fällen die richtige sein, aber sie führt zu nichts. Solange uns jemand sagt, dass wir falsch sind und dass wir uns ändern sollen, werden wir eine Menge Widerstand entwickeln. Vielleicht erinnern uns die Vorwürfe an unsere Kindheit, in der wir nie richtig oder nie gut genug waren. Vielleicht können wir vor lauter Kritik gar nicht hören, wie recht unser Partner hat. Aus der Defensive heraus entwickeln sich oft sinnlose, zermürbende Streitraketen: »Aber du – aber du – aber du!« Solange wir die Verantwortung für eine Verbesserung lediglich bei unserem Partner verorten und es uns nicht gelingt, eine Beziehung als Tanz zu sehen, in der jede unserer Bewegungen auch die Schritte unseres Partners beeinflussen, werden wir unserem Partner ständig auf die Füße treten, ohne es zu merken, während wir jeden *seiner* Tritte äußerst schmerzhaft verspüren werden.

## Ich habe recht. Du hast unrecht. Ich bin das Opfer. Du bist schuld

Die US-amerikanische Therapeutin Susan Forward erzählt eine Anekdote, wie ihre Exschwiegermutter ihr einen Streit schilderte. Susan Forward versuchte zu vermitteln: »Na ja, es wird sicherlich zwei Seiten der Geschichte geben.«

Die Schwiegermutter widersprach empört: »I just *told* you both sides of the story!« – Ich habe dir gerade beide Seiten der Geschichte erzählt!

Wir denken im Streit oft, dass wir im Recht sind. Wir sind das Maß der Dinge, wir stehen im Zentrum der Gerechtigkeit, wir sind Justitia höchstpersönlich. Es gibt Paare, die allein aus ihrem jeweiligen Zustand der Selbstgerechtigkeit herausfinden. Andere brauchen ein bisschen Abkühlung, einen frischen Blick von außen, etwa ein Gespräch mit Freunden. Und viele brauchen auch ein bisschen Nachhilfe im »Sicheinfühlen in den anderen«. So wie Michael und Kathrin, die mich in einer typischen Situation aufsuchten: Beide glaubten felsenfest, der andere wäre schuld an ihren Problemen.

Die erste Sitzung verging mit gegenseitigen Anklagen und verletztem Schweigen. Wenn sie nicht so viel meckern würde, hätte er mehr Lust, Zeit mit ihr zu verbringen. Wenn er mehr Lust hätte, Zeit mit ihr zu verbringen, würde sie weniger meckern. Wenn er sie im Alltag mehr unterstützen würde, hätte sie mehr Lust auf Sex. Wenn sie mehr Lust auf Sex hätte, würde er sie im Alltag mehr unterstützen. Wenn sie verständnisvoller wäre, wäre er liebevoller. Wenn er liebevoller wäre, könnte sie verständnisvoller sein.

Ich bat die beiden, in den folgenden zwei Wochen alle Vergehen des Partners aufzuschreiben. In der nächsten Sitzung präsentierten beide mir ihre Anklagepunkte und ich griff einen heraus, den beide genannt hatten: Beide arbeiteten in derselben Firma und stritten sich dauernd darüber, ob sie ihre Mittagspause gemeinsam oder getrennt verbringen sollen.

»Heute würde ich vorschlagen, dass Sie mal etwas ganz anders machen als sonst. Ich möchte, dass Sie ins Gespräch kommen über Ihr gemeinsames Mittagessen.« Ich sah, wie sie sich beide innerlich in Position brachten.

»Bevor wir anfangen, möchte ich Sie bitten, dass Sie die Plätze tauschen.« Kathrin und Michael schauten mich fragend an. »Ja, bitte tauschen Sie Ihre Plätze und in dem Moment, in dem Sie sich auf den Sessel Ihres Partners setzen, *werden* Sie zu ihm. Sie, Kathrin, Sie werden jetzt zu Michael und Sie, Michael, werden zu Kathrin. Versuchen Sie wirklich in die Haut des anderen zu schlüpfen, so zu denken und zu fühlen wie er oder sie. Am besten, Sie nehmen auch die Körperhaltung des anderen an und ahmen seine Gestik und Mimik nach.«

Kathrin kicherte. Michael sah gequält aus. »Sollen wir jetzt hier Theater spielen? Das kann ich nicht so gut.«

»Sie können gar nichts falsch machen«, beruhigte ich ihn. »Sie sind einfach für eine Weile Kathrin und spielen den Streit über das Mittagessen aus ihrer Sicht nach.«

Die beiden tauschten ihre Plätze und nahmen dann die Haltung des anderen an. Nach einigen Anfangsschwierigkeiten gelang es ihnen erstaunlich gut, ihre Perspektive zu wechseln. Während des simulierten Streitgesprächs mussten beide immer wieder lachen, weil sie sich im anderen wiedererkannten und liebevoll karikiert fühlten. Als sie die Sequenz beendet hatten, fragte ich sie, wie sie sich in der Haut des jeweils anderen gefühlt hatten. Michael begann: »Das war ganz komisch. Am Anfang fiel es mir richtig schwer, mich in Kathrin hineinzuversetzen. Aber als ich dann auch noch ihre Körperhaltung und ihre Stimme nachgemacht habe, hab ich mich plötzlich ganz hilflos gefühlt. Ich fühlte mich abgelehnt und nicht gewollt. Ein sehr unangenehmes Gefühl, zumal ich – also ich als Michael – das gar nicht will, dass sie sich so fühlt.«

Kathrin nickte sichtlich bewegt. »Das freut mich, dass du das nachvollziehen kannst, weil ich mich tatsächlich so fühle. Ich habe mich in deiner Rolle irgendwie bedrängt gefühlt. Ich hatte noch so viel zu tun und eigentlich wollte ich nur in Ruhe ein Brot essen und meine Arbeit weitermachen, aber plötzlich machst du da so ein Ding aus Liebe oder Nichtliebe, Leben oder Tod draus und das hat mich richtig wütend gemacht, dass du nicht siehst, wie viel ich noch zu tun habe und dass du gar keine Rücksicht auf meine Bedürfnisse nimmst.«

»Ja, genauso fühle ich mich«, stimmte Michael ihr zu. »Dabei will ich gern Zeit mit dir verbringen. Aber eben nicht in der Mittagspause und unter Druck.«

Sie blickten sich eine Weile schweigend an, mit mehr Verständnis als zuvor.

Ich bedankte mich bei den beiden und schlug vor: »Wenn Sie mögen, gehen Sie jetzt noch einen Schritt weiter. Sie bleiben in der Haut des anderen und bekommen jetzt die einmalige Gelegenheit, die gleiche Situation noch einmal *optimal* darzustellen. Überlegen Sie also einerseits, was für Sie das Beste wäre und hören Sie gut zu, was der andere sagt, dann haben Sie diesen Streit nie wieder.«

Michael und Kathrin überlegten eine Weile und dann reagierten sie – in der Rolle des anderen – genauso, wie sie es sich wünschen würden und führten tatsächlich ein optimales Gespräch über das leidige Mittagessen-Thema.

Kathrin verstand, dass Michael grundsätzlich seine Mittagspause für sich brauchte und Michael verstand, dass Kathrin ab und zu eine besondere Einladung brauchte, um sich geliebt zu fühlen.

Auch in anderen Streitsituationen stellten Michael und Kathrin fest: In einem Konflikt geht es in den seltensten Fällen darum, wer recht hat oder recht bekommt. Es geht darum, ausreichend Verständnis für den anderen aufzubringen und eine Lösung zu finden, mit der beide gut leben können. In den meisten Fällen ist das möglich. Und manchmal ist es sinnvoll, seine ideale Vorstellung loszulassen und den anderen zu nehmen, wie er ist. Auch wenn er nicht immer so ist, wie wir uns das wünschen würden.

## Augen auf bei der Partnerwahl

Die Wahrheit ist: Sie werden Ihren Partner nie verändern. *What you see is what you get.* Machen Sie die Augen auf und schauen Sie genau hin. Verlieren Sie sich nicht in Träumen. Aber verschließen Sie auch nicht die Augen vor den guten Seiten. Elizabeth Gilbert, die Autorin von *Eat, Pray, Love*, hat in ihrem autobiografischen Buch *Das Ja-Wort: Eine Geschichte vom Heiraten* eine schöne Metapher zum Thema »Das gesamte Paket annehmen« gefunden. Elizabeths Freund Felipe ist Edelsteinhändler und erzählte ihr von der gängigen Verkaufstaktik, dass Händler versuchen, ihren Kunden Pakete zu verkaufen, in die sie zwei außergewöhnlich schöne Steine und viele schlechte gesteckt haben. Felipe geriet am Anfang seiner Karriere bei den zwei hochwertigen Steinen so ins Schwärmen, dass er dem Rest nicht genug Beachtung schenkte. Später wurde er klüger: »Man muss die perfekten Edelsteine ignorieren. Schenk ihnen nicht mal 'nen zweiten Blick, sie machen dich blind.« Stattdessen nahm er sich vor, sich eher mit den durchschnittlichen und mangelhaften Steinen im Paket zu beschäftigen und sich ehrlich zu fragen: »Kann ich damit arbeiten? Kann ich daraus was machen?«

Gilbert schließt daraus: »Bei Beziehungen ist es genauso,

denke ich. Die Leute verlieren sich immer in den perfekten Seiten des anderen. Wer würde das nicht tun? Jeder kann die schönsten Seiten des anderen Menschen lieben. Aber das ist nicht der Trick bei der Sache. Der wirkliche Trick dabei ist: Kannst du auch die Mängel akzeptieren? Kannst du dir die Fehler deines Partners ehrlich ansehen und sagen: ›Ich komm damit klar, damit kann ich umgehen?‹ Weil das Gute ja immer da sein wird und immer toll sein und funkeln wird, aber der Mist darunter dich zugrunde richten kann.« Sie folgert weiter: »Vielleicht ist ja die Schaffung eines Raumes in unserem Bewusstsein, der groß genug ist, um jemandes Widersprüche – ja vielleicht sogar Dummheiten – aufzunehmen, eine Art göttlicher Akt. Vielleicht ist Transzendenz nicht nur auf einsamen Berggipfeln oder in klösterlicher Umgebung zu finden, sondern auch am eigenen Küchentisch, im täglichen Annehmen der leidigsten und irritierendsten Fehler unseres Partners.«

Dabei sollten wir natürlich nicht unsere eigenen Dummheiten und Fehler vergessen und das Glück, einen Partner gefunden zu haben, der damit leben kann und der uns trotz unserer Unzulänglichkeiten liebt.

# Wahre Liebe erduldet alles

## Warum die Fähigkeit zu verzeihen genauso wichtig ist wie sich zu entschuldigen

An einem kalten, verschneiten Wintertag sitzt ein junger Mann allein und nachdenklich auf der Tribüne eines Eislauffeldes. Getragene Klaviermusik wird eingespielt und aus dem Off hört man die Stimme des jungen Mannes: »Was kann man sagen über ein 25-jähriges Mädchen, das gestorben ist? Dass sie schön war. Und brillant. Dass sie Mozart und Bach liebte. Und die Beatles. Und mich.« An dieser Stelle kullern die ersten Tränen (jedenfalls meine) – die Geliebte ist tot, der Film *Love Story* von 1970 kann nur noch ein Rückblick auf eine der traurigsten Liebesgeschichten werden, die Hollywood je verfilmt hat. Oliver Barrett IV kommt aus einer reichen, angesehenen Neuengland-Familie und er wird von seiner späteren Frau, der schönen, klugen, aber mittellosen Jennifer deshalb immer »Preppie« – deutsch Schnösel – genannt. Olivers Eltern sind nicht erfreut über dessen Beziehung zu einem Arbeiterkind, und Oliver, der sich von seinem Vater noch nie geliebt und anerkannt gefühlt hat, nutzt die nicht standesgemäße Verbindung zu Jennifer auch, um sich deutlich von seinen Eltern abzugrenzen. Jennifer, deren Mutter früh verstorben ist und die eine sehr enge Beziehung zu ihrem Vater hat, wünscht sich, dass sich das Verhältnis zwischen Oliver und seiner Familie verbessert, aber Oliver distanziert sich immer mehr von dieser. Als Jennifer eines Tages gegen Olivers Willen versucht, Kontakt zwischen ihm und seinem Vater herzustellen, fühlt Oliver sich von ihr verraten und verlässt nach einem Wutanfall die gemeinsame Wohnung. Als sie sich Stunden später wiedersehen und weinend in die Arme fallen, entschuldigt sich Oliver bei Jennifer, aber Jennifer wiegelt ab: »Liebe heißt, niemals um Verzeihung bitten zu müssen.« So sehr ich den Rest des Filmes gegen Kritiker verteidigen würde[5] – dies ist einer der dämlichsten Sätze der Filmgeschichte. Er ist welt- und lebensfremd. Und er kann Beziehungen zerstören.

Wer allen Ernstes daran glaubt, sich nicht entschuldigen zu müssen, solange er liebt und geliebt wird, der greift die Liebe in ihrer Grundsubstanz an. Oder können Sie sich vorstellen, wie Ihr Partner Ihren Hund bei glühender Hitze im Auto vergisst und Sie dann voller Liebe obigen Satz sagen? Wie verständnisvoll wären Sie, wenn Ihr Freund mit Ihrer besten Freundin im Bett landet? Oder wenn Ihr Mann Ihr hart Erspartes in einer Casino-Nacht mit Freunden auf den Kopf haut? »Liebe heißt, niemals um Verzeihung bitten zu müssen«, wäre wahrscheinlich nicht in den Top 20 der Sätze, die Sie Ihrem Liebsten daraufhin sagen würden. Zu Recht. Denn es ist ein Unterschied, ob man den Partner liebt und zu ihm hält, in guten und in schlechten Zeiten, oder ob man sich verletzen und demütigen lässt, ohne mit der Wimper zu zucken. Es ist ein Unterschied, ob man wegen jeder Kleinigkeit schmollt und vom Partner tiefe, selbst kasteiende Buße erwartet oder ob zwei Menschen Verantwortung für ihre Beziehung und somit zuallererst für ihr Verhalten übernehmen. Jeder macht Fehler und wir alle verletzen andere – auch ohne dies beabsichtigt zu haben. Aber was spricht gegen eine ernst gemeinte Entschuldigung? Wieso sollte Liebe

---

5 *Love Story* beschreibt nämlich nicht nur den Zauber romantischer Liebe, sondern auch die Entwicklung einer Partnerschaft zweier Menschen aus ungleichen Elternhäusern und die Notwendigkeit, alte familiäre Loyalität auf die neu gegründete Familie zu übertragen.

uns von dieser menschlichen Umgangspflicht befreien? Jennifer aus *Love Story* sei für ihre naive Haltung verziehen, weil sie zu früh verstarb, um ihre Meinung revidieren zu können.

## Die zwei Seiten des Vertragens: sich entschuldigen und dem anderen verzeihen

Ich habe leider im Laufe der Jahre in meiner Praxis sehr viele Paare kennengelernt, die zerstritten waren bis aufs Blut. Eine Verletzung kam zur nächsten, der Haufen an Kränkungen wurde so hoch und so undurchlässig wie eine Mauer, hinter der sie einander nicht mehr sehen und fühlen konnten. Bei Paaren, die sich über die Jahre hinweg verloren haben, erkenne ich oft ein entscheidendes Defizit: Es ist nicht der Streit, der sie auseinanderbringt, sondern die Tatsache, dass sie sich nie wieder wirklich vertragen. Sie haben keine Rituale entwickelt, wie sie sich entschuldigen, verzeihen und wieder annähern. Es ist tragisch, aber manche Paare wissen nicht, wie das Wichtigste funktioniert, was wir in einer Beziehung beherrschen müssen: sich zu vertragen. Es gibt keine Einsicht, kein Ineinandereinfühlen, sondern verhärtete Fronten, die zu einem unempathischen oder gar grausamen Miteinander oder zur Trennung führen.

Sich zu entschuldigen liegt nicht jedem. Es ist eher eine Tugend, die wir lernen können. Je früher wir damit anfangen und je selbstverständlicher reflektierte Entschuldigungen zu unserer Alltagssprache gehören, desto leichter und weicher wird der Umgang miteinander. Es gehört Selbstbewusstsein dazu, einen Fehler einzusehen und anderen einzugestehen. Und genauso viel Größe gehört dazu, eine Entschuldigung anzunehmen. Wir vergessen es manchmal, aber: Beim Entschuldigen braucht es zwei Partner, die etwas leisten müssen. Der eine muss seinen Fehler wahrhaftig einsehen und anschließend seine Entschuldigung überzeugend vermitteln und der andere muss bereit sein, diese anzunehmen und dann wohlwollend Gras über die Sache wachsen zu lassen. Beides ist nicht gerade einfach. Und wenn einer von beiden seinen Job nicht gut macht, dann bleibt ein Stolperstein in der Beziehung liegen, an dem beide sich immer wieder stoßen werden.

Vor Jahren arbeitete ich mit einem jungen sympathischen Paar, der 30-jährigen Saskia und ihrem gleichaltrigen Freund Moritz. Saskia hatte über ein paar Monate hinweg eine für sie unbedeutende Affäre mit einem Bekannten von Moritz gehabt. Seitdem herrschte zwischen dem Paar angespanntes Schweigen und der Termin mit mir wurde vereinbart, weil Saskia sich unglücklich in ihrer Beziehung fühlte. Moritz, ein eher wortkarger und auf den ersten Blick nicht sonderlich gefühlsbetonter Typ, fing auf meine Frage, wie er Saskias Affäre verarbeitet hätte, zu seinem eigenen Entsetzen an zu weinen. Ich formulierte stellvertretend für ihn, dass ihn der Betrug sehr getroffen habe und er noch nicht richtig darüber hinweg sei. Er nickte zustimmend und versuchte, seine Tränen runterzuschlucken, um wieder sprechen zu können. Nach einer Weile brach es aus ihm heraus: »Saskia hat sich noch nicht dafür entschuldigt!«

Saskia saß wie erstarrt auf ihrem Sessel und schüttelte den Kopf. »Natürlich hab ich das getan. Das ist doch auch schon ewig her!«

»Ich glaube Ihnen, dass Sie sich schon entschuldigt haben«, sagte ich zu Saskia. »Und gleichzeitig ist deutlich spürbar, dass Ihre Entschuldigung bei Ihrem Freund bisher nicht angekommen ist. Wenn wir uns verletzt fühlen, brauchen wir manchmal eine Weile, bis wir eine Entschuldigung wirklich hören und dann auch annehmen können. Aus irgendwelchen Gründen hat Ihr Freund Ihre Entschuldigung bisher nicht richtig hören können. Vielleicht ist er heute eher bereit, Ihnen zuzuhören.«

Moritz zuckte mit den Schultern und nickte dann.

»Könnten Sie Ihre Entschuldigung hier und heute vor mir als Zeugin noch einmal wiederholen?«, fragte ich Saskia. »Selbstverständlich nur, wenn Sie auch finden, dass eine Entschuldigung in dieser Sache angebracht ist, sonst wären es ja nur leere Worte, die das Ganze noch schlimmer machen würden.«

Saskia schwieg. Sie rutschte auf ihrem Sessel hin und her. Moritz blickte sie gespannt an, kein Vorwurf, keine Kritik lag in seinem Blick. Lediglich die Bitte, sie möge sich bei ihm entschuldigen, er möge ihre Reue spüren und hören. Schließlich räusperte sie sich und sagte trotzig, Arme und Beine verschränkt: »Es tut mir leid, dass ich dich betrogen habe, weil du dich nie um mich gekümmert hast. Sonst wäre das nie passiert.«

So sehr Moritz sich eine Entschuldigung gewünscht hatte und auch seinen Anteil an der Entwicklung der Beziehung sehen konnte, dies fühlte sich nicht wie eine echte Entschuldigung an, was er auch so formulierte. Die beiden redeten eine Weile um den heißen Brei herum und machten sich versteckte Vorwürfe, bis ich sie unterbrach. »Wollen Sie eigentlich zusammenbleiben?« Sie blickten mich beide mit großen Augen an.

»Ja, ich möchte gern mit Moritz zusammenbleiben. Aber es muss sich etwas ändern«, sagte Saskia.

»Das kann ich so unterschreiben«, sagte Moritz.

»Sind Sie bereit, aufzuhören, beim anderen zu schauen,

was er oder sie verändern muss und erst einmal bei sich selbst anzufangen?«, fragte ich. Beide nickten ernsthaft.

»Ich möchte, dass Sie jeder für sich einen Moment überlegen, was Ihnen leidtut, was Sie falsch gemacht haben im letzten Jahr. Und dann würde ich gern, dass Sie, Saskia, beginnen, Ihrem Freund Ihre Gedanken zu erzählen.« Beide sahen konzentriert aus, es wurde sehr still im Raum.

»Es tut mir leid, dass ich dich betrogen habe«, begann Saskia nach einigen Minuten des Schweigens. »Ich weiß, dass ich dir damit wehgetan habe, aber damals dachte ich, dass ich dir schon total egal bin, dass ich machen kann, was ich will, weil es dich sowieso nicht interessiert. Ich hab mich so einsam gefühlt, du hast mich gar nicht mehr beachtet. Als Jan sich dann um mich bemüht hat, war ich zuerst geschmeichelt und dann bin ich da so reingerutscht in diese Affäre. Es tut mir leid, dass ich das nicht gleich gestoppt habe, aber ich war so ausgehungert nach Aufmerksamkeit und Zuneigung. Es ist mir tatsächlich schwergefallen, mich bei dir zu entschuldigen, weil ich fand, dass du Schuld an dem Ganzen bist. Ich hätte mir das doch alles von dir gewünscht: Die Nähe, die Zärtlichkeit und die Aufmerksamkeit. Aber wenn ich dich jetzt sehe, dass dir das so nahegeht, dann tut mir das total leid. Das wollte ich nicht.«

Während Moritz Tränen über die Wangen liefen, hörte er Saskia sehr aufmerksam zu. Als sie geendet hatte, wandte er sich von ihr ab und in seinem Gesicht spiegelte sich sein innerer Prozess: Er nahm seinen Kummer, seine Kränkung, seine Wut wahr, aber auch Saskias Bedauern, ihre Einsamkeit und Sehnsucht nach seiner Aufmerksamkeit. Als er sich ein wenig gefangen hatte, blickte er sie wieder an und sagte: »Es tut mir leid, dass ich dich vernachlässigt habe. Du hast recht, dass ich mich zu wenig um dich gekümmert habe. Das möchte ich ändern und ich brauche deine Hilfe dafür, damit ich weiß, wie du dich besser gesehen fühlst.« Jetzt liefen bei Saskia die Tränen. Auf diese Einsicht hatte sie lange gewartet. Die beiden blickten sich lange und fest an und standen dann auf, um sich zu umarmen.

Anschließend fingen sie an, wirklich zu reden. Was sie beide vermisst hatten, was sie ändern wollten. Was sie sich für die Zukunft wünschen würden und wie sie es umsetzen können. Saskia und Moritz hatten sich für eine Weile aus den Augen verloren, aber es gelang ihnen – nach erstaunlich wenigen Sitzungen – sich wiederzufinden, und zwar deshalb, weil jeder die nötige Verantwortung für die eigenen Fehler übernahm. Und weil sie sich beieinander für etwas entschuldigten, womit sie sich sehr wehgetan hatten.

Oft bleibt die wichtige Phase des Entschuldigens aus, weil beide Partner den Eindruck haben, dass der andere allein schuld an der Misere sei. Es geht in einer Beziehung nicht darum, zu gewinnen. Es geht darum, gemeinsam weiterzumachen. Es geht darum, Verantwortung zu übernehmen und dazu gehört eben auch, sich für Fehlverhalten zu entschuldigen. Sie haben einen Teller Suppe an die frisch geweißelte Wand geworfen? Entschuldigen Sie sich. Sie haben den Teller nur geworfen, weil Ihr Partner Sie vorher eine dumme Kuh genannt hat? Entschuldigen Sie sich – nicht für Ihre Wut (die ist berechtigt), aber für Ihr Verhalten. Räumen Sie die Sauerei auf, die Sie gemacht haben. Erwarten Sie nicht, dass Ihr Partner dies für Sie tut. Tragen Sie die Konsequenzen für Ihr Verhalten. Dann können Sie das Gleiche auch von Ihrem Partner erwarten.

## Verzeihen hat Grenzen

Verantwortung zu übernehmen bedeutet auch, sich in einer Beziehung nicht schlecht behandeln zu lassen. Wenn Ihr Partner Ihre Grenzen missachtet, wenn er Ihnen seelische oder körperliche Gewalt zufügt, müssen Sie sich schützen. Wenn eine Beziehung Sie verletzt oder krank macht, müssen Sie die Konsequenzen ziehen und sich trennen.

Manuela, die allein zu mir kam, war mit ihrem Mann seit ein paar Jahren verheiratet. Er war abwechselnd liebevoll und grausam zu ihr und hatte eine perfide unbewusste Strategie entwickelt, sie klein zu halten. Er verbot ihr, sich mit Freundinnen zu treffen, weil diese »keinen guten Einfluss auf sie ausüben würden«. Er versteckte seine Unsicherheit und Eifersucht hinter kontrollierendem und vorwurfsvollem Verhalten und berief sich auf »schlechte Erfahrungen, die er mit allen Frauen bisher gemacht hatte«. Er beschimpfte sie, weil sie aus einer »dummen Familie« kam, er demütigte sie vor Freunden, er hielt ihr immer wieder ihre Unzulänglichkeit vor Augen.

Manuela entschuldigte ihren Mann: »Ich verstehe, woher das alles kommt. Jörg kommt aus einer Alkoholiker-Familie, er hat so viel durchgemacht und nun möchte er, dass es bei uns gut läuft.«

»Und, läuft es gut?«, fragte ich Manuela.

Wir beide wussten die Antwort. Es ist wertvoll, seinen Partner zu verstehen und nachvollziehen zu können, warum er sich zu diesem Menschen entwickelt hat. Aber keine Vergangenheit der Welt erlaubt, dass der Partner einem das Leben zur Hölle machen darf. Und wenn Sie sich wie Manuela einen Partner ausgesucht haben, der nicht in der Lage ist,

Verantwortung für sein Verhalten zu übernehmen und der es ablehnt, sich Hilfe zu holen, bleibt Ihnen nichts anderes übrig, als selbst zu handeln. Sich in Sicherheit zu bringen. Gut für sich zu sorgen. Manuela blieb insgesamt fünf Jahre bei einem Mann, der ihr Selbstwertgefühl angriff, der sie ständig kritisierte und der ihre Freiheit immer weiter beschnitt, bis er von ihr verlangte, ihren Job aufzugeben, schließlich würde er genug für sie beide verdienen. Manuela litt unter ihrem Partner, aber sie liebte ihn auch und erst, als er ihr das letzte bisschen Freiheit und Unabhängigkeit nehmen wollte, erwachte Überlebenswille in ihr. Sie trennte sich mithilfe einer Freundin in einer Nacht-und-Nebel-Aktion von ihrem Mann. Er verstand die Welt nicht mehr. Er drohte ihr. Er flehte sie an, zu ihm zurückzukommen. Manuela kostete es viel Kraft, aber sie blieb hart. Sie verlangte, dass er selbst therapeutische Hilfe in Anspruch nehmen sollte. Sie blieben auch während der Trennung in Kontakt und nach einem halben Jahr schrieb Manuelas Mann ihr einen langen Brief: Er könne verstehen, warum sie gegangen sei. Er hätte sich in vielen Punkten falsch verhalten und bitte um Verzeihung. Er gestand, dass er aufgrund seiner Vergangenheit nicht in der Lage gewesen war, ihr der Partner zu sein, den sie verdient hatte und dass es viel aufzuarbeiten gab. Er bat sie um eine neue Chance. Aber Manuela hatte sich da bereits von ihm gelöst. Sie hatte ansatzweise wieder zu ihrer alten Stärke zurückgefunden und es gab einen neuen Bekannten, mit dem sie ab und zu ausging. Als sie ihrem Mann ehrlich schrieb, wie es ihr ging, überhäufte er sie mit Vorwürfen. Manuela hatte die traurige Bestätigung, dass ihr Mann noch längst nicht bereit für einen Neuanfang war.

Eine echte Entschuldigung ist nicht nur ein Lippenbekenntnis, sondern eine Anerkennung dessen, was man falsch gemacht hat mit dem Vorsatz, es beim nächsten Mal anders zu machen. Nicht immer wird dieser Vorsatz hundertprozentig gelingen. Aber wir werden uns schneller dabei ertappen, ob wir in die richtige Richtung gehen oder alte Fehler wiederholen.

Wahre Liebe erduldet nicht alles. Weil sie es gar nicht erdulden müsste. Wahre Liebe öffnet unsere Augen und unser Herz, wir haben mehr Verständnis, sind gütiger, milder. Wir sehen und fühlen mit allen Sinnen. Was uns blind macht, ist die Idealisierung des anderen und mangelndes Selbstwertgefühl, also die Herabwertung unserer selbst. Wahre Liebe beinhaltet Selbstliebe und die tiefe Überzeugung, dass wir eine gute, gesunde Beziehung verdient haben. Hätte Jennifer aus *Love Story* länger gelebt, hätte sie vielleicht verstanden: Verantwortung bedeutet, um Verzeihung zu bitten. Und Liebe heißt, verzeihen zu können.

## Wenn er mich liebt, liest er mir jeden Wunsch von den Augen ab

Warum wir die Sprache der Liebe lernen müssen und wie wichtig Unterschiede für die Langlebigkeit einer Beziehung sind

Franziska sitzt vor mir und ist traurig. »Vor ein paar Tagen habe ich meinem Mann einen Traum erzählt. Es ging mir schlecht, weil ich geträumt hatte, dass er mich wegen einer anderen Frau verlassen hat. Und wissen Sie, was er gemacht hat? Er hat mich kurz entsetzt angeguckt und dann gefragt, was wir abends essen wollen. Er ist einfach so über meine Gefühle hinweggegangen.«

»Wie haben Sie sich denn gefühlt?«, frage ich. Sie überlegt eine Weile. »Ängstlich. Ich bin mir seiner Gefühle im Moment nicht sicher. Und traurig. Weil ich ihn nicht verlieren möchte.« Ich nicke.

»Was hätten Sie sich von Ihrem Mann gewünscht?«, frage ich sie.

»Dass er noch einmal nachfragt. Dass er mir sagt, dass ich mir keine Sorgen machen muss, weil er mich liebt. Dass er mich in den Arm nimmt.«

»Haben Sie Ihrem Mann das gesagt?«

Sie blickt mich mit einer Mischung aus Überraschung und Empörung an. »Das kann ich ihm doch nicht sagen!«

»Warum nicht?«, frage ich.

»Ja, weil er das doch wissen müsste. Weil ich möchte, dass er weiß, was ich brauche. Weil das gegen meinen Stolz geht …«

Ich überlege eine Weile. »Wenn Sie morgens zum Bäcker gehen, erwarten Sie dann von ihm, dass er ahnt, welche Brötchen Sie kaufen möchten?«

»Natürlich nicht.«

»Wenn Sie zum Arzt gehen, geben Sie ihm Hinweise auf Ihre Krankheitssymptome?«

Ich kann an ihrem Gesicht ablesen, dass sie versteht, worauf ich hinauswill. »Ist es nicht interessant, dass wir allen Menschen auf der Welt selbstverständlich sagen, was wir uns wünschen, nur unserem eigenen Partner nicht? Wir sind nicht zu stolz, zum Arzt zu gehen und ihm von unseren Beschwerden zu erzählen. Wir sind nicht beleidigt, wenn der Bäcker nicht weiß, welche Brötchen wir kaufen möchten. Wir erwarten nicht, dass der Taxifahrer erahnt, wo er uns hinfahren soll. Aber unser Partner – er soll fühlen und wissen, was wir gerade brauchen und wenn er es nicht kann, sind wir verletzt und wütend.«

Franziska muss lachen. »Ja, eigentlich ist das nicht gerecht. Aber ich bin tatsächlich total wütend, wenn er schon wieder nicht weiß, wonach mir ist, wenn er nicht auf mich eingeht.«

Wie Franziska wünschen wir uns alle oft, dass unsere Partner unsere Gedanken lesen können. Und wir sind immer wieder enttäuscht, wenn es nicht klappt. Manchmal machen wir unserem Partner deshalb Vorwürfe. »Du solltest mich doch besser kennen als jeder andere! Wenn ich dich wirklich interessieren würde, wüsstest du, wie es mir geht und was ich brauche.«

Die Idee, ohne Worte zu kommunizieren und trotzdem verstanden zu werden, ist eine sehr romantische Vorstellung. Sie stammt aus der frühen Zeit unseres Lebens, in der unsere Bezugspersonen uns tatsächlich ohne Worte verstehen mussten. Die prompte und einfühlsame Bedürfnisbefriedigung, die wir als Kind oft erfahren haben, wird als die ultimative Form der Liebe verstanden. Sie enthebt uns zugleich der Verantwortung, für unsere eigenen Wünsche sorgen zu müssen und der Gefahr, zurückgewiesen zu werden. »Ich bin lieber beleidigt, als das auszudrücken, was ich mir wünsche – weil ich Angst habe, dass mein Mann mich lächerlich findet. Dass ich ihm auf die Nerven gehe. Dass er mich eigentlich nicht genug liebt, um auf meine Bedürfnisse einzugehen.« Franziska hält an einer Liebesvorstellung fest, in der ihr Partner Wunscherfüller wäre, wenn er sie nur genug lieben würde. Gleichzeitig hält sie sich für nicht liebenswert genug, um das zu bekommen, was sie braucht, um sich in einer Beziehung geliebt und geborgen zu fühlen. Ein Teufelskreis entsteht: Wenn wir uns und unsere Bedürfnisse nicht wertschätzen, suchen wir uns Partner, die dies ebenfalls nicht ausreichend tun. Solange wir unsicher über die Berechtigung unserer Wünsche sind, werden wir sie nicht nachdrücklich formulieren. Und wir werden uns der (nicht vorhandenen) Hellsichtigkeit unserer Partner unterordnen müssen und immer wieder enttäuscht werden. Franziska verstand, dass es an der Zeit war, ihre Selbstunsicherheit nicht länger auf ihren Mann zu projizieren und stattdessen lieber selbst Verantwortung für ihre Bedürfnisse zu übernehmen. Zu diesem Prozess gehörte auch, den Mut aufzubringen, sich schwach zu zeigen. »Ich brauche dich«, war ein Gedanke, der Franziska zuwider war. »Das hört sich für mich nach totaler Abhängigkeit an.«

Aber es gibt einen Unterschied zwischen ohnmächtiger und partnerschaftlicher Liebe. Ohnmächtige Liebe macht mich abhängig und klein. Partnerschaftliche Liebe bringt mich dazu, meinen Teil der Verantwortung für die Beziehung zu übernehmen und dazu gehört auch, mich zu zeigen: in meiner Stärke und meiner Schwäche, mit meinen Zweifeln, meinen Ängsten und Fragen. Viele glauben an den Mythos, dass in der Liebe nur geliebt und nicht gebraucht werden soll. Dass wahre Liebe aus absoluter Unabhängigkeit heraus entsteht. Tatsächlich kommt im Rahmen jeder Liebesbeziehung zum Lieben immer auch ein Brauchen hinzu. Aus zwei unabhängigen Individuen wird eine – zumindest in Teilen – voneinander abhängige Gemeinschaft. Wer liebt, wird verletzlich. Das Wir wird ein Teil unseres Ichs, sonst wären Trennungen ein Kinderspiel und kein emotionales Drama. Der andere gibt uns etwas, was wir brauchen: Er sieht uns, er hört uns, er achtet uns, er liebt uns. Aber damit unser Partner all das tun kann, muss er uns verstehen. Und dafür braucht es neben der Achtsamkeit im Umgang miteinander auch manchmal einiger Worte.

## Die Sprachen der Liebe verstehen

Liebe bedeutet nicht, hellsehen zu können. Selbst die Feinfühligsten unter uns können sich nicht immer in die Bedürfnisse des Partners einfühlen, erst recht nicht, wenn dieser sie selbst hinter dem Berg hält. Dennoch versuchen wir immer wieder, unseren Partnern die Wünsche von den Augen abzulesen. Wohin das führen kann, erzählen Paartherapeuten auf der ganzen Welt mit folgender Geschichte: Jeden Morgen schneidet ein liebevoller Ehemann ein Brötchen auf und reicht seiner Frau die obere Hälfte. Sie nimmt dankend an. Beide seufzen. Nach 30 Jahren finden sie heraus, dass die Frau eigentlich viel lieber die untere Hälfte gegessen hätte, während der Mann eigentlich die obere Brötchenhälfte bevorzugte. Beide schwiegen aus Liebe und schenkten dem anderen die Brötchenhälfte, die sie selbst gern gehabt hätten.

Beste Intentionen können schlimmste Auswirkungen haben und ein Paar sogar in die Krise führen. Denn unsere ganz eigene Art Liebe zu zeigen, kann für unseren Partner unverständlich bis sinnlos sein. Der US-amerikanische Paartherapeut Gary Chapman erkannte, dass es unterschiedliche *Sprachen der Liebe* gibt und fasste sie in fünf Kategorien zusammen: Lob und Anerkennung, Zweisamkeit, Geschenke, Hilfsbereitschaft, Zärtlichkeit. Natürlich sind alle Faktoren wichtig für das Wohlgefühl und das Gelingen einer Partnerschaft, aber sehr wahrscheinlich ist bei jedem Menschen eine der Facetten ausgeprägter als die anderen. Es ist genauso wichtig, die eigene Sprache zu kennen, wie die des Partners. Nehmen wir einmal an, Ihre Sprache der Liebe wäre Zärtlichkeit, die Ihres Mannes Hilfsbereitschaft, dann könnte es in Ihrer Beziehung so aussehen: Jeden Morgen bringt er Ihnen einen Tee ans Bett, er kümmert sich um einen Großteil des Haushaltes und nimmt Ihnen alle erdenklichen Alltagsorganisationen ab. Sie wissen seine Hilfsbereitschaft zu schätzen, aber eigentlich sehnen Sie sich nach einem liebevollen Blick, einer längeren Umarmung, einem innigen Kuss bei jeder Verabschiedung. Ihr Mann genießt Ihre Zärtlichkeiten durchaus, richtig geliebt fühlt er sich jedoch nicht, weil Sie ihn im Alltag nicht genug unterstützen. Obwohl Sie doch beide alles tun, um dem anderen Ihre Liebe zu zeigen, fühlen Sie sich beide ungeliebt und alleingelassen. Auf einer rationalen Ebene wissen Sie vielleicht, dass Ihr Partner Sie liebt, aber emotional spüren Sie es nicht. Ihr Liebestank wird nicht gefüllt, Ihr Liebeskonto nicht ausgeglichen, weil Sie und Ihr Partner eine jeweils fremde Währung einzahlen. Solange er Hilfsbereitschafts-Chinesisch spricht und Sie Zärtlichkeits-Portugiesisch, können Sie sich nicht verstehen. Also ist es wichtig, die Sprache des anderen zu erfahren, um Schritt für Schritt Vokabeln dieser Fremdsprache zu lernen.

Es gibt Paare, die sich intuitiv verstehen, weil sie die Sprache des anderen gut kennen, oder sogar die gleiche Sprache sprechen. Bei vielen Paaren jedoch ist dies nicht der Fall und sie brauchen Worte, Erklärungen und sogar Absprachen. Natürlich können Sie in einer kindlichen Erwartungshaltung verharren, die sehr wahrscheinlich in Enttäuschung endet. Oder aber Sie nehmen Ihr Wohlbefinden selbst in die Hand und offenbaren Ihrem Partner Ihre Wünsche. An dieser Stelle blockieren viele Frauen.

»Wenn ich ihm sage, was ich mir wünsche, ist es nur noch die Hälfte wert«, findet Rosa. Ihr Mann Tim bringt ihr – nachdem sie ihm einmal gesagt hat, dass sie traurig sei, dass er ihr nie Blumen mitbringe – nun jeden Freitag einen Strauß Blumen mit. »Das ist so ritualisiert, das war nicht das, was ich meinte.«

Tim starrt sie verständnislos an: »Du wolltest doch Blumen. Du wolltest sie nicht nur am Geburtstag, sondern auch mal zwischendurch. Jetzt bringe ich dir sogar jede Woche Blumen mit und es ist auch verkehrt?«

»Ja, es kommt mir so vor, als ob ich ein Blumenabo habe. Das ist etwas anderes, als voller Liebe an mich zu denken und mir dann spontan einen Strauß mitzubringen.«

»Ich denke an dich. Jeden Tag. Und einmal in der Woche bringe ich dir Blumen mit. Weil ich dich liebe. Ich kann es auch lassen.« Tim ist beleidigt. Nach seinem Gefühl hat er alles getan, um Rosa glücklich zu machen. Er hat ihr zugehört, er ist auf ihren Wunsch eingegangen und das sogar regelmäßig.

Tatsächlich verdirbt Rosa sich selber die Freude. Ihr Mann versucht, ihre Sprache der Liebe zu sprechen und sie beschwert sich darüber, dass er ihre Melodie nicht trifft.

»Wie kommen wir denn nun raus aus diesem schlechten Gefühl?«, fragt Rosa mich in einer unserer Sitzungen.

Ich schlage ihnen folgendes Experiment vor: »Bitte loben Sie einander jedes Mal und ausdrücklich, wenn Ihnen etwas am Verhalten des anderen gefallen hat.«

»Wie unseren Hund?«, fragt Rosa.

»Ja, genauso«, antworte ich. Menschen wie Hunde freuen sich über Lob und lernen über Lob. Als Nächstes bitte ich die beiden, eine Liste mit Dingen aufzuschreiben, die sie sich wünschen. Rosa schreibt nur zwei Wünsche auf: »Ich wünsche mir, dass Tim mir ab und zu ein Abendessen kocht und kleine (nicht teure) Geschenke macht.« Auf Tims Liste steht ebenfalls nur ein Satz: »Ich wünsche mir, dass Rosa mir ab und zu sagt, was sie an mir mag und mich so wertschätzt, wie ich bin.«

Ich schlage vor, dass sie ihre Wunschzettel an den Kühlschrank hängen und sich vornehmen, dem anderen mindestens einmal pro Woche einen Wunsch zu erfüllen.

»Es ist wichtig, dass Ihre ›Liebes-Geschenke‹ nicht verrechnet werden. Versuchen Sie, sich nur auf das Geben zu konzentrieren und darauf, dem anderen einen Wunsch zu erfüllen, weil Sie ihn lieben.« Ich habe diese Übung schon so vielen Paaren vorgeschlagen, dass ich weiß, wie schnell sich die Beziehungsatmosphäre zum Guten verändert, wenn beide mitmachen. Als ich Rosa und Tim vier Wochen später wieder sehe, strahlen sie.

»Die Hausaufgabe war super!«, berichtet Rosa. »Tim hat mir so viele kleine Geschenke gemacht, dass ich jetzt richtig satt bin.« Sie wendet sich Tim zu: »Ich finde das so lieb von dir, dass du in den letzten Wochen so aufmerksam warst. Wenn ich später als du nach Hause gekommen bin, hattest du schon etwas gekocht. Als meine Zahnpasta aufgebraucht war, bist du losgegangen und hast einen kleinen Vorrat für mich angelegt. Und ich habe mich total über die Tasse gefreut, die du für mich besorgt hast, nachdem mir meine Lieblingstasse runtergefallen ist.« Tim sieht sehr zufrieden aus und atmet hörbar aus. »Das hab ich sehr gern gemacht. Und mir tut es total gut, dass du mir sagst, was dir an meinem Verhalten gefällt. Vorher hatte ich oft das Gefühl, ich rackere mich ab und du nimmst vieles für selbstverständlich. Wie die Sache mit den Blumen. Ich habe das wirklich richtig nett gemeint. Und eigentlich würde ich das auch gern weiterhin tun. Aber natürlich nur, wenn du dich darüber freust, sonst macht es ja keinen Sinn.«

»Das tut mir richtig leid, manchmal kann ich so ein Korinthenkacker sein«, sagt Rosa. »Wenn du Lust hast, mir weiter Blumen mitzubringen, freue ich mich sehr darüber. Auch im Abo«, fügt sie hinterher. Heute können beide darüber lachen. Weil sie sich besser verstehen. Weil sie sich wohler miteinander fühlen, seitdem ihr jeweiliges Liebeskonto besser gefüllt ist. Wir beenden die Sitzungen, als Rosa und Tim sich sicher sind, dass sie die Sprache der Liebe des anderen verstehen und auch kommunizieren können. Ich freue mich für die beiden, weise aber vorsichtshalber darauf hin, dass das Liebeskonto nicht dauerhaft bis oben hin gefüllt sein wird.

Denn der Wunsch, dass der andere alle unsere Wünsche wie im Schlaraffenland erfüllen möge, ist eine weitere der vielen Überforderungen, an denen Beziehungen scheitern. Zudem wünschen sich viele Menschen einen Partner, der ihnen sehr ähnlich ist und idealerweise auch immer das Gleiche will. Der Wunsch ist absolut nachvollziehbar, aber was machen wir, wenn unser Partner ganz anders ist als wir – anders fühlt, anders denkt, anders handelt? Wir können die Unterschiede akzeptieren und versuchen, auch hier das Fremde verstehen zu lernen. Oder wir können an dem Mythos festhalten, dass eine Partnerschaft nur dann funktionieren kann, wenn der andere so ist, wie wir.

## »Ich fühl wie du« – Wahre Liebe ist, wenn mein Partner das Gleiche will, wie ich

Stefanie hat eine interessante Vorstellung von Liebe: »Ich würde mir wünschen, dass mein Freund und ich immer auf einer Wellenlänge schwimmen. So wie am Anfang. Da waren wir uns immer einig. Wir wollten zur gleichen Zeit das Gleiche. Am Anfang fand er alle meine Vorschläge toll und hat alles mitgemacht. Ich bin gern draußen, also haben wir selbst bei Wind und Wetter stundenlange Spaziergänge gemacht. Es war so romantisch. Und jetzt will er lieber drinnen bleiben und lesen oder fernsehgucken. Er hat sich total verändert! Mir ist klar geworden, dass ich einen Partner brauche, der mir ähnlicher ist.« Stefanie hat recht – Gemeinsamkeiten machen es Paaren einfacher, zusammenzuwachsen, zusammen Spaß zu haben und sich im Alltag nicht aus den Augen zu verlieren. Aber Stefanies Wünsche haben eine Dimension, die wohl kaum jemand erfüllen kann. Immer auf einer Wellenlänge zu sein, ist zu viel verlangt.

Jeder kennt das Gefühl, enttäuscht zu sein, wenn der Partner wieder einmal einen Plan boykottiert oder einfach nicht so begeistert ist, wie man selbst. Aber wie wäre ein Leben mit einem geklonten Gegenüber, im totalen Gleichklang? Beide würden immer dasselbe wollen, fühlen, denken – auf den ersten Blick vielleicht verlockend, aber nach einer Weile furchtbar langweilig. Es würden keine neuen Impulse gesetzt werden, es entstünde keine Reibung, die zum Nachdenken anregt und keine andere Welt, auf die Sie neugierig sein und die Sie entdecken könnten.

Ohnehin sind symbiotische Beziehungen oft auf einer Pseudonähe aufgebaut, denn ohne Individualität kann keine echte Begegnung stattfinden. Stattdessen steigt die Angst, der andere könne entdecken, wie wir wirklich sind. Statt Liebe bestimmen Angst und Abhängigkeit die Beziehung und erinnern vielleicht an eine frühe Zeit im Leben, in der wir uns den Wünschen und Erwartungen der Eltern anpassen mussten, um sicherzugehen, von ihnen geliebt zu werden.

Bei allen Gemeinsamkeiten, aller Zweisamkeit und Harmonie ist die Unterschiedlichkeit beider Partner ein hohes Gut, das gewahrt bleiben muss, damit die Flamme der Neugier aufeinander und die Leidenschaft nicht erlischt. Denn das letzte bisschen Fremdheit sorgt letztlich dafür, dass wir uns immer wieder zueinander hingezogen fühlen und die Momente der Verbundenheit umso mehr zu schätzen wissen.

Die Schriftstellerin Elizabeth Gilbert beschreibt ihre Sehnsucht nach Verschmelzung mit ihrem Partner im Spannungsfeld von Fremdheit und Intimität: »Es gibt Augenblicke, in denen ich die Distanz fast sehen kann, den Raum, der Felipe von mir trennt und der uns immer trennen wird – trotz meiner lebenslangen Sehnsucht, von der Liebe eines anderen vervollständigt zu werden, trotz meiner jahrelangen Bemühungen, den idealen Partner zu finden, der es im Gegenzug auch mir gestatten würde, ein ideales Wesen zu werden. Stattdessen schwappen fortwährend unsere Unähnlichkeiten und Mängel wie eine schemenhafte Welle zwischen uns hin und her. Manchmal allerdings erhasche ich aus dem Augenwinkel einen Blick auf die Intimität selbst, wie sie hoch oben auf ebendieser Welle der Differenz balanciert – tatsächlich da zwischen uns steht –, uns tatsächlich (Himmel hilf!) den Hauch einer Chance bietet.«

Obwohl Gemeinsamkeiten wichtig sind, ist es nicht die Gleichheit, die zählt, sondern die Liebe zum anderen in all seiner Andersartigkeit. Diese besondere Liebe und die offene Sehnsucht nach dem anderen beschreibt Erich Fried in seinem Gedicht »Dich«:

*Dich*
*dich sein lassen*
*ganz dich*

*Sehen*
*daß du nur du bist*
*wenn du alles bis*
*was du bist*
*das Zarte*
*und das Wilde*
*das was sich losreißen*
*und das was sich anschmiegen will*

*Wer nur die Hälfte liebt*
*der liebt dich nicht halb*
*sondern gar nicht*
*der will dich zurechtschneiden*
*amputieren*
*verstümmeln*[6]

Eine Liebesbeziehung beinhaltet immer auch die Frage, wie sehr ich Ich sein kann und wie sehr ich meinem Partner zugestehe, er selbst bleiben zu dürfen. Es braucht Gelassenheit, Einfühlungsvermögen und klare Worte, um sich in diesem Ich-Du-Wir-Annäherungsprozess zu verstehen und die Balance immer wieder auszutarieren. Und die Akzeptanz,

---

6 Das komplette Gedicht finden Sie im Quellennachweis.

dass wir – so nah wir uns auch sein mögen – den anderen nie vollständig verstehen werden können und dass der andere auch uns nie vollständig verstehen kann.

Die deutsche Schauspielerin Senta Berger, die seit 45 Jahren mit ihrem Mann Michael Verhoeven skandalfrei verheiratet ist, findet für die nur begrenzt mögliche Überwindung der Andersartigkeit kluge Worte: »Vom Charakter her sind wir sehr verschieden, aber nicht so, dass es unüberwindlich wäre. Ich habe neulich an eine Freundin geschrieben: ›Ich bemühe mich, ihn zu verstehen und er versteht, dass ich ihn nicht verstehe. Das ist eigentlich schon sehr viel.‹«

## Bloß keinen Streit

Warum wir mit Harmoniesucht mehr als nur unsere Beziehung aufs Spiel setzen und wie Konflikte uns sogar stärken

Auf einer Party lerne ich am Buffet ein Paar kennen. Sie fragen nach meinem Beruf. »Paartherapie«, sagt die Frau interessiert. »Das werden wir sicher nicht brauchen. Wir sind jetzt drei Jahre zusammen und haben noch nie gestritten, gell, Schatzilein?« Schatzilein nickt und starrt auf seinen Teller. Drei Jahre Beziehung und kein einziger Streit. Mir läuft ein kleiner Schauer über den Rücken. Es gibt Menschen, die glauben, dass eine Beziehung gut ist, wenn es keine Konflikte gibt. Ich würde ja gern zustimmen, aber ich glaube, dass das unmöglich ist. Zwei Persönlichkeiten, die ein Leben miteinander führen – da muss es ab und zu Reibungen geben. Und was ist eigentlich schlimm daran, anderer Meinung zu sein, eine leidenschaftliche Diskussion zu führen oder sich (ab und zu) auch mal zu streiten?

Paare, die behaupten, nie zu streiten, leben oft in symbiotischen Beziehungen, in denen Disharmonien von einem oder beiden »heruntergeschluckt« werden. Mindestens einer von beiden lebt nach der Devise: »Ach, das ist doch jetzt nicht so wichtig, dass ich meinen Willen durchsetze. Vielleicht haben meine Wünsche auch gar keine Berechtigung.«

Alexander sucht mich auf, nachdem sich seine Frau von ihm getrennt hatte. »Wir sind seit 19 Jahren verheiratet. Wir haben uns nie gestritten. Nie! Und plötzlich sagt sie mir, dass sie nicht mehr weiß, ob sie mich noch liebt. Sie ist sogar ausgezogen!« Er steht unter Schock. Er versteht die Welt nicht mehr. »Ich dachte, unsere Ehe sei gut!«

Ein paar Wochen später lerne ich Alexanders Frau Iris kennen, die mir ihre Sicht der Dinge schildert: »Ich habe Alexander so geliebt, dass ich ihm die bestmögliche Frau sein wollte. Ich glaube, ich habe ihn immer mehr geliebt, als er mich. Um ihn nicht zu verlieren, habe ich möglichst wenige Forderungen gestellt. Mein Mann wollte allein in den Urlaub fahren, bitte schön. Er hat nach der Geburt unserer Kinder einfach so weitergearbeitet wie zuvor, bitte schön – obwohl es mir körperlich nach den Kaiserschnitten ziemlich mies ging. Er ist in der Woche zweimal zum Sport und einmal zum Kartenspielen mit Freunden gegangen, bitte schön. Ich fand unser Leben eigentlich okay, aber es haben sich auch ganz leise Zweifel und Unzufriedenheit eingeschlichen. Richtig gemerkt habe ich es aber erst, als ich bei der Arbeit einem Kollegen nähergekommen bin. Er hat mir von seiner unglücklichen Ehe erzählt. Und ich bin ins Grübeln gekommen, ob das bei uns eigentlich alles so gut läuft, wie ich mir immer vorgemacht habe.« Die häufigen intensiven Gespräche lösen viele Gefühle in Iris aus und ohne es zu wollen, verliebt sie sich in ihren Kollegen. »Es gab einen Moment, in dem ich plötzlich ganz klar gesehen habe. Ich wusste nicht, was ich will und wohin das mit dem neuen Mann führt, aber ich sah plötzlich nur noch einen Ausweg: Ich musste ausziehen. Und zwar so schnell wie möglich. Mit meinem Mann konnte ich nicht frei atmen, ich war es so gewöhnt, mich unterzuordnen und das musste endlich aufhören. Ich wollte wissen, was ich wirklich noch für ihn empfinde und ob unsere Ehe eine Chance hat.«

Im Rahmen der Paargespräche stellen beide fest, dass eine Fortsetzung ihrer Ehe – unter den alten Bedingungen – schwierig werden wird. Iris hat sich in den Monaten der Trennung weiterentwickelt und möchte fortan ehrlicher zu Alexander und vor allem zu sich selbst sein. Sie offenbart ihre Bedürfnisse und stellt erstmals in einer unserer Sitzungen auch Forderungen: »Wenn wir es noch einmal miteinander versuchen, möchte ich, dass du dich mehr um die Kinder kümmerst. Ich will nicht mehr mindestens drei Tage abends allein sein, sondern höchstens zwei und an einem Tag möchte ich selber ausgehen dürfen. Ich möchte, dass du auch mal Sachen für uns planst. Dass sich die alten Zuständigkeiten ändern – wieso muss ich immer unsere Familienurlaube buchen, den ganzen Haushalt machen, alle Freizeitaktivitäten für die Kinder organisieren? Wir arbeiten beide gleich viel, du hast also nicht das Argument, dass du weniger Zeit hast als ich.« Iris blickt Alexander forschend an.

»Ja, okay«, sagt dieser zögernd.

»Was heißt das?«, fragt Iris.

»Ja, ich mache alles, was du verlangst, damit du wieder zurückkommst.«

Iris beginnt zu weinen. Alexander will sie in den Arm nehmen. »Was hast du denn, ich habe doch gesagt, dass ich alles mache?«, fragt er sie hilflos. Sie blickt ihn traurig an. »Ich weiß, dass du im Moment alles sagen und vielleicht auch tun würdest, damit ich wieder zurückkomme. Aber wie lange würde das gut gehen? Wie lange würdest du meine Bedingungen erfüllen, bis du mir grollst oder bis sich der alte Status quo wieder einschleicht?« Sie nimmt einen tiefen Atemzug. »Es tut mir leid, ich merke, ich kann das nicht mehr. Ich vertraue uns beiden nicht genug, dass wir das miteinander hinbekommen. Ich weiß jetzt schon, dass ich nicht stark genug sein werde, mich neben dir zu behaupten. Und meine Gefühle sind nicht mehr stark genug, das alles zu wollen. Es tut mir so leid, Alexander, aber es ist zu spät.«

Alexander und Iris sind ein trauriges Beispiel für ein Paar, das es vermieden hat, rechtzeitig Auseinandersetzungen über ihre unterschiedlichen Bedürfnisse zu haben. Durch Iris' Konfliktscheue und Alexanders Egoismus verpassten sie die Chance, sich als Paar miteinander weiterzuentwickeln.

Iris zog nicht wieder mit den Kindern bei Alexander ein. Sie traf sich sporadisch mit ihrem Kollegen, aber sie wollte mit ihm keine feste Beziehung eingehen. »Dafür ist es noch viel zu früh. Ich muss erst mal herausfinden, was ich wirklich will. Wer ich wirklich bin.« Wie wäre Alexanders und Iris' Beziehung wohl verlaufen, wenn sie ihre unterschwelligen Konflikte besprochen hätten? Vielleicht wären sie nie so lange zusammengeblieben. Oder – und das wäre definitiv die bessere Variante: Sie hätten gelernt, ihre Bedürfnisse zu formulieren, aufeinander einzugehen und Kompromisse zu schließen. Wir können an und in einer Beziehung nur wachsen, wenn zwei Menschen sich *wirklich* begegnen. Das Aushandeln einer gemeinsamen Schnittmenge, die beide zufrieden stimmt, ist oft alles andere als einfach. Aber wenn wir uns selbst und unseren Partner nicht verlieren wollen, führt kein Weg an wichtigen Auseinandersetzungen vorbei. Selbstredend müssen wir in jeder Beziehung Kompromisse eingehen und nicht jede Unstimmigkeit lohnt, darüber zu streiten. Wer aber dauerhaft *faule* Kompromisse eingeht, wer sich ständig zurücknimmt oder über seine Grenzen geht, wird in einer Beziehung nur schwer glücklich werden.

## Wie man richtig streitet

Eine Beziehung ohne Konflikte ist eine Illusion, die uns irgendwann um die Ohren fliegen wird. Gleichzeitig hören wir immer wieder, wie schädlich Streitereien sind und wohl jeder weiß aus eigener Erfahrung, wie kräftezehrend und schrecklich sich ein Streit anfühlen kann. Aber: Eine Beziehung zu führen heißt, in stetiger Verhandlung mit dem Partner zu stehen. Idealerweise findet ein Paar im Laufe der Zeit immer mehr tragbare Lösungen für seine Beziehungsprobleme. Laut Studien sprechen glückliche Paare zwar mehr miteinander als unglückliche Paare, aber sie diskutieren im Schnitt weniger als zu Beginn ihrer Beziehung und gehen über Konflikte eher milde hinweg. Der US-amerikanische Paartherapeut und Kommunikationsforscher John Gottman, der sich seit Jahrzehnten mit dem Konfliktverhalten von Paaren auseinandersetzt, fand heraus, dass streitlustige Paare genauso wie harmonische Paare zusammenbleiben und dass die Mehrheit aller Paare während ihres ganzen Beziehungslebens über die gleichen Themen wie am Anfang streitet. Stabile Paare finden sich einfach damit ab, dass es unüberbrückbare Unterschiede zwischen ihnen gibt – und dass ein gelegentlicher Streit darüber nicht das Ende der Welt bedeutet. Allerdings kommt es darauf an, *wie* sie streiten und noch viel mehr, wie sie *insgesamt* miteinander umgehen. Trennungsgefährdet sind vor allem die Paare, die ihre rosarote Brille verloren haben und den anderen stattdessen in einem sehr negativen Licht sehen.

Wie Tinka und Ben, die auf meine Frage, in was sie sich beim anderen verliebt haben, keine Antwort mehr finden. Die beiden streiten häufig, aber sie vertragen sich nie. Ein Wort gibt das andere, ein Streit folgt dem nächsten. Es wird nichts geklärt, sondern der Haufen an Missverständnissen, Vorwürfen und Kränkungen wird immer höher und versperrt ihnen die liebevolle Sicht auf den anderen.

Gottman hat in seinem Liebeslabor, in dem er Hunderte von Paaren beim Streiten beobachtet hat, bestimmte Faktoren ausfindig gemacht, die besonders destruktive Auswirkungen haben: Das Gespräch wird mit einem »groben Auftakt« begonnen, also mit einer heftigen Kritik, einer sarkastischen Bemerkung oder einer Beleidigung. Anschließend folgen schwere Kommunikationsfouls, für die Gottman den Begriff der »apokalyptischen Reiter« geprägt hat: Man übt Kritik an der Person des Partners (statt nur an bestimmten Verhaltensweisen), wehrt die Kritik durch ständiges Rechtfertigen ab, straft den Partner durch Verachtung oder zieht sich insgesamt zurück. Versuche, den Streit zu schlichten, scheitern regelmäßig. Mindestens einer der Partner fühlt sich in einer Streitsituation von negativen Gefühlen regelrecht überflutet und scheut anschließend die Nähe des Partners und weitere Auseinandersetzungen.

Tinka und Ben sind frustriert und »völlig erschlagen« von ihren ständigen Streitereien. »Wir schaffen es gar nicht mehr, uns wieder näherzukommen. Wir sind beide richtig misstrauisch geworden, mit welcher Keule der andere nun wieder um die Ecke kommen könnte«, fasst Ben die desolate Situation zusammen. Während Tinka laut eigener Aussage dazu neigt, »verbal auf Ben einzudreschen« und ihm viele Vorwürfe zu machen, zieht Ben sich zurück und gibt vor Geringschätzung triefende Antworten.

»Ich kann nicht mehr«, sagt Tinka in einer unserer Sitzungen. »Ich sehe überhaupt keine Hoffnung mehr für uns.«

Ob ein Paar aus einer negativen Streitspirale herauskommt oder nicht, ist – neben ihren hoffentlich noch positiven Gefühlen füreinander – vor allem eine Frage ihrer Motivation und ihrer Disziplin. Beide Partner müssen an ihrem eigenen Verhalten ansetzen und etwas ändern. Das Ziel ist nicht, nie wieder zu streiten. Viel wichtiger ist es, bestimmte Regeln zu beachten, die dazu führen, dass die generelle Stimmung wieder steigt und liebevolle Gefühle füreinander wieder aufblühen können. Folgende – für jedes Paar nützliche – Verhaltensweisen versuchte ich Tinka und Ben in unseren Sitzungen nahezubringen:

### Ich-Botschaften

»Ich-Botschaften« sind sehr einfach zu formulieren, wenn wir unseren Partner loben möchten: »Ich liebe es, wenn du mich zum Lachen bringst« oder »Ich mag die Art, wie du mit unseren Kindern Probleme ansprichst«. Schwieriger wird es, wenn wir uns über unseren Partner geärgert haben.

»Ich muss doch Kritik üben dürfen, wenn mich etwas an Ben stört«, sagt Tinka.

»Absolut«, stimme ich ihr zu, bitte sie aber statt ihrer üblichen »Du-bist«-Vorwürfe, einmal nur von ihren Gefühlen zu sprechen. Sie überlegt einen Moment und sagt dann zu Ben: »Ich finde, dass du dich total blöd verhältst, wenn du mich immer auf Partys stehen lässt, um andere Frauen anzumachen.«

Ich unterbreche sie freundlich und erkläre ihr den Unterschied zwischen echten Ich-Botschaften und Pseudo-Ich-Botschaften. Immer, wenn wir einen Satz mit »Ich denke, du …«, »Ich finde, du …« oder »Ich glaube, du …« beginnen, sind wir bereits in die Pseudo-Ich-Falle gerutscht. Eine wirkliche Ich-Botschaft vermitteln wir, wenn wir bei uns bleiben und unsere Gefühle benennen, statt den anderen zu bewerten. Tinka nimmt sich Zeit, bevor sie ihre Gefühle formuliert: »Ich fühle mich unsicher, wenn du auf einer Party mit anderen Frauen sprichst. Es mag für dich gar nichts zu bedeuten haben, aber ich werde dann sehr eifersüchtig und zweifle an mir und an deiner Liebe und an unserer Beziehung.« Während Ben bei Vorwürfen und Pseudo-Ich-Botschaften sofort abschaltet oder in den Gegenangriff übergeht, reagiert er nun auf Tinkas Eifersuchtsoffenbarung zugewandt und einfühlsam.

»Das tut mir leid, Tinka«, sagt Ben. »Oft spüre ich nur deine Wut und höre nur deine Vorwürfe und dann fühle ich mich so mies und peppe mein Selbstbewusstsein ein bisschen auf, wenn ich mit anderen Frauen flirte. Dabei möchte ich viel lieber dich an meiner Seite haben und wissen, dass du bei mir sein willst.«

### Konkret bleiben

Wenn wir unserem Partner etwas mitteilen möchten, was uns stört, hilft es, konkret zu sein. Statt: »Immer lässt du deine Socken rumliegen, wir alle stolpern über deine Unordnung, nie fühlst du dich hier zu Hause für etwas verantwortlich.« Lieber: »Es stört mich, wenn du deine Socken nicht wegräumst. Bitte lege sie abends in den Wäschekorb.« Je konkreter und je kürzer unser Anliegen formuliert ist, desto besser kann unser Partner es hören und darauf eingehen, ohne in eine Verteidigungshaltung flüchten zu müssen.

### Notbremse ziehen

Wenn Sie merken, dass Sie so wütend sind, dass Sie Ihren Partner mit Kritik überhäufen und den Kontakt zu ihm verlieren, weil er sich zurückzieht, sollten Sie den Streit an dieser Stelle beenden. Es macht keinen Sinn, ein Gespräch zu führen, solange sich das Gegenüber von Kritik überflutet fühlt. Das Gleiche gilt für den sich zurückziehenden Partner, der innerlich vereist oder Fluchtgedanken hegt. Wenn Sie merken, dass ein konstruktives Gespräch aus miteinander sprechen und einander zuhören gerade nicht möglich ist, unterbrechen Sie den Streit. Schlagen Sie eine Pause vor, bis Sie beide sich wieder abgekühlt haben und bereit sind, miteinander zu sprechen. »Ganz ehrlich, wenn Ben das vorschlagen würde, wenn ich gerade so richtig in Fahrt bin, würde mich das wahrscheinlich noch wütender machen«, gibt Tinka zu bedenken. »Deshalb ist es wichtig, dass derjenige, der die Notbremse zieht, auch einen neuen – zeitnahen – Gesprächstermin vorschlägt«, erkläre ich. Ziel des Streitstoppens ist eine Deeskalation und nicht, einander mundtot zu machen. Und manchmal hilft schon eine kleine Pause, eine kurze räumliche Trennung, bis beide dazu bereit sind, sich weniger destruktiv auseinanderzusetzen.

### Sich vertragen

Streiten Sie, wenn es sein muss. Denn es muss ab und zu sein. »Wer sich nicht streitet, erfährt auch nichts voneinander«, erkannte Johann Wolfgang von Goethe schon vor 200 Jahren. Aber jeder Streit sollte ein Ende haben. Selbst, wenn Sie keine Lösung gefunden haben, sorgen Sie dafür, dass jeder Streit einen Rahmen behält. Finden Sie Rituale, um einen Streit zu unterbrechen oder zu beenden. »Ich möchte gern nach einem Streit in den Arm genommen werden«, sagt Tinka.

»Ehrlich?«, fragt Ben. »Ich dachte, das wäre das Letzte, was du willst, wenn du noch so wütend auf mich bist.«

»Ich glaube, es würde mir helfen, runterzukommen und mich wieder an meine positiven Gefühle für dich zu erinnern.« Ben und Tinka vereinbaren, dass sie abwechselnd nach einem Streit eine Umarmung initiieren und berichten mir, dass die körperliche Nähe nach einem Streit ungewohnt, aber beruhigend, »fast heilsam« war. Allerdings nicht immer: »Manchmal dauert es eine ganze Weile, bis ich ihn wieder an mich heranlassen kann«, schränkt Tinka ein.

Es ist individuell verschieden, was wir brauchen, um uns zu vertragen. Was wir brauchen, um dem anderen zu verzeihen, wenn er uns verletzt hat. Jemandem zu verzeihen ist nicht nur ein Gefühl, es ist auch eine bewusste Entscheidung. Die Entscheidung, von altem Groll loszulassen und dem Partner wieder zu vertrauen. Es ist hilfreich, den anderen an diesem inneren Prozess teilhaben zu lassen, so wie Tinka, als sie ihrem Freund Ben erklärt: »Ich werde noch eine Weile brauchen, bis ich dir dein Fremdflirten verziehen habe. Es würde mir helfen, wenn du mich auf der nächsten Party mehr beachten würdest. Ich würde mich über ein Kompliment freuen, wenn du es wirklich so meinst. Und ich möchte nicht, dass du aufhörst, dich um mich zu bemühen, selbst, wenn ich noch so verletzt bin und mich nicht sofort mit dir vertragen kann. Wenn du dann trotzdem weiter auf mich eingehst und dich nicht genervt oder beleidigt zurückziehst, tut mir das sehr gut.« Ben versteht nun, dass Tinka ihn mit ihrem Verhalten nicht hinhalten oder bestrafen will, sondern noch ein wenig mehr Zeit braucht, bis sie sich ihm wieder zuwenden kann und er weiß jetzt, wie er dazu beitragen kann.

### 5:1 Regel

Grundsätzlich gilt: Auf eine Kritik sollte fünfmal Lob folgen. Je öfter Sie Ihren Partner für etwas loben, desto besser wird die Stimmung, desto eher wird er sein Verhalten beibehalten und desto eher wird er auch auf eine Kritik eingehen können. Kritik fühlt sich für die meisten Menschen vernichtend an. Und wir alle neigen dazu, uns bei Kritik zu schützen. So wie Ben, der hinter einer Mauer des Schweigens und Nicht-mehr-Fühlens verschwand.

Ben und Tinka übten viele Wochen an ihrem neuen Verhalten. Ben lernte, sich bei einem von Tinkas Angriffen nicht sofort zu verschanzen, sondern ihr zu erklären, wie er sich fühlte und einen späteren Zeitpunkt für ein Gespräch auszumachen. Tinka versuchte, ihre ohnmächtige Wut zu zügeln und schrieb ihrem Freund E-Mails, in denen sie ihm erklärte, wie sie sich fühlte. So konnte Ben ihre Worte anders an sich heranlassen und sie beim späteren Gespräch besser abholen und verstehen. Beide fingen an, den anderen mehr zu loben, also das auszusprechen, was sie ohnehin dachten. Schritt für Schritt lernten sie, ihre Probleme besser zu kommunizieren. Ein paar Jahre nach dem Ende unserer Sitzungen meldeten sie sich wieder bei mir: »Wir haben gerade eine Krise und wollen nicht wieder in eine Situation wie damals rutschen. Wir brauchen eine kleine therapeutische ›Auffrischung‹.«

Diesmal besuchten die beiden mich nur wenige Sitzungen, bis sie wieder »das richtige Drehbuch zur Hand hatten«, wie sie es nannten. Sie stimmten mit mir überein: »Es ist eigentlich nicht schlimm, sich zu streiten. Aber es ist wichtig, das Thema hinter dem Streit zu verstehen. Sich an ein paar Regeln zu halten. Und das Ziel nicht aus den Augen zu verlieren – unsere gemeinsame Zukunft.«

## Männer wollen Sex, Frauen wollen reden

Warum die weibliche Libido jahrhundertelang unterdrückt wurde und was Männer und Frauen beim Sex wirklich voneinander unterscheidet

»Immer, wenn wir uns sehen, willst du mit mir schlafen! Du bist ein Sexmonster.«

»Wir sind frisch verliebt und wir sehen uns nur zwei- bis dreimal in der Woche. Natürlich will ich dann auch mit dir schlafen.«

»Ich bin aber auch mal kaputt. Ich arbeite den ganzen Tag. Ich habe nicht immer Lust. Können wir uns nicht einfach mal unterhalten?«

»Ich arbeite auch den ganzen Tag. Aber wenn ich dich dann sehe, möchte ich dir nah sein und dazu gehört auch, mit dir zu schlafen.«

Typisch, oder? Männer wollen Sex, Frauen wollen reden. Falsch, denn in diesem und in vielen anderen Fällen ist die Frau das »Sexmonster«.

Lust, Libido oder sexuelle Appetenz, wie es im Sexualtherapeuten-Sprech heißt, ist individuell unterschiedlich stark ausgeprägt. Gemeinhin wird Männern eine stärkere Libido nachgesagt. Zumindest hat jahrhundertelang niemand daran gezweifelt. Der englische Gynäkologe und Sexualforscher William Acton schrieb 1875, woran ohnehin alle glaubten: »[...] dass zum Glück für die Gesellschaft die Mehrzahl der Frauen von sexuellen Gefühlen jeglicher Art kaum behelligt wird.«

Der deutsche Psychiater Richard von Krafft-Ebing erklärte 1886 in dem damals bahnbrechenden sexualwissenschaftlichen Werk *Psychopathia sexualis*: »Ohne Zweifel hat der Mann ein lebhafteres geschlechtliches Bedürfnis als das Weib. Folge leistend einem mächtigen Naturtrieb, begehrt er von einem gewissen Alter an ein Weib. Er liebt sinnlich, wird in seiner Wahl bestimmt durch körperliche Vorzüge. [...] Anders das Weib. Ist es geistig normal entwickelt und wohlerzogen, so ist sein sinnliches Verlangen ein geringes. Wäre dem nicht so, so müsste die ganze Welt ein Bordell und Ehe und Familie undenkbar sein. Jedenfalls sind der Mann, der das Weib flieht, und das Weib, welches dem Geschlechtsgenuss nachgeht, abnorme Erscheinungen.«

Und 1975, vor gerade mal 40 Jahren, schrieb der US-amerikanische Psychologe Donald Symons in seinem heute als Klassiker der Sexualliteratur geltenden Werk *The Evolution of Human Sexuality*, dass »Geschlechtsverkehr unter allen Völkern als Service oder Gefallen verstanden wird, den Frauen Männern gewähren.« Aha. Soso. Weiterhin befand Symons: »Die sexuell unersättliche Frau ist höchstens in der Ideologie des Feminismus, in den Hoffnungen von Jungen und in den Ängsten von Männern zu finden.« Auf gut Deutsch zusammengefasst: Die normale Frau dient dem Mann sexuell, weil sie hofft, dass er sich dadurch verpflichtet, sie und ihre Kinder zu ernähren. Wenn Frau Sex hat, dann nur als eheliche Pflichterfüllung oder um Mutter zu werden. Außer natürlich sie ist Prostituierte.

Das Bild der weiblichen Sexualität wurde sehr lange ohne Tuschkasten gemalt, es genügte ein weißes oder ein schwarzes Blatt Papier. Heilige oder Hure, so wollten es jedenfalls die männlichen Gelehrten, die sich über viele Jahre hinweg bemühten, die weibliche Libido geringzuschätzen. Was bei der männlichen Übereinstimmung hinsichtlich der Tatsache, dass Frauen keine ausgeprägte Libido haben, überrascht, ist, dass Männer – oder besser patriarchalische Gesellschaften – auf der ganzen Welt seit jeher ziemlich viel dafür getan haben, weibliche Sexualität zu kontrollieren: von »Hexen«-Verbrennungen im Mittelalter bis zu Keuschheitsgürteln und Korsetts, von traditionellen, immer noch stattfindenden Geschlechtsverstümmelungen bis hin zu pathologisierenden und stigmatisierenden medizinischen Diagnosen namens *Nymphomanie* oder *Hysterie*. Und das alles für beziehungsweise *gegen* die Handvoll Frauen, die nicht in die Kategorie der »Frigiden« fielen, in der sich laut fachmännischen Schätzungen bis Mitte der 1950er-Jahre immerhin 70–90 Prozent aller Frauen tummelten. Die Autoren des amüsanten Sex-Sachbuchs *Sex at Dawn* (aus dem Jahr 2011) stellen diesbezüglich die provokante Frage: »Why the electrified high-security-razor-wire fence to contain a kitty-cat?« – Wofür braucht es einen elektrisch geladenen Hochsicherheits-Stacheldraht-Zaun, um eine kleine Schmusekatze zu bändigen? Weil Männer es in den Untiefen ihres Unterbewusstseins schon immer geahnt haben müssen: Auch die Frau könnte sich hin und wieder ihrer Lust und vielleicht sogar einem anderen Mann hingeben.

## Die hysterische Frau, der unreife Orgasmus und wie die Wissenschaft den heiligen Penis entweihte

Aus medizinischer Sicht war seit Hippokrates (460 bis 370 v. Chr.) offiziell bekannt, dass Frauen auch einen Unterleib haben, den es angemessen zu versorgen galt. Man ging davon aus, dass der Gebärmutter regelmäßig Samen zugeführt werden musste, da diese sonst auf der Suche nach Befriedigung im Körper herumschweife und einen Stau der Körpersäfte auslöse. Frauen, die unter einer »herumwandernden« Gebärmutter litten, entwickelten laut damaligem (und jahrhundertelang anhaltendem) medizinischen Verständnis diverse Symptome wie Schlaflosigkeit, Nervosität, seltsames Verhalten, Melancholie, Ängste und Völlegefühl, die alle unter der Sammeldiagnose »Hysterie« zusammengefasst wurden.[7] Auch erotische Phantasien und vaginale Lubrikation sollen bei Hysterikerinnen aufgetreten sein, was lange Zeit nicht als Zeichen einer gesunden Sexualität, sondern als »krankhaftes Symptom« gewertet wurde. Kein Wunder also, dass Hysterie, laut altgriechischer Wortabstammung ein »Leiden, das von der Gebärmutter ausgeht«, jahrhundertelang eine der verbreitetsten Krankheiten war, bis sie – simsalabim – im Jahre 1952 offiziell »abgeschafft« wurde. Was war geschehen? Unter den Blicken einer aufgeklärteren Gesellschaft zerfiel das diffuse hysterische Symptomsammelsurium in Staub und Asche und entpuppte sich als das, was es stets gewesen war: eine männliche Pseudodiagnose, die normale,

7 Heute möchte man fast meinen, dass vieles, was Männern bei Frauen nicht passte, noch bis ins 20. Jahrhundert hinein als Hysterie diagnostiziert wurde.

gesunde Frauen stigmatisierte, wenn ihr Verhalten nicht den gängigen männlichen Normen entsprach.

Auch wenn in den 1960er-Jahren des 20. Jahrhunderts eine neue Ära für weibliche Sexualität eingeläutet wurde (Carl Djerassi, dem Erfinder der Antibabypille, und unseren weiblichen Vorfahren, die für unsere körperliche Selbstbestimmtheit gekämpft haben, sei Dank) – die Jahrhunderte zuvor hatte Frau es wirklich nicht einfach. Sie durfte oder sollte keine sexuellen Bedürfnisse haben, sondern allein ihrem Ehemann zur Penetration zur Verfügung stehen. Männer bestimmten, wie Sexualität aussah, sie hatten sogar die Deutungshoheit über den weiblichen Orgasmus: Wer beim Geschlechtsverkehr keinen sogenannten »vaginalen« Orgasmus erreichte, galt als frigide. Klitorale Orgasmen galten seit Freud als »minderwertiger« und »unreifer« als vaginale Orgasmen und diese Meinung hielt sich hartnäckig, obwohl es weder einen Beweis für die Existenz eines vaginalen Orgasmus gab, noch genügend Frauen, die ihn erreichen konnten.[8] Die Mehrheit der Frauen »litt« somit unter Unreife, Hysterie und Frigidität, aber natürlich nicht, weil die männliche Sichtweise fehlerhaft und die praktizierte Wham-bam-thank-you-Mam-Sexualität sie nicht befriedigte, sondern weil die Frau eben krank war. Ganz einfach.

Als Mitte des 20. Jahrhunderts endlich die erste wissenschaftliche Auseinandersetzung zum Thema weibliche Sexualität stattfand, die wegführte von männlichen Ideen, wie Frauen zu sein und zu fühlen hatten und stattdessen Frauen selbst zu Wort kommen ließ, bäumten sich die alten Herren, die bisher das Feld bestellt hatten, energisch auf.

---

8 Bis heute ist das Konzept des vaginalen Orgasmus mit dem dazugehörigen G-Punkt nicht belegt.

Der Zoologe Alfred C. Kinsey, der sich zuvor 20 Jahre akribisch dem Studium von Insekten gewidmet hatte, wandte sich – auch aus eigener Betroffenheit – Mitte der 1940er-Jahre der Erforschung der menschlichen Sexualität zu: Fünf Jahre nach den spektakulären wissenschaftlichen Enthüllungen über männliche Sexualität erschien 1953 der zweite Teil der Kinsey Reporte – ein 1600 Seiten starker Band namens *Das sexuelle Verhalten der Frau*, in dem die Resultate von Gesprächen mit 6000 Amerikanerinnen dokumentiert waren. Kinsey fand heraus, dass Frauen sich selbst befriedigten, nicht immer jungfräulich in die Ehe gingen, sexuelle Phantasien hatten und zum Teil auch homosexuell orientiert waren. Ein Aufschrei ging durch Amerika.

Kinseys Ergebnisse wurden in der Fachwelt stark kritisiert, besonders seine Entdeckung des klitoralen Orgasmus und sein Zweifel am vaginalen Orgasmus wurden nicht gerade gnädig aufgenommen. Seine Kollegen Edmund Bergler und William S. Kroger ereiferten sich: »Frigiden Frauen – nicht nur 10 Prozent wie Kinsey Pi mal Daumen schätzte, sondern eher an die 80 – 90 Prozent – wurde versichert, dass vaginale Frigidität nur ein unwichtiges Konzept ist und dass es ›normal‹ sei, eine Art von klitoralem Orgasmus zu haben. In seiner hitzigen Polemik gegen die Existenz des vaginalen Orgasmus behauptet er, dass ›einige Hundert Frauen aus seiner eigenen Studie‹ sehr beunruhigt sind durch ihr Versagen, diese biologische Unmöglichkeit zu erreichen. Offensichtlich hat Kinsey diese Neurotikerinnen auch noch beruhigt.«

Trotz Kinseys Erfolges – beide Studien wurden zu Bestsellern – drehte ihm die Rockefeller Foundation, die Kinseys Team bis dato unterstützt hatte, den Geldhahn zu. Die öffentliche Empörung war zu groß und die Ergebnisse der

Studien zu erschütternd, als dass Amerika noch mehr hätte wissen wollen oder verkraften können. Etwa zehn Jahre später wagten der Gynäkologe William Masters und seine Sekretärin (und spätere Ehefrau) Virginia Johnson, sich erneut wissenschaftlich mit menschlicher Sexualität zu befassen, diesmal allerdings mit dem eingeschränkten Blickwinkel auf sexuelle Funktions- und Orgasmusfähigkeit. Masters' und Johnsons Untersuchungen bestätigten Kinseys Annahme, dass eine Stimulation der Klitoris für jedweden Orgasmus nötig sei, dass Selbstbefriedigung normal und nicht gesundheitsschädigend sei und es keinen Unterschied zwischen vaginalem und klitoralem Orgasmus gäbe. Erneut wurde somit die Notwendigkeit des Penis für den weiblichen Orgasmus infrage gestellt – ein herber Schlag für die Männlichkeit. Außerdem stellten die Forscher fest, dass die weibliche Orgasmusfähigkeit der männlichen – jedenfalls bei der richtigen Stimulation – bei Weitem überlegen war: sowohl in der Dauer, der Häufigkeit und in der Intensität.

Jetzt war es offiziell: Frauen waren nicht krank, ihre Sexualität funktionierte nur einfach anders als Männer es jahrhundertelang gedacht und vorgeschrieben hatten. Der Penis war leider nicht der ultimative Zauberstab, als der er jahrhundertelang gegolten hatte. Shere Hite – die Dritte im Bunde der bahnbrechenden amerikanischen Sex-Wissenschaftler(innen) – stellte in ihrem Anfang der 1970er-Jahre vorgelegten *Hite-Report* fest: Frauen schlafen mit Männern, weil sie sie lieben und weil sie die Nähe mögen. Es geht ihnen – im Vergleich zu den Männern – gar nicht vorrangig darum, einen Orgasmus zu bekommen. Hite schlug vor, den Penis weniger als ein Sex-Instrument, sondern eher als Kommunikationsmittel zu benutzen. Das hieße dann allerdings, »Männer zum Fühlen zu bewegen«, wie der US-Psychiater

Herb Goldberg es (1977) formulierte. Goldberg war pessimistisch: »Das ist gerade so, als forderte man einen Krüppel zum Rennen auf.«

## Früher pfui, heute (h)ui – Sexualität im gesellschaftlichen Wandel

Vieles hat sich im Laufe der letzten Jahrzehnte geändert: Kaum jemand würde Goldbergs männliche Anti-Emotionalitäts-Theorie mehr unterschreiben; weibliche Sexualität hat ihre alten Ketten gesprengt; vieles hat sich zwischen den männlichen und weiblichen Fronten relativiert. Sexualität ist wie alles im Leben ein Spektrum, Sexualität ist immer im Wandel, individuell und gesellschaftlich. Was früher verboten war, ist heute legal, was als krank galt, heute normal: Die lange Zeit – mitunter grausam – geächtete Selbstbefriedigung wurde 1972 von der American Medical Association als normaler Teil jeder jugendlichen Entwicklung erklärt, der kein medizinisches Eingreifen erfordere. Aus »gefallenen Mädchen«, die »vorehelichen Geschlechtsverkehr« hatten, sind heute moderne Frauen geworden, niemand rümpft mehr die Nase über ein Paar, das unverheiratet Sex hat, zusammenlebt oder sogar Kinder in die Welt setzt. Und Homosexualität – einst unter drakonische Strafen gestellt und als psychische Krankheit gelistet – wurde 1973 aus den internationalen Diagnostikmanualen entfernt. Heute feiern Schwule und Lesben ihre sexuelle Befreiung und dürfen öffentlich zu ihrer homosexuellen Orientierung stehen, heiraten und Kinder adoptieren.

Aber die jahrhundertelange restriktive Sicht weiblicher Sexualität und die dazugehörigen gesellschaftlichen Normen lassen sich nicht einfach ausradieren – weder aus männlichen noch aus weiblichen Köpfen. Auch, wenn heute mancherorts Dildo- statt Tupper-Partys stattfinden, gibt es immer noch junge Frauen, die sich »untenrum« noch nie angeschaut, geschweige denn angefasst haben. Es gibt Frauen, die sich minderwertig fühlen, weil sie ihren G-Punkt noch nicht gefunden und einen Orgasmus nicht ohne klitorale Stimulation erreichen können.

Das Vorurteil, dass Männer mehr und Frauen weniger Lust auf Sex haben, hat sich bis heute gehalten. Die Pornoindustrie, die vor allem männliche Phantasien bedient, scheint ein starkes Indiz dafür zu sein. Dass Männer alle sieben Sekunden an Sex denken, wurde so häufig in Zeitschriften geschrieben, dass beide Geschlechter es schließlich glaubten. Eine kürzlich durchgeführte Untersuchung ergab, dass Männer zwar häufig, aber nicht ständig an Sex dachten – durchschnittlich 18-mal am Tag. Noch öfter dachten sie an andere Grundbedürfnisse wie Essen und Schlafen. Frauen dachten grundsätzlich etwas weniger an alles.

Und eine weitere Untersuchung über sexuelle Erregung beim Anblick von erotischen Videoclips bewies, dass Frauen genauso leicht oder sogar stimulierbarer waren als die männliche Vergleichsgruppe. Die Teilnehmer(innen) wurden gebeten, während der Untersuchung auf eine Computertaste zu drücken, wenn sie sich erregt fühlten. Gleichzeitig waren sie mit einem sogenannten Pletysmografen verkabelt, der die Blutzufuhr zu den Genitalien misst, um die körperliche Erregung objektivierbar zu machen. Heterosexuelle Männer sprachen auf alle Bilder an, auf denen nackte Frauen zu sehen waren, Bildmaterial mit ausschließlich nackten Männern ließ sie kalt. Homosexuelle Männer reagierten genau umgekehrt – nur bei nackten Männern und überhaupt nicht bei nackten Frauen. Während bei Männern eine sehr hohe Übereinstimmung ihrer Klicks und ihrer körperlichen Erregung deutlich wurde, sah das Ergebnis bei Frauen etwas anders aus. Unabhängig von der sexuellen Orientierung schlug die Nadel des Pletysmografen bei den weiblichen Teilnehmern bei jedem Clip aus – Männer mit Frauen, Männer mit Männern, ein Mann am Strand, eine nackte Frau beim Sport und sogar bei kopulierenden Bonobos im Zoo. Aber die Frauen gaben ihre Erregung nicht per Klick an oder nicht zu, je nachdem wie bewusst sie in dieser Untersuchung ihre körperliche Erregung nicht wahrnahmen oder herunterspielten. Interessanterweise wurde eine jeweils höhere Erregung gemessen bei lesbischen oder homosexuellen Sexszenen, als bei heterosexuellen pornografischen Bildern, denen die Frauen aber offiziell mehr Erregung zuschrieben.

Diese Diskrepanzen zwischen körperlicher Reaktion und »gefühlter« Erregung werfen einige Fragen auf. Lügt der Körper oder die Frau? Sind weibliches Geschlecht und weibliches Gehirn nicht miteinander verbunden? (Dieser Vorwurf wird traditionell eher Männern gemacht.) Weitere Studien lassen vermuten, dass es eine Form der körperlichen Erregung gibt, die unter dem mentalen Radar von Frauen verläuft. Warum dem so ist, darüber lässt sich nur spekulieren: Vielleicht, weil Frauen seit Jahrhunderten dazu erzogen wurden, ihre sexuellen Gefühle und Gelüste zu unterdrücken und verleugnen – erinnern wir uns an das abnorme Weib, das dem Geschlechtsgenuss nachgibt oder die anderen Botschaften, mit denen Frauen sozialisiert und diskriminiert wurden. Oder – und das wäre dann nicht typisch weiblich, sondern einfach nur menschlich: Die Frauen haben (trotz des Wissens, dass sie durch die Messung ihrer genitalen Erregung überführt werden können) ein vermeintlich sozial erwünschtes Bild ihrer Erregung gezeichnet. Da passt dann nämlich die Erregung über schwule und lesbische Sexszenen oder gar kopulierende Affen nicht so gut rein.

## Männer und Frauen – der kleine Unterschied oder: Warum Sexualität weit mehr ist als nur Sex

Eine der bekanntesten Studienreihen zum Thema »Männer wollen Sex, Frauen wollen Liebe« wurde Ende der 1970er-Jahre an amerikanischen Universitäten durchgeführt. Männlichen und weiblichen College-Studenten wurde von »durchschnittlich attraktiven« Lockvögeln je eine der folgenden Fragen gestellt: »Hast du Lust, heute Abend mit mir auszugehen?«, »Hast du Lust, mit auf mein Zimmer zu kommen?« oder »Hast du Lust, heute Abend mit mir zu schlafen?«. Etwa 50 Prozent beider Geschlechter stimmten einer Verabredung zu. Bei der Frage, mit auf das Zimmer des/der Fremden zu gehen, stimmten 69 Prozent der Männer, aber nur 6 Prozent der Frauen zu. Und auf das Sexangebot wollten 75 Prozent der Männer[9] eingehen, aber keine einzige Frau.

Die Sache war klar und bestätigte das vorherrschende Bild: Männer sind jederzeit bereit, Frauen verhalten sich sexuell zurückhaltend. Schon damals räumten die Leiter der Studie ein, dass das unterschiedliche Verhalten der beiden

---

9 Typische männliche Antworten auf das Sexangebot waren: »Warum bis heute Abend warten?« oder »Heute Abend ist schlecht, aber morgen könnte ich«. Diejenigen, die das Angebot ausschlugen, entschuldigten sich oft: »Ich kann leider nicht, ich bin verheiratet.« Typische weibliche Antworten waren: »Das kann ja wohl nicht dein Ernst sein!« oder »Wie bist du denn drauf, lass mich in Frieden!«.

Geschlechter verschiedene Gründe haben könnte: die geltende Doppelmoral und die Tatsache, dass Frauen sich bei einem intimen Treffen mit einem Fremden weitaus größerer Risiken aussetzen als Männer.

Tatsächlich: Als die Studie vor Kurzem wiederholt wurde – diesmal allerdings nicht real, sondern mittels schriftlicher Umfragen –, stellte sich heraus, dass Frauen nicht weniger Lust auf Sex haben als Männer, sondern nur weniger Lust auf Sex *mit Fremden* haben. Beide Geschlechter schrieben »attraktiven Fremden«, die Frauen auf der Straße ansprachen und Sex anboten, nicht die besten Eigenschaften zu – diese Männer wurden tendenziell als »gefährlich«, »gesellschaftlich wenig anerkannt« und »wenig sexuelle Befriedigung versprechend« eingestuft.

Eine interessante Wendung erhielt die Studie, als Frauen sich vorstellen sollten, dass statt eines völlig Fremden ein attraktiver Prominenter sie ansprechen und zum Sex einladen würde: Plötzlich gab es keine Unterschiede mehr zwischen den Geschlechtern. Genauso viele Frauen würden ohne Zögern mit Johnny Depp oder Brad Pitt ins Bett gehen, wie Männer sich von Angelina Jolie und Christie Brinkley verführen lassen würden. Avancen von unattraktiven Prominenten wie Roseanne Barr und Donald Trump wurden übrigens von beiden Geschlechtern ausgeschlagen.[10]

---

10 Als die Teilnehmerinnen zu ihrer Vergangenheit befragt wurden, gaben immerhin 40 Prozent der Frauen zu, sich schon mindestens einmal auf Angebote von unverbindlichem Sex eingelassen zu haben. Das sind 40 Prozent mehr als in der ursprünglichen Studie. Es gibt für diese Diskrepanz keine Erklärung, nur Vermutungen: Vielleicht fanden die Frauen ihre Sexpartner attraktiver, vielleicht war der Sex kein Resultat eines plumpen einzigen Satzes wie in der Studie, vielleicht hat sich in den letzten 30 Jahren etwas in der weiblichen und gesellschaftlichen Offenheit getan.

Die Leiterin der Studie, die Psychologin Terri Conley, fasst – an die Männer gerichtet – zusammen: »Der Grund, warum Frauen keinen unverbindlichen Sex mit euch haben ist, dass einige von euch sie später eine Schlampe nennen. Und dass viele von euch sich keine Mühe geben, gut im Bett zu sein.« Der einzig signifikante Indikator, ob Frauen ein Angebot zu unverbindlichem Sex annehmen, sei das Versprechen von Befriedigung. Denn Frauen mögen Sex. Sie mögen nur keinen schlechten Sex.

Alles deutet darauf hin: Frauen sind sexuell genauso motivierbar wie Männer. Beide Geschlechter werden nicht zuletzt durch ihre Hormone beeinflusst, die ihre Lust an- und absteigen lassen. Was Männern das Testosteron, ist Frauen das Östrogen. Das Östrogen- und Lustlevel steigt rund um den Eisprung – selbst bei Frauen, die ausdrücklich keinen Kinderwunsch haben. Nach einer Geburt und in der Menopause jedoch sinkt die weibliche Lust beträchtlich ab. »Ich habe keine Lust« heißt nicht, dass Frau Mann nicht mehr liebt oder keine Nähe mehr wünscht. Es heißt lediglich, dass die körperliche Lust für eine Weile auf Eis gelegt ist, weil die Hormone ein Eigenleben führen, das auch für viele Frauen alles andere als angenehm ist.[11]

Aber Lust und Begehren sind nicht ausschließlich hormonell gesteuert, im Laufe unseres Lebens stellen wir immer wieder fest, dass unsere Libido sowohl individuellen als auch paardynamischen Schwankungen unterworfen ist. Unterschiedliche sexuelle Bedürfnisse, angefangen bei der Fre-

---

11 Nach der Geburt wird Östrogen durch das lusthemmende Stillhormon Prolactin ersetzt und viele Frauen leiden unter leichtem Baby-Blues. Während der Menopause findet eine grundlegende Hormonumstellung statt, die bei vielen Frauen neben Haarausfall und Hitzewallungen leider auch zu sexueller Lustlosigkeit führen kann.

quenz sexueller Begegnungen, sind ein häufiges Streitthema zwischen Paaren.

Aber das Klischee des allzeit bereiten Mannes und der Frau, die ständig Migräne vortäuscht, kann ich in der Praxis nicht bestätigt finden.[12] Sicherlich gibt es Paare, die in ihrer Lust weit auseinanderliegen – wie Martha und Andreas, die mich wegen »Sex-Problemen« aufsuchten. Andreas klagte, dass er nie Sex bekäme, Martha stöhnte, dass sie dauernd Sex hätten. Auf meine Frage, wie oft jeder sich Sex wünschen würde, antwortete Andreas: »Wenn ich es mir aussuchen könnte: drei Mal am Tag.« Martha entgegnete: »Ich wäre eher für drei Mal pro Jahr.« Aber es gibt umgekehrt genauso Frauen, die einen größeren sexuellen Appetit als ihre Männer haben. Frauen, die sich gekränkt fühlen, wenn sie von ihren Männern zurückgewiesen werden. Lust ist keine Domäne, die ausschließlich von Männern gepachtet ist, sondern erst einmal ein geschlechtsunabhängiges Begehren.[13]

Dennoch wird Lustlosigkeit bis heute eher Frauen zugeschrieben, allerdings weist der bekannte deutsche Sexualtherapeut Gunter Schmidt darauf hin, dass es oft die gemeinsame Lustlosigkeit des Paares ist: »Wenn die *Frau* die Öde spürt und sozusagen für beide ›übernimmt‹, dann kann der *Mann* die Langeweile verleugnen; sie verweigert, er

---

12 Ein großer Studienvergleich, in dem die Unterschiede zwischen Männern und Frauen hinsichtlich Sexualität verglichen wurden, kam ebenfalls zu dem Ergebnis, dass es kaum Unterschiede gibt. Allein bei der Masturbation, beim Konsum von pornografischem Material und bei Gelegenheitssex wie One-Night-Stands seien Männer Frauen »voraus«.

13 Allerdings: Lust, Lust auf einen Orgasmus, Lust auf Sex und Lust auf Sex mit dem eigenen Partner sind oft verschiedene Paar Schuhe.

kann erobern, Hindernisse überwinden, verführen, und er wird sein Verlangen weiterhin mächtig erleben. […] Sie sichert sich das Gefühl, ständig begehrt zu werden.« Beide verharren in traditionell geschlechtstypischen Rollen, die für die Beziehung auch stabilisierend wirken können. Er bleibt der potente Kerl, sie die sich zierende Prinzessin. Solange das Paar eine ausreichend große gemeinsame Schnittmenge an intimen Begegnungen hat, gibt es keinen Handlungsbedarf.

Problematisch wird die Situation, wenn die Libido tatsächlich stark unterschiedlich ausgeprägt ist und der Frust unerträglich wird, weil einer immer Verfolger und der andere immer gejagtes, fliehendes Opfer ist. Wenn einer sich immer wieder zurückgewiesen und dadurch nicht mehr begehrenswert oder geliebt fühlt. Wenn Lust und Nähebedürfnisse des einen den anderen massiv unter Druck setzen. Viele Paare verstricken sich über ihre unterschiedlichen Bedürfnisse in Machtkämpfe, die nur Verlierer produzieren, oder sie ziehen sich enttäuscht voneinander zurück. Andere suchen ihre Befriedigung in Nebenbeziehungen und verlieren einander vollends. In dieser Phase suchen Paare häufig paartherapeutische Hilfe und erkennen: Sexualität ist weitaus mehr als nur Sex. Es geht um grundlegende Bedürfnisse. Es geht darum, dass beide Geschlechter sich gesehen, gehört und angenommen fühlen möchten. »Ich möchte, dass du mich siehst und verstehst«, äußern Frauen oft und meinen damit eine grundsätzliche Stimmung im Alltag, eine Hintergrundmelodie aus Zärtlichkeiten und Achtsamkeit, die für sie liebes- und lustfördernd ist. »Ich möchte mit dir schlafen« ist das männliche Äquivalent dazu, denn Männer spüren Nähe, Geborgenheit und die Liebe ihrer Partnerin oftmals vor allem über Körperkontakt – und zwar am ehesten über Sex.[14] Aus diesen unterschiedlichen Herangehensweisen entsteht der trügerische Eindruck, dass Frauen »nur« reden und Männer »nur« Sex haben wollen. In Wirklichkeit wollen beide das Gleiche: sich geliebt fühlen. Und leidenschaftlichen, befriedigenden Sex.

## Glückliche Paare haben zweimal pro Woche Sex

Warum man keiner Statistik glauben sollte, die man nicht selbst gefälscht hat

Es gibt eine wichtige Sache, die ich im Laufe der Jahre als Paartherapeutin gelernt habe: Wenn Paare über Socken, Lappen, wie man am besten die Wäsche aufhängt oder die Spülmaschine einräumt ausgiebig streiten, geht es nicht um Socken, Lappen, wie man am besten die Wäsche aufhängt oder die Spülmaschine einräumt – es geht um Sex. Es geht um nicht zufriedenstellenden Sex. Oder um nicht vorhandenen Sex.[15]

---

14 Dazu der Sexualtherapeut Christoph J. Ahlers: »Sexuelle Interaktion ist für manche Männer der prominente oder sogar einzige Kanal, mit einem anderen Menschen authentisch emotional in Kontakt treten zu können. Ansonsten gilt: Kinn vor, hab ich, kann ich, weiß ich, bin ich. Nur im Bett darf ich auch mal weich sein und bedürftig. Das heißt, eigentlich geht es um einen Gefühlsstau und nicht um einen Samenstau. Ihre Bereitschaft, mit ihm zu schlafen, bedeutet für ihn: Ich bin okay.«

15 Meistens jedenfalls. Oder um andere überhörte, nicht gestillte emotionale Bedürfnisse.

Anfangs habe ich noch versucht, in die Tiefen eines Lappenstreites einzusteigen und zu verstehen, warum er die grünen Lappen besser findet als die roten, während sie auf die gelben antistatischen Lappen schwört und nicht möchte, dass er mit den grünen Lappen den Tisch und gleich danach das möhrenbreiverschmierte Gesichtchen seines Sohnes abwischt. Ich habe mir Mühe gegeben nachzuvollziehen, was ihr so wichtig daran ist, dass die Spülmaschine auf eine ganz bestimmte Art und Weise eingeräumt wird und warum er das – absichtlich?, passiv-aggressiv?, einfach nur gedankenlos? – immer wieder falsch macht. Ich habe alles gegeben, um mich in die Wut einzufühlen, die entsteht, wenn die Wäsche quer statt der Länge nach aufgehängt wird. Und irgendwann habe ich verstanden: Viele Wege führen nach Rom, ins heilige Gemach, also ins Schlafzimmer. Sexuelle Frustrationen werden häufig zunächst nicht direkt angesprochen, sondern unbewusst in den Alltag transportiert. Manches Paar streitet dann eine ganze Weile über Belangloses, bis die Quelle der Unzufriedenheit entdeckt und offengelegt werden kann – eine Dynamik, die sich auch in der Paartherapie zu wiederholen scheint, in der erst einmal weniger schambesetzte Streitthemen präsentiert werden, bevor es ans Eingemachte geht.

Denn die meisten Paare lassen sich nicht gern unter die Bettdecke gucken. »Darüber spricht man nicht«, diese Haltung ist sehr verbreitet – aus angelernter und akut empfundener Scham und weil es tatsächlich der intimste Bereich ist, den zwei Menschen miteinander teilen können.[16] Um dennoch eine Idee davon zu bekommen, was so in deutschen Schlafzimmern los ist, gibt es »repräsentative Umfragen«, in

16 Das gilt trotz Pornografie, Prostitution und Swingerklubs.

denen Singles und liierte Männer und Frauen Antworten auf intime Fragen geben. Deshalb wissen wir: Deutsche haben durchschnittlich zweimal in der Woche Geschlechtsverkehr. Die Zahlen wiederholen sich ohne Schwankungen bei jeder neuen Studie. Es steht im Internet, in der BILD-Zeitung und in der Hamburger Morgenpost, wir haben es schwarz auf weiß: Zweimal pro Woche Sex ist die Norm. Jedenfalls bei anderen. Laut Statistik.

Statistik war noch nie meine Leidenschaft, aber ein paar Dinge habe ich mir aus meinen Statistik-Seminaren, die ich während meines Psychologiestudiums belegen musste, gemerkt. Beispielsweise die Sache mit den Störchen und den Babys. Betrachtet man nämlich in Deutschland die Verteilung von Störchen und Kindergeburten, zeigt sich ein signifikanter Zusammenhang. Sollte meine Großmutter doch recht gehabt haben mit ihrer Störche-bringen-die-Kinder-Theorie? Jede Frau, die einmal in den Wehen lag, hat sich diese Art der Kindsübergabe wohl an irgendeinem Moment der Geburt gewünscht, aber jeder Fünftklässler weiß heute wie Babys in den Bauch einer Frau und auch, wie sie wieder dort herauskommen. Eins plus eins ergibt nicht immer zwei und bei der Kind-Storch-Korrelation sollte man auch noch den Urbanisierungsgrad mitberücksichtigen, also den Vergleich zwischen Stadt und Land. Denn sowohl die Storchpopulation als auch die von Paaren mit Kindern ist auf dem Land höher als in der Stadt. Punkt. Es gibt natürlich keinen kausalen Zusammenhang zwischen Störchen und Geburten.

Statistik ist – nicht zuletzt – Auslegungssache, oder wie der englische Politiker Benjamin Disraeli vor über 100 Jahren sagte: »Es gibt drei Arten von Lügen: Lügen, verdammte Lügen und Statistiken.« Also haben Forscher bei statistischen Erhebungen diverse Fehlerquellen, die zu abweichenden Darstellungen der Realität führen, bereits mit eingerechnet. Denn beispielsweise schon beim Ausfüllen eines Fragebogens kommt ein wichtiger Faktor hinzu, der die meisten Testergebnisse verzerrt: die *soziale Erwünschtheit*. Soziale Erwünschtheit ist Höflichkeit gepaart mit dem Wunsch, in einem guten Licht zu erscheinen. Soziale Erwünschtheit lässt uns schummeln und lügen, ohne rot zu werden. Wir fragen unsere Schwiegermutter nach einem Rezept, obwohl uns das Essen gar nicht geschmeckt hat. Wir lachen über den Witz des Chefs, obwohl wir ihn überhaupt nicht lustig finden. Wir tun in einer Runde Literaturkenner so, als hätten wir das neueste Buch von Jonathan Franzen (auf Englisch natürlich) gelesen, obwohl es seit Monaten unberührt auf unserem Nachtisch liegt. Oder erzählen Kunstliebhabern, dass wir auf Städtereisen gern ins Museum gehen, obwohl wir dort höchstens den Museumsshop oder die Toilette besuchen. Wir lügen sogar, wenn wir uns selbst damit schaden könnten – wenn die Lüge hilft, unser Gesicht zu wahren.

Vor einer Weile suchte ich zwecks Immunstabilisierung einen Arzt auf, den eine Freundin mir empfohlen hatte. Zu Beginn der Behandlung bat er mich, einen sehr detaillierten Fragebogen über meine Essgewohnheiten auszufüllen, den ich brav beantwortete. Ein paar Wochen später unterhielt ich mich mit besagter Freundin darüber, dass mir der Fragebogen geholfen hatte, meine Ernährung zu überprüfen und dass ich überrascht war, wie viele ungesunde Dinge (Schokolade! Weingummi! Kekse! Eis! Wieder Schokolade!) ich beiläufig zu mir nahm.

»Das hast du ihm erzählt?«, fragte meine Freundin entsetzt.

»Natürlich, wie soll er mir denn sonst helfen?«

Sie zuckte mit den Schultern. »Hast du ihm nicht aufgeschrieben, was du isst?«, fragte ich sie.

»Doch, aber doch nicht alles! Was soll er denn von mir denken?« Meine (ansonsten kluge, selbstbewusste) Freundin hatte selbst bei einem Arzt, der zur Verschwiegenheit verpflichtet ist und keinen anderen Auftrag hat als ihr zu helfen, sozial erwünscht geantwortet: Sie hatte ihr abendliches 200-g-Steak und ihr Dessert – eine After-Eight-Schachtel – unterschlagen und nur ihren Beilagensalat erwähnt. Sie ist mit diesem Verhalten absolut in der Norm. Jeder Mensch lügt, verschleiert, beschönigt. Jeder. Ehrlich. Oft, ohne dass es uns überhaupt bewusst ist. Wir belügen andere und uns selbst natürlich auch. Aus sozialer Erwünschtheit oder weil wir andere nicht kränken möchten, tun und lassen wir alles Mögliche, um möglichst unauffällig und ohne anzuecken durchs Leben zu kommen. Und selbstverständlich lügen wir auch bei anonymen Fragebogenuntersuchungen. Seriöse Tests bauen deshalb »Lügenfallen« ein, durch die Probanden, die – egal ob bewusst oder unbewusst – schummeln, herausgefiltert werden können. Die gängigen Sex-Statistiken werden meist von Kondomherstellern[17] in Auftrag gegeben und basieren nicht auf wissenschaftlich erstellten Fragebogentests, sondern allein auf der Ehrlichkeit ihrer Teilnehmer. Und mit der nehmen diese es eben nicht immer so ganz genau. So gibt es beispielsweise seit vielen Jahren das interessante Fragebogentestergebnis, dass heterosexuelle Männer in jeder Altersgruppe doppelt bis dreifach so viele sexuelle Kontakte haben wie gleichaltrige Frauen. Diese Zahlen *können* nicht stimmen. Um diesem Rätsel auf die Spur zu kom-

---

17 Die Firma Durex führt regelmäßige Umfragen durch, die Global Sex Surveys (GSS).

men, führten die Psychologinnen Terry Fisher und Michele Alexander folgende Studie mit College-Studenten und -Studentinnen, die jünger als 25 waren, durch. Sie fragten nach verschiedenen Sex-bezogenen Themen, unter anderem nach der Anzahl der Sexualpartner. Sie stellten ihre Fragen unter drei verschiedenen Bedingungen:

1. Den Probanden wurde erzählt, dass ihre Antworten von Wissenschaftlern eingesehen werden konnten, die direkt vor der Tür warteten.
2. Die Probanden konnten ihre Antworten ohne gesehen zu werden anonym abgeben.
3. Die Probanden wurden mit Elektroden an Händen, Armen und am Hals verkabelt und an einen Lügendetektor angeschlossen, während sie die Fragen beantworteten.

Während die Antworten der männlichen Studenten keinen Unterschied in den drei Gruppen ergaben, zeigte sich ein spannendes Ergebnis bei den weiblichen Teilnehmern der Studie: Die Studentinnen der ersten Gruppe gaben die geringste Anzahl an bisherigen Geschlechtspartnern zu, nämlich durchschnittlich 2,6 Partner. Die zweite Gruppe gab immerhin 3,4 Partner an. Die dritte Gruppe jedoch, die glaubte, dass sie beim Lügen ertappt werden würde, gab 4,4 Partner an – also 70 Prozent mehr als die erste Gruppe. Die Ergebnisse legen nahe, dass Frauen aus Scham oder aus sozialer Erwünschtheit (was letztlich auf das Gleiche hinausläuft, weil sie nicht als Flittchen oder Schlampe gelten wollen) die Anzahl ihrer Sexualpartner eher geringer angeben, als sie es tatsächlich ist.

Was die Gesellschaft normal und gut findet, prägt uns. Wir Menschen sind Herdentiere, wir wollen dazugehören und deshalb sagen und tun wir auch das, was von uns erwartet wird. Und so erklärt sich dann auch die Zweimal-Sex-pro-Woche-Statistik: Weil wir wissen, was die Norm ist und wir zur Norm gehören möchten, kreuzen wir das an, was »normal«, also sozial erwünscht ist. So wie die Mehrheit aller Männer sich in der Öffentlichkeit gegen Prostitution ausspricht, während viele von ihnen bereits mindestens einmal oder aber regelmäßig Prostituierte aufgesucht haben. So, wie Frauen im Restaurant oft in ihrem Salat picken, während sie sich zu Hause auf die Schokolade stürzen. So, wie manche Menschen die Wohnung putzen, bevor die Putzfrau kommt, weil diese ja auch bei Nachbarn und Freunden arbeitet und erzählen könnte, wie es wirklich bei ihnen zu Hause aussieht. Soziale Erwünschtheit und Scham ziehen sich durch jeden Lebensbereich. Je intimer desto wichtiger wird es, nach außen hin eine Fassade aufrechtzuerhalten.

Aber im Gegensatz zu der Kondomhersteller-Statistik sprechen Feldforschungsergebnisse eine andere Sprache, denn wenn die Paare, die zu mir und meinen Kollegen in Therapie kommen, auch nur annähernd repräsentativ sind, stimmt die Zweimal-Sex-pro-Woche-Statistik nicht.[18] Auf keinen Fall. Wirklich nicht. Zu wenig Sex ist nämlich bei Langzeitpaaren eine häufige Klage. »Dauer und Leidenschaft versucht unser modernes Beziehungsideal zusammenzuketten und verlangt damit die Quadratur des Kreises«, benennt der Sexualwissenschaftler Gunter Schmidt das Dilemma im 21. Jahrhundert. Die Konsumhaltung, die auch vor intimen Partnerschaften und den Ansprüchen gegenüber Sexualität

18 Außer bei Frischverliebten: Es ist im Übrigen nicht wie lange Zeit angenommen das Alter, das uns weniger leidenschaftlich macht, sondern die gemeinsam verbrachten Jahre mit einem festen Partner. Eine 60-jährige Frau, die frisch verliebt ist, hat genauso viel Lust – und genauso oft Sex – wie eine frisch verliebte 25-Jährige.

keinen Halt macht, führt zu gesellschaftlich verschobenen Normen: »Wir sind die ersten Menschen in der Weltgeschichte, die das Paradoxon anstreben, eine auf Dauer angelegte, langfristige [...] Beziehung [...] auf etwas eminent Flüchtigem und Unzuverlässigem – nämlich Gefühlen, lebendig fühlbarer Liebe und Leidenschaft – zu gründen.« Während unsere Vorfahren Sex, Ehe und Liebe selbstverständlich trennten, gilt heute das Ideal der Gleichzeitigkeit und Vereinbarkeit, was zu Druck und Frust führt: Perioden sexueller Langeweile scheinen unerträglich, obwohl »eigentlich *fester* Bestandteil *fester* Beziehungen«, erinnert Schmidt. »Übersehen, vergessen wird, dass auch die Sexualität des Menschen eine Periodizität hat – keine biologische, sondern eine seelisch bestimmte – und sich, wenn es gut geht, in festeren Beziehungen (längere) Phasen sexueller Langeweile mit (kürzeren) Phasen erotischer Anziehung und sexueller Lust abwechseln können.«

Zudem gibt es die interessante Beobachtung, dass die sexuelle Befreiung und die öffentlich zelebrierte Lust mit privater Unlust einhergehen, wie Paartherapeuten und Sexualwissenschaftler seit den 1990er-Jahren immer wieder feststellen. Sexualität ist heute als friedliche, berechenbare und herrschaftsfreie zwischenmenschliche Umgangsform etabliert. Das Resultat der freundlich verhandelten Sexualität: Korrektheit geht über Begehren. Mythen und Verbote scheinen anregender auf sexuellen Trieb und Libido zu wirken als eine sexualisierte Öffentlichkeit oder, wie der Paartherapeut Arnold Retzer passend bemerkt: »Oral, anal, banal – [...] Es gibt kaum eine öffentlichere Angelegenheit als den Intimbereich.« Nur, dass der tatsächliche sexuelle Alltag von Langzeitpaaren oft eher mau aussieht, nämlich: »oversexed and underfucked«.

Ausnahmen bestätigen wie immer die Regel: Sollten Sie zu den Paaren gehören, bei denen die Statistik tatsächlich stimmt – herzlichen Glückwunsch! Wenn Sie über zehn Jahre zusammen sind, zusammenwohnen, beide erwerbstätig sind und auch noch Kinder haben – bitte schreiben Sie mir, was Sie anders machen als die meisten Paare. Und machen Sie unbedingt weiter so.

Für alle anderen gilt: Bitte keine Panik. Vergleichen Sie sich um Himmels willen nicht mit anderen – zumal Sie ohnehin nie erfahren werden, ob deren Sex-Hymnen nicht erstunken und erlogen sind. Gehen Sie wenigstens wissenschaftlich vor und vergleichen alles, was Sie zum Thema Sex in Erfahrung bringen können: Die Durchschnittsdauer des Sexualaktes, wie lange das Vorspiel dauert, wie oft Mann und Frau zum Orgasmus kommen und wie befriedigend der Sex insgesamt, also durchschnittlich empfunden wird. Dann können Sie ausrechnen, ob die Paare, die häufiger miteinander schlafen (sexuell) zufriedener sind als die Paare, die seltener miteinander schlafen. Es gehört ja bekanntermaßen mehr zu erfüllter Sexualität als »schneller, höher, weiter«. Weiterhin vergleichen Sie bitte den Unterschied zwischen männlicher und weiblicher Zufriedenheit und bilden Sie den Durchschnittswert pro Paar. Viel Spaß bei Ihrer Recherche. Im Freundeskreis werden Sie sicher keine Hilfe bekommen.

## What comes up must come down: Warum Lust und Leidenschaft in Langzeitbeziehungen abnehmen

Hier nun die heute bekannten Fakten zum Thema Sex und Langzeitbeziehung: Sex ist wichtig. Sogar extrem wichtig. Sex ist das, was eine Paarbeziehung von allen anderen unterscheidet. Es ist die Form von Intimität, die Seele, Geist *und* Körper umfasst. Sex kann trösten, beruhigen und eine ganz besondere Nähe schaffen, die das Paar zusammenschweißt. Aber Sexualität verändert sich im Laufe der Jahre. Die Anthropologin Helen Fisher, die es sich zur Lebensaufgabe gemacht hat, Leidenschaft und Liebe zu erforschen, weist immer wieder darauf hin, dass es auch die Hormone in Langzeitbeziehungen sind, die uns einen Strich durch die Leidenschaft machen: »Die Chemie der Bindung hat eine dämpfende Wirkung auf die Lust.« Wie viele andere Wissenschaftler argumentiert Fisher, dass die romantische Liebe evolutionär gesehen notwendig war, damit unsere Vorfahren sich in einen Paarungspartner verliebten, und ihm oder ihr lang genug treu blieben, um ein Kind in die Welt zu setzen. Nach der Geburt des Nachwuchses wird der Überschwang der Verliebtheit durch Bindung und partnerschaftliche Zusammengehörigkeit ersetzt – ein anderer Hormoncocktail ist vonnöten, um die Beziehung der Eltern zu stärken, damit sie das Kind gemeinsam aufziehen können.

So gesehen ist weniger Lust aufeinander gar kein so schlechtes Zeichen: Es bedeutet, dass die Beziehung in eine stabilere Phase eingetreten ist. Auf der anderen Seite ist zu wenig oder gar kein Sex nicht erstrebenswert, weil dann ja das Besondere der Paarbeziehung und außerdem das beim

Sex vermehrt produzierte Bindungshormon Oxytocin reduziert wird.

Aber es ist nicht nur die hormonell nachlassende Lust aufeinander, auch der tatsächliche Sex zwischen zwei Personen wird nach ein paar Jahren zwangsläufig (etwas) eintöniger als zwischen zwei Fremden. Im Laufe der Zeit entsteht ein gemeinsames Repertoire oder wie der bekannte US-amerikanische Sexualtherapeut David Schnarch sagt: »Eine sexuelle Beziehung besteht also aus der Schnittmenge der sexuellen Vorlieben, sie ist gewissermaßen ein Resteessen. Und davon lebt man dann. Da spielt es keine Rolle, dass man sich anfangs nackt vom Kronleuchter geschwungen hat – auch das wird nach fünf Jahren ziemlich langweilig.«

Das ist alles ziemlich desillusionierend, nicht wahr? Aber so ist das mit der Wahrheit. Eine Paarbeziehung ist kein Disneyland mit immer heißen Prinzen und Prinzessinnen. Und trotzdem müssen sich eine Langzeitbeziehung und Sex natürlich nicht ausschließen. Aber – die Frage wird häufig gestellt – wie oft ist denn nun bei Langzeitpaaren »normal« oder »ausreichend«? Diese Frage kann niemand außer Ihnen selbst beantworten. Wenn Sie sich frei machen von gesellschaftlichen, normativen Vorgaben, die einengen und Druck aufbauen, liegt die Antwort ohnehin auf der Hand: So oft, wie es für beide angenehm ist. Und nicht so selten, dass es sich so anfühlt, als müssten Sie den Mount Everest erklimmen – weil Sie nicht mehr wissen, wie Sie es anstellen sollen, dem anderen zu vermitteln, dass Sie Lust auf ihn haben.

## Voulez-vous coucher avec moi çe soir? Sich wieder annähern

»Wie sollen wir bloß wieder zueinanderfinden?«, fragen mich Paare oft, die sich sexuell verloren haben. Wenn ein Paar lange nebeneinanderher gelebt hat und Sexualität und vielleicht sogar Zärtlichkeiten Mangelware geworden sind, haben beide oft Angst, den ersten Schritt zu tun. »Ich habe Angst, dass er mich zurückweist« oder »Was, wenn es sich ganz fremd und falsch anfühlt, ist es dann nicht noch enttäuschender als der Status quo, in dem wir uns ohne Sexualität ganz gut eingerichtet haben« sind typische Befürchtungen. Klienten, die Berührungen und körperliche Nähe in ihrer Beziehung vermissen, rate ich: Fangen Sie klein an, aber fangen Sie an. Sprechen Sie mit Ihrem Partner über Ihre Wünsche und nähern Sie sich Schritt für Schritt an – über Zärtlichkeiten im Alltag, eine Umarmung, einen längeren Kuss, eine Massage oder Streicheleinheiten. Lernen Sie sich neu kennen, erfahren Sie intime Phantasien Ihres Partners und erforschen Sie gegenseitig Ihre Körper. Vertrauen Sie sich Ihrem Partner an und muten Sie sich gegenseitig mit Ihren Bedürfnissen zu. Sprechen Sie aus, was Sie fühlen. Sie können kein Verständnis erwarten, wenn Sie sich nicht zeigen und sich nicht erklären. Hadern Sie nicht mit der Vergangenheit, sondern genießen Sie die Momente in der Gegenwart, in denen Sie sich und Ihren Partner körperlich wieder spüren. Lassen Sie Ihre Körper und Ihre Seelen miteinander sprechen, aber vermeiden Sie Druck und Stress – Sexualität ist ein Prozess, eine gemeinsame Entdeckungsreise, und manche Paare brauchen mehr Abstimmung als andere, um sich wohl miteinander zu fühlen. Sexualität ist wie die meisten anderen Bereiche einer Beziehung auch Verhandlungssache und beruht auf einem sehr intimen Austausch.

Wenn Sie Ihr Sexleben dauerhaft intensivieren wollen: Verabreden Sie sich zum Sex. Räumen Sie Erotik und Sinnlichkeit genügend Raum ein. Dieser auf den ersten Blick unromantische Vorschlag ist eine absolut ernst gemeinte paartherapeutische Empfehlung. Es ist die sicherste Möglichkeit, Ihr Sexleben auch nach vielen Beziehungsjahren auf Trab zu halten. Die Langzeitpaare, die ich kenne, die sich noch nie über zu wenig Sex beschwert haben, sind diejenigen, die regelmäßig vor dem Samstagseinkauf, dem Sonntagsfrühstück oder nach dem Tatort miteinander schlafen.

»Das funktioniert doch nicht – auf Knopfdruck in Stimmung zu kommen«, mag manch eine/einer von Ihnen denken. Gerade deshalb ist es ja wichtig, intime Dates zu planen. Sex fällt – wie alles andere im Leben – nicht vom Himmel. Tragen Sie dazu bei, dass es geschieht. »Am Anfang war alles viel leichter, da ist es sehr wohl einfach so passiert«, mögen Sie einwenden. Aber erinnern Sie sich mal an den Anfang zurück – der wilde, spontane Sex war doch auch ein Resultat einer Verabredung, auf die Sie sich gefreut und für die Sie vielleicht sogar ein paar Vorbereitungen getroffen haben, für die Sie sich geduscht und epiliert und hübsch angezogen haben. Also: Nehmen Sie sich regelmäßig intime Zeit füreinander, schaffen Sie Raum für Erotik. Wenn Sie nicht dafür sorgen, wird es niemand tun.

Gleichzeitig sorgen Sie bitte dafür, ausreichend Zeit ohne Ihren Partner zu verbringen. Ja, ganz richtig: Ich fordere Sie dazu auf, genug Zeit allein oder mit Freunden zu verbringen. Gehen Sie am Wochenende auf unterschiedliche Veranstaltungen, verbringen Sie regelmäßig Wochenenden ohne Ihren Partner und fahren Sie so oft wie möglich getrennt in den Urlaub. Denn: Mit ein bisschen Abstand kommt oft die Sehnsucht. Wir können wieder einen »fremden« Blick auf unseren Partner werfen und uns daran erinnern, in was wir uns ursprünglich verliebt haben. Nähe ist gut für Bindung. Distanz ist gut für Leidenschaft, Lust und Sex.

Aber bitte vergessen Sie bei all meinen guten Ratschlägen und Ihrem Eifer nicht, dass Sexualität sich nicht »messen« lässt. Quantität ist nicht Qualität, die Häufigkeit sagt rein gar nichts aus über die individuelle und die Paarzufriedenheit aus.

Während wir uns nämlich ängstlich oder triumphierend mit der vermeintlichen Messbarkeit von Sexualität beschäftigen und uns zwangsläufig auf die Häufigkeit beschränken müssen, missverstehen wir Erotik, Sinnlichkeit und Intimität. Die US-amerikanische Sexualtherapeutin Esther Perel warnt: »Wenn wir aber Sex nur als eine Funktion begreifen, fordern wir damit auch die Gefahr von Fehlfunktionen heraus. Wir sprechen nicht mehr von der Kunst der Liebe, sondern von ihren Regeln.« Erotik ist ineffizient und entzieht sich jeder Maßeinheit. Erotik und Sinnlichkeit sind das, was passiert, wenn nichts passieren muss und die Lust der einzige Antreiber ist. Esther Perel fasst zusammen: »Vergnügen ist das einzige Ziel.«

Fakt ist: Gute Paare haben schlechten Sex. Stabile Paare haben gar keinen Sex. Glückliche Paare haben wenig Sex. Glückliche Paare haben viel Sex. Unglückliche Paare haben viel Sex. All diese Aussagen – so widersprüchlich sie auch erscheinen – stimmen. Sie selbst entscheiden, zu welcher Kategorie Sie gehören möchten.

## Falsche Chemie: Wenn es nicht knistert, sondern knirscht

Bei manchen Paaren ist nicht (mangelnde) Lust die Hürde zu befriedigender Sexualität, sondern die Sexualität an sich. Auch wenn ein Paar auf allen anderen Ebenen harmoniert, kann es im intimsten Bereich schwierig sein. Unterschiedliche Temperamente und unterschiedliche sexuelle Skripte – also das, was wir erotisch finden – können bei Paaren zu Enttäuschung und sexueller Frustration führen. Wenn Paare zu unterschiedlich sind in ihren sexuellen Vorlieben und es ihnen – trotz aller Liebe – nicht gelingt, sich aufeinander einzulassen, sind Schwierigkeiten vorprogrammiert.

Sarah und Hendrik sind ein attraktives Paar Anfang 30, das seit knapp einem Jahr zusammen ist und sich »sehr liebt«, wie beide bestätigen. »Aber sexuell gesehen ist bei uns der Wurm drin«, berichtet Sarah in der ersten Sitzung. »Hendrik ist in vielerlei Hinsicht mein Traummann. Er versteht mich, er bringt mich zum Lachen, er ist wahnsinnig verständnisvoll mit mir und ich liebe das alles an ihm. Aber beim Sex fehlt mir das Männliche, das Fordernde. Immer nur Streicheln und Blümchensex, das törnt mich auf Dauer nicht an, sondern ab. Ich will auf jeden Fall mit Hendrik zusammenbleiben, aber ich habe irgendwie Angst, dass ich mich zu anderen Männern sexuell hingezogen fühle, weil ich in meiner Beziehung diesbezüglich so unbefriedigt bin.«

»Was soll ich denn machen?«, fragt Hendrik verunsichert. »Ich bin halt so, wie ich bin. Ich würde dich ja gern befriedigen, aber ich weiß nicht, wie. Immer, wenn ich denke, dass es total schön mit uns war, beschwerst du dich danach.«

»Ja, es ist ja nicht so, dass es nicht schön ist. Aber es ist nicht so geil, so wild, so befreit, wie ich es gern hätte. Ich muss mich mit dir so zurücknehmen.«

»Wer sagt das denn? Sei doch einfach du selbst.«

»Wenn ich *ich* bin, geht deine Erektion zurück, das hatten wir ja schon öfter.«

Hendrik nickt. »Ja, das stimmt leider. Wenn du so richtig loslegst, fühle ich mich überrannt von dir, wahrscheinlich bekomme ich dann Angst. Auf jeden Fall habe ich das Gefühl, dass ich dann nicht mehr mit dir mithalten kann.«

Ich frage das Paar, ob sich in ihrer Beziehung oder in ihrer Sexualität im Laufe der Zeit etwas verändert hat.

»Nein, ehrlich gesagt, nicht. Ich fand unsere Beziehung schon immer gut, unseren Sex aber von Anfang an ein wenig zu langweilig«, antwortet Sarah.

Hendrik sieht Sarah bedrückt an. »Ich finde sowohl unsere Beziehung als auch unseren Sex gut. Aber es ist ganz schlimm für mich zu spüren, dass ich beim Sex in deinen Augen alles falsch mache. Ich befürchte, dir nie das geben zu können, was du brauchst.«

Sarah und Hendrik sind in einer schwierigen Lage: Die sexuelle Chemie stimmt nicht. Nun ist jede Beziehung ein Prozess und auch Sexualität ist immer im Wandel. Ein Paar kann sich sexuell sowohl voneinander weg als auch aufeinander zubewegen. Männer können mehr in ihre Männlichkeit, Frauen mehr in ihre Weiblichkeit kommen. Umgekehrt können ausgeprägt »männliche« Männer auch Zugang zu ihren zarten, weichen Seiten finden und Frauen ihre aggressiveren Seiten entdecken und diese neuen Facetten in der gemeinsamen Sexualität ausleben. Aber der sexuelle Urcharakter, die sexuellen Vorlieben, die Phantasien, die uns erregen – all das lässt sich nicht einfach so auslöschen oder komplett verändern. Besonders deutlich wird dies bei sexuellen Devianzen, also Abweichungen von der Norm, wie beispielsweise bei Menschen, die sexuelle Erregung nur mithilfe eines bestimmten Fetischs erreichen können. Aber auch im Rahmen einer »normalen« sexuellen Prägung lässt sich nicht alles beliebig ein- oder umstellen. Diese Erfahrung machte auch Hendrik, als er versuchte, Sarah beim Sex härter anzufassen: »Das bin nicht ich. Es erregt mich nicht. Ich möchte ja, dass der Sex für Sarah gut ist, aber das, was sie mag, mag ich nicht. Es ist zum Verzweifeln.«

Statt sich gegenseitig – wie viele andere Paare in ähnlichen Situationen – Vorwürfe zu machen, sind Sarah und Hendrik sich einig, dass Sarahs Wünsche »richtig« seien und Hendriks Verhalten »falsch«. Sarah setzt die Maßstäbe und Hendrik nimmt alle Schuld auf sich, was ihn zusätzlich schwächt und die Situation noch auswegloser macht. Ein wichtiges Ergebnis der Paartherapie würde es sein, diese Richtig-Falsch-Zuschreibung aufzulösen, denn erfahrungsgemäß sind weder gegenseitige Anschuldigungen noch die eifrige Übernahme der alleinigen »Schuld« an der nicht gelingenden Sexualität zielführend. Zudem hilft es Paaren oft zu verstehen, welche grundsätzliche Eigen- und Paardynamik hinter sexuellen Schwierigkeiten steckt: Wer ist dominanter, wer ordnet sich unter, wer gibt mehr, wer bekommt mehr, wer fordert, wer weist zurück, wer wird wodurch gekränkt, welche Bedürfnisse stehen im Raum, wie werden sie angenommen und wie geht ein Paar mit Unterschiedlichkeiten um? Ich entscheide mich deshalb, den Fokus von der Sexualität auf die Beziehung zu lenken. »Wie wäre Ihre Beziehung, wenn Hendrik in sexueller Sicht Ihr Traumpartner wäre?«, frage ich Sarah.

»Wenn er aktiver, männlicher, dominanter und befreiter wäre? Alles wäre perfekt.«

»Wie sähe denn Ihr Alltag aus, wenn Ihr Partner fordernd, aktiv, männlich, dominant und befreit wäre?«, frage ich weiter.

Sarah stockt. »Oweia«, sagt sie. Hendrik lacht. Plötzlich erscheinen beiden Sarahs Wünsche in einem anderen Licht.

»Da würde sich einiges ändern«, sagt Hendrik. Sarah sieht nachdenklich aus.

»Das wäre tatsächlich schwierig für mich. Ich mag es ja, dass Hendrik mir die Führung überlässt und dass ich so viel bestimmen kann. Das liebe ich sogar an ihm, dass er so in sich ruht und nicht so machomäßig ist.«

»Der Macho bist eher du«, sagt Hendrik und Sarah kichert.

»Ja, das stimmt. Und ehrlich gesagt, bin ich auch ein Kontrollfreak. Ich mag es, wenn ich die Dinge im Griff habe. Nur beim Sex würde ich gerne mal loslassen und dominiert werden. Ganz schön viel verlangt, ich weiß.«

»Mir geht es ja ähnlich«, stimmt Hendrik zu, »einerseits mag ich es, dass du mich oft mitziehst und mir Feuer unter dem Hintern machst, andererseits – zumindest beim Sex ist mir deine Power manchmal ein bisschen zu viel.«

Zum ersten Mal betrachteten die beiden ihre Probleme aus einem anderen Blickwinkel – es ging nicht um richtig und falsch, sondern um die wertfreie Anerkennung der jeweiligen Bedürfnisse, so widersprüchlich sie auch sein mochten. Denn obwohl Sarah sich wünschte, sexuell dominiert zu werden, tat sie unbewusst alles dafür, dass dieser Wunsch nicht Wirklichkeit wurde: Sie hatte sich einen sanften Mann gesucht, der sich gern anlehnte und von ihr führen ließ. Gleichzeitig verlangte sie mit Nachdruck, dass er zumindest im sexuellen Bereich – aber bitte nur dort – sie unterwerfen oder sich mindestens ebenbürtig verhalten sollte. Hendrik wiederum übernahm den Part des braven Jungen, der die Wünsche seiner Partnerin zwar gern erfüllt hätte, der aber durch Sarahs Forderungen und seine Unmöglichkeit, sie ihr zu erfüllen, immer kleiner und schwächer wurde. Egal, wie sie es drehten und wendeten, was sie auch ausprobierten – ihre im Alltag gut funktionierende Dynamik bedeutete für Sarah, auf eine erfüllende Sexualität zu verzichten und für Hendrik, in diesem Bereich immer wieder die Kränkung zu erfahren: »So, wie du bist, ist es nicht richtig für mich.«

Sexualität kann in einer Beziehung das Schönste, aber auch das Frustrierendste sein. Weil wir – sofern wir eine monogame Beziehung führen – das, was wir uns wünschen, nicht einfach mit anderen ausleben können. In der Sexualität gelten heute weniger gesellschaftliche Regeln als je zuvor, es ist allein die Absprache und die Passung des Paares, die über sexuelle Begegnungen und deren Rahmen entscheidet. Wir können uns intim begegnen und tief berühren, aber wir können uns auch absolut fremd bleiben oder uns sogar abstoßen. Niemand kann einem Paar voraussagen, ob es sich im Laufe der Zeit sexuell annähert oder endgültig entfremdet und verliert. Denn in der Sexualität gilt wie in allen anderen Bereichen einer Partnerschaft: Zwei Ichs müssen in einem Wir Platz finden.

Und so spiegeln sich in der Sexualität die guten und schlechten Tage, die Zärtlichkeit, das Wilde, die (unterdrückten) Aggressionen, der spielerische Kampf um Nähe und Distanz oder eben auch die Disharmonien, die Blockaden, die Ängste und Traumata, die Verweigerung, auf den anderen einzugehen, das Macht-Ohnmacht-Gefälle, die blinden Flecke und Unsicherheiten, was die eigenen Bedürfnisse angeht.[19]

Für jedes Paar ist es ratsam, sich mit den Bedürfnissen des Partners genauso vertraut zu machen wie mit den eigenen, sich einzufühlen, hinter die Kulissen des Theaterstücks »Ich will diesen oder jenen oder keinen Sex« zu schauen. Wer sich nackt und ohne Vorwürfe begegnet, wer bereit ist, sich zu zeigen, zu vertrauen, zu geben und zu nehmen und liebevolle Geduld für sich und seinen Partner aufbringt, ist auf dem besten Weg zu wirklich gutem Sex. Und einer wirklich guten Beziehung. Oder der traurigen Erkenntnis, dass man als Liebespaar in einigen Bereichen harmoniert und in anderen eben nicht. Je nachdem, wie weit die jeweiligen sexuellen Bedürfnisse voneinander entfernt sind und welchen Stellenwert Sexualität bei beiden Partnern einnimmt, wird die sexuelle Passung auch Auswirkungen auf das Beziehungsglück haben.

Ein paar Monate nach unserer letzten Sitzung schrieb mir Sarah, dass sie und Hendrik sich getrennt hatten. »Ich bin wahnsinnig traurig darüber und ich liebe Hendrik immer noch, aber eher auf eine freundschaftliche Art. Es hört sich kitschig an, aber wir wollen unbedingt versuchen, Freunde zu bleiben.« Seit damals habe ich die beiden ein paarmal in

---

19 Sexuelle Schwierigkeiten können auch auf individuelle und/oder paardynamische Störungen hinweisen, sofern organische Ursachen ausgeschlossen wurden. Unbewältigte Konflikte drücken sich dann körperlich in sogenannten sexuellen Funktionsstörungen aus wie Impotenz, vorzeitiger Ejakulation, Scheidentrockenheit, Verkrampfungen oder gleich gänzlich fehlender Libido. Der schlaffe Penis, die trockene Vagina setzen die Grenzen, die anderweitig nicht kommuniziert werden können. Gerade die Angst vor Abgrenzung, die Scheu vor jedweder Aggression kann zu sexuellen Problemen führen. Manche sexuellen Störungen sind auch die Spätfolge von Missbrauchserfahrungen.

Cafés gesehen – fröhlich und entspannt und mit neuen Partnern. Hendrik und Sarah haben offensichtlich eine Lösung gefunden, wie sie sowohl ihre liebevollen Gefühle füreinander als auch eine für beide befriedigende Sexualität leben können – als befreundete Expartner mit neuen Liebespartnern.

Sexuelle Chemie lässt sich nicht herbeizaubern und auch nicht »erarbeiten«, genauso wenig, wie wir uns auf Knopfdruck in jemanden verlieben können, der keine Gefühle in uns auslöst, auch wenn er eigentlich sehr gut zu uns passen würde. In der Liebe gibt es viele Entwicklungsmöglichkeiten, aber eben auch Grenzen.

## Die Heirat ist die Krönung unserer Liebe

Warum die wahre Romantik nicht in der einmaligen, sondern in der tagtäglichen Entscheidung füreinander liegt

Charles Darwin war ein gut organisierter Mann. Noch bevor er die passende Frau gefunden hatte, schrieb er 1838 in eines seiner Notizbücher die Vor- und Nachteile des Heiratens – »Marry and Not Marry«.

In der Spalte »Heiraten« zählte er auf: »Kinder (so Gott will); dauerhafte Gesellschaft und eine Freundin im Alter, jemanden, der sich für mich interessiert; jemanden zum Liebhaben und Spielen; Irgendwie besser als ein Hund; ein Heim und jemanden, der den Haushalt führt; der Charme von Musik und weiblichem Geplauder … Diese Dinge sind gut für die Gesundheit … aber eine schreckliche Zeitverschwendung.«

In der Spalte »Nicht heiraten« listete Darwin auf, dass er sich weiterhin frei bewegen und sich seine (wenige) Gesellschaft aussuchen könne. Er wäre nicht gezwungen, Verwandte zu besuchen, hätte keine Kosten und Sorgen wegen Kindern, keinen Streit und würde keine wertvolle Zeit verlieren, um abends zu lesen. Allerdings bestünde ohne Frau die Gefahr, fett und faul zu werden. Mit Frau und Kindern wiederum müsste er viel mehr arbeiten, um sie zu versorgen, obgleich es sehr schlecht für die Gesundheit sei, zu viel zu arbeiten. Darwin zog schließlich das Fazit: »Mein Gott, es ist unerträglich, sich vorzustellen, dass man sein Leben wie eine geschlechtslose Arbeitsbiene verbringt. Stell dir vor, den ganzen Tag allein in einem schmutzigen Haus. Halte das Bild einer sanften Frau dagegen, die dir auf dem Sofa Gesellschaft leistet, mit einem ordentlichen Feuer, Büchern und vielleicht ein bisschen Musik.« Anschließend zog er Bilanz und entschied sich zu heiraten, denn: »Kopf hoch: Es gibt viele glückliche Sklaven.«

Die Ehe als Sklaverei – dieses Bild scheint heute noch in vielen Köpfen zu existieren, anders erklären sich Bräuche wie feuchtfröhliche Junggesellenabschiede nur schwer. Da wird der letzte Tag »in Freiheit« gefeiert, als ob es kein Morgen gäbe, noch einmal mit fremden Frauen getanzt/geknutscht/geschlafen.[20]

Und trotzdem heiratet der moderne Mensch. In Deutschland jährlich an die 400 000 Paare. Jedes Dritte lässt sich

---

20 Als ich das letzte Mal Zeugin eines Junggesellenabschiedes wurde und den Bräutigam fragte, warum er heirate, antwortete er mit rotunterlaufenen Augen: »Weil ich muss.«

irgendwann auch wieder scheiden.[21] Manch einer heiratet danach sogar erneut. Warum? »Aus Liebe«, ist die typische Antwort, seit das Bürgertum vor etwa 200 Jahren auf die Idee kam, Liebe, Sexualität und Ehe unter einen Hut zu bringen. Zuvor waren Ehen ein gesellschaftlicher Akt, bei dem Eltern entschieden, wer mit wem vermählt wurde, um Adelsfamilien und Besitz zu stärken. Kalkül ging über Liebe: Die Ehe war ein Geschäft und eine pragmatische Lebensgemeinschaft, die die Nachkommenschaft sicherte.

Im 21. Jahrhundert gibt es eigentlich keinen Anlass mehr zu heiraten. Unverheiratete Paare dürfen zusammenwohnen, gemeinsam in den Urlaub fahren und Kinder bekommen. Für die meisten Paare ändert sich nichts, aber auch rein gar nichts nach der Eheschließung, oft behalten beide sogar ihre Namen. Wozu denn dann heiraten, wenn ohnehin alles beim Alten bleibt?

Weil es da doch etwas gibt, was wir nur bekommen, wenn wir heiraten (von steuerlichen Vergünstigungen mal abgesehen): Einen Antrag, an den wir uns immer erinnern werden; das rauschende Hochzeitsfest, von dem wir unseren Enkeln noch erzählen werden, ein weißes Kleid, das wir unserer (noch nicht mal geborenen) Tochter vermachen können,

---

21 »Erstaunlich, dass die Ehe unter diesen Umständen immer noch gesetzlich zugelassen ist«, bemerkte der Anthropologe Lionel Tiger kritisch. »Wenn fast die Hälfte von sonst was so desaströs enden würde, würde die Regierung es mit Sicherheit sofort verbieten. Falls die Hälfte der in Restaurants servierten Tacos Ruhr verursachen würden, wenn die Hälfte der Leute, die Karate lernen, sich die Hände brächen, oder wenn nur sechs Prozent der Leute, die Achterbahn fahren, sich dabei einen Mittelohrschaden zuzögen, würde sich ein öffentlicher Aufschrei erheben; mit Forderungen, sofort etwas dagegen zu unternehmen. Aber die intimste aller Katastrophen … vollzieht sich einfach immer wieder.«

einen Brautstrauß, den die beste Single-Freundin fängt; und einen Ring, damit alle sehen, dass wir nun zum Klub der Vergebenen gehören. Und die gegenseitige Bestätigung, einander ausgewählt zu haben als die Person, mit der man sein Leben teilen möchte.

## Die große Kränkung »Jein« – wenn einer will und der andere nicht

Aber nicht jeder braucht eine Zeremonie, ein Ritual zur Bestärkung des Gefühls. Manch einer weigert sich sogar, zu heiraten.

»Das ist nur eine blöde Konvention«, findet Rick. »Das ist ein Zeichen der Liebe«, findet Janne. Janne hat sich schon als kleines Mädchen gewünscht, irgendwann zu heiraten. Rick kann »dem ganzen Zirkus« nichts abgewinnen: »Das ist eine Theatervorstellung für die Verwandten. Eine teure, spießige Veranstaltung.«

»Und was, wenn wir ganz klein heiraten? Ohne Trara, nur unsere Eltern und unsere besten Freunde?«, schlägt Janne ihrem Freund Rick vor, mit dem sie seit acht Jahren zusammen ist.

»Wieso lassen wir nicht alles so, wie es ist?«, entgegnet er. Die beiden haben dieses Gespräch schon unzählige Male geführt, immer mit dem gleichen Ergebnis: Rick fühlt sich von Janne unter Druck gesetzt, Janne fühlt sich von Rick zurückgewiesen. Beide werfen dem anderen mangelndes Vertrauen in ihre Beziehung vor.

»Du willst mich nicht heiraten, weil du dir mit mir nicht sicher bist«, befürchtet Janne.

»Du willst heiraten, weil du glaubst, dass ein Stück Papier

mehr wiegt als meine Liebe«, kontert Rick. Der Konflikt nimmt immer größere Ausmaße an, ob sie darüber sprechen oder nicht. Die Kampfzone wird ausgeweitet und die Streitfrequenz über Kleinigkeiten nimmt zu. Gleich in der ersten paartherapeutischen Sitzung bricht es aus Janne heraus: »Es ist alles nur so schlimm geworden, weil du dich nicht zu mir bekennen kannst. Wenn du mich wirklich lieben würdest, würdest du mich heiraten.« Rick erwidert: »Wenn du mich lieben würdest, würdest du aufhören, mich unter Druck zu setzen. Du erpresst mich regelrecht! Außerdem streiten wir gerade über jede Kleinigkeit – ich verstehe nicht, wie du da übers Heiraten auch nur nachdenken kannst!«

»Siehst du? Du willst nicht heiraten, weil du nicht glaubst, dass unsere Liebe und unsere Beziehung Bestand hat.« Janne laufen Tränen die Wangen herunter und sie blickt mich Hilfe suchend an. Rick verteidigt sich wütend: »Ja, genau! Weil es dir gar nicht um mich geht! Du nimmst den Akt des Heiratens wichtiger als unsere Beziehung und vor allem wichtiger als mich. Was ich wirklich fühle, interessiert dich schon lange nicht mehr.«

Ich atme durch, um nicht in die gefühlte Ausweglosigkeit der beiden hineingezogen zu werden. Tatsächlich befinden Janne und Rick sich in einer schwierigen Pattsituation. Das Thema Heiraten ist in diesem speziellen Fall kein verbindendes Thema, sondern eines, das die beiden zu Gegnern macht, das sie kränkt und quält. Diese Dynamik ist oft zu beobachten, wenn es um existenzielle Fragen geht wie: Zusammenziehen oder getrennt wohnen; Kind ja oder Kind nein; monogam oder polygam leben oder eben Heiraten oder nicht. Diese existenziellen Themen lassen sich schlechter verhandeln als die Wandfarbe der ersten gemeinsamen Wohnung oder wohin der nächste Urlaub gehen soll, weil sie

Werte, tiefe Überzeugungen, Sehnsüchte und Bedürfnisse berühren.

Und genau aus diesem Grund müssen wir hinter die Wünsche und hinter die verhärteten Positionen schauen. Für Janne gehört eine Heirat »dazu«, wenn man sich liebt und zusammenbleiben möchte. Ihre Eltern sind seit 25 Jahren verheiratet und fragen sie immer mal wieder, wann denn nun endlich »Nägel mit Köpfen« gemacht werden würde. »Ich gebe ihnen dann immer zu verstehen, dass sie sich aus meinem Leben raushalten sollen und dass ich sie schon informieren werde, wenn es so weit ist, aber ihre Fragen treffen mich jedes Mal ins Mark. Weil es natürlich auch die Frage ist, die ich mir stelle: Wann bekennt Rick sich wirklich zu mir?« Janne trägt die unschuldige und gleichzeitig ungeduldige Frage der Eltern als Vorwurf in ihre Beziehung mit hinein.

»Glauben Sie, dass Rick Sie liebt?«, frage ich Janne. Sie überlegt eine Weile. Dann nickt sie. »Sind Sie ganz sicher?« Sie blickt erst Rick und dann mich an. »Ja, doch.«

»Was würde sich ändern, wenn Rick um Ihre Hand anhalten würde?«

»Es ist wie ein Versprechen für die Zukunft. Es würde sich noch fester, noch inniger anfühlen, glaube ich. Es wäre dann so, wie ich es mir immer vorgestellt hätte. Ich weiß, dass das spießig ist. Ich will heiraten, ich will irgendwann ein Häuschen bauen und ich will Kinder haben. Ich will das ganze Programm. Ich will ›mein Mann‹ statt ›mein Freund‹ sagen. Ich will Rick. Und ich will, dass er mich auch will.« Janne beginnt wieder zu weinen.

»Sie wollen, dass er Sie genauso will, wie Sie ihn wollen«, wiederhole ich langsam. Erst nachdem sie genickt hat, stelle ich eine weitere Frage, die ich an Rick richte: »Wie geht es Ihnen, wenn Sie Ihre Freundin jetzt wahrnehmen?«

Er blickt Janne eine Weile an und atmet dann tief durch. »Ich fühle mich schuldig. Ich möchte nicht, dass sie meinetwegen traurig ist. Ich werde wütend, weil ich das nicht verdient habe. Ich tue alles für sie. Und sie müsste wissen, dass ich sie liebe, auch ohne Trauschein.«

»Glauben Sie, dass Janne Sie liebt?« Rick starrt auf seine Schuhe. Er antwortet nicht. »Ich mag es nicht, mich so unter Druck zu fühlen.«

»Ja, das ist kein angenehmes Gefühl«, stimme ich ihm zu.

»So fühle ich mich andauernd!«, ruft Rick.

»Überlegen Sie mal, woher Sie dieses Gefühl kennen, so unter Druck gesetzt zu werden, sich schuldig zu fühlen und sich vielleicht schützen zu müssen«, bitte ich ihn. Rick überlegt eine Weile und seine Anspannung lässt nach, er sieht weniger wütend und eher traurig aus. »Ja, das kenne ich gut. Das ist die Erpressung meiner Mutter. Darunter hat eigentlich die ganze Familie gelitten. Wenn du dies nicht machst, bist du ein schlechter Sohn. Wenn du das nicht machst, bist du ein schlechter Ehemann. Wenn du jenes nicht machst, liebst du mich nicht. Darum ging es den ganzen Tag: wird meine Mutter genug geliebt und gesehen.«

»Das hört sich sehr anstrengend an«, sage ich.

Rick nickt. »Das können Sie glauben.«

»Wie war es denn mit Ihnen – wurden Sie genug gesehen? Genug geliebt?«, frage ich sanft. Rick versucht, sich zusammenzureißen, während er bloße Traurigkeit ausstrahlt. Er schüttelt langsam den Kopf. »Nein, das wurde ich nicht. Das wurde ich wirklich nicht.«

Ich sehe, wie Janne mit Rick mitfühlt und zum ersten Mal eine Ahnung erhält, was hinter seiner Weigerung steht, sie zu heiraten. In weiteren Sitzungen finden wir heraus, dass Ricks Weigerung zu heiraten wie ein unbewusster Test ist:

»Liebt Janne mich auch, wenn ich nicht alles so mache, wie sie es sich wünscht? Darf ich autonom bleiben in dieser Beziehung, ohne mit Liebesentzug erpresst oder tatsächlich verlassen zu werden?«

Ich schlug Rick und Janne vor, mit ihnen ein halbes Jahr zu arbeiten und bat sie, während dieser Zeit nicht außerhalb der Sitzungen über das Thema Heiraten zu sprechen. In einer Krisensituation neigen die meisten Menschen dazu, sich in ein Problem zu verbeißen und »mehr desselben« zu tun, was die Lage meist verschlimmert. Dabei ist es oft viel sinnvoller, eine Weile »loszulassen« und das Problem aus einem anderen Blickwinkel zu betrachten oder etwas ganz anderes zu tun als bisher. Janne verstand, dass sie Rick Zeit und Raum geben musste, sich seine unbewussten Gründe für die Weigerung zu heiraten anzusehen. Ich stellte klar, dass es mir weder darum ginge, Rick in Richtung »Ich will« zu therapieren, noch Janne in Richtung »Heiraten ist nicht wichtig« umzustimmen. Die unterschiedlichen Positionen zu bewerten, ist nicht zielführend und sowohl für einen therapeutischen Prozess wie auch die weitere Beziehung destruktiv, denn: Jannes Wunsch zu heiraten ist genauso wenig pathologisch wie Ricks Wunsch, dies nicht zu tun.

Viel wichtiger war, die Dynamik hinter den Wünschen zu verstehen, die Verhärtung der Positionen aufzulösen und wieder mehr Verständnis füreinander entstehen zu lassen. Während des therapeutischen Prozesses näherten sich Janne und Rick wieder an, und ihre Alltagsstreitigkeiten nahmen wieder ein »normales« Maß an. Sie lernten, in ein emotional offenes Gespräch zu treten, statt sich aus einer Kränkung heraus Vorwürfe zu machen oder sich zurückzuziehen. Janne verstand, dass ihre Ungeduld Rick immer weiter in die Defensive drängte und es gelang ihr, das Thema nicht außerhalb unserer Sitzungen anzuschneiden. Sie erkannte, dass sie viele Werte ihrer Eltern unhinterfragt übernommen hatte und deshalb begonnen hatte, an Ricks Liebe zu zweifeln, die sie, abgesehen vom Heiratsthema, deutlich spürte.

Rick konnte einige seiner schmerzhaften Kindheitserfahrungen aufarbeiten und wurde sich immer bewusster darüber, wann er kindliche Überlebensstrategien anwendete, die früher notwendig gewesen waren, heute jedoch in einer erwachsenen Liebesbeziehung destruktiv wirkten. Der Kernpunkt für Janne und Rick war, dass sie verstanden: *Beide* versuchten auf unterschiedliche Weise, sich der Liebe des anderen zu versichern, gesehen und gehört zu werden. Janne fasste in unserer letzten Sitzung zusammen: »Eigentlich haben wir die ganze Zeit darum gekämpft, uns wirklich geliebt zu fühlen. Nur mit unterschiedlichen Mitteln ...«

Als ich mich von Janne und Rick verabschiedete, hatte ich keine Ahnung, wohin der Weg sie führen würde. Aber ich hatte erlebt, wie sich zwischen den beiden ein tieferes Verständnis entwickelt hatte. Sie hatten aufgehört sich zu bekämpfen und begegneten sich stattdessen offener und ließen sich teilhaben an ihren Gefühlen. Sie waren achtsamer für die Kränkungen, die sie sich aus Versehen immer wieder zufügten und übernahmen Verantwortung dafür. Statt über eine eventuelle Heirat zu streiten, hatten die beiden gegen Ende der Sitzungen vermehrt über allgemeine Zukunftspläne gesprochen und waren sich in den meisten Punkten einig geworden.

Viele Paare scheitern leider an diesen existenziellen Reibungspunkten, die oft einhergehen mit Nähe-Distanz-Konflikten und einem Machtungleichgewicht. Wer sich weigert, (zu vermeintlich mehr Nähe) »Ja« zu sagen, wird oft als mächtig und kühl erlebt, während der Zurückgewiesene mit

Ohnmachts- und Kränkungsgefühlen zu kämpfen hat. Nicht jede Partnerschaft übersteht diese fundamentale Kränkung. Wenn ein Partner seinen Wert ausschließlich über einen Heiratsantrag definiert oder wenn die Weigerung zu heiraten tatsächlich auf mangelnder Liebe oder Bindungsangst basiert, werden diese Unsicherheiten immer wieder spürbar und schließlich die Beziehung vergiften.

Wer sich aber wie Janne und Rick aufmacht zu verstehen, was hinter existenziellen Wünschen und Weigerungen steckt, tut sich selbst und seiner Beziehung den größten Gefallen. Denn es sind weniger die großen Gesten, die eine Beziehung ausmachen, als die vielen kleinen Schritte, mit denen wir uns aufeinander zubewegen. Was ist eine Heirat gegen ein gemeinsames Leben, in dem sich immer wieder liebevoll angenähert wird? Wer sagt, dass eine Ehe mehr wert sei als eine Beziehung, in der ein für beide akzeptabler Rahmen geschaffen wird, der dem Paar sowohl den nötigen Freiraum als auch die nötige Sicherheit bietet?

Letztlich geht es bei der Frage »Heiraten oder nicht« um viel mehr als um den Tag der Hochzeit. Es geht um den Wunsch nach »für immer« und idealerweise entsteht das Bewusstsein, dass dieses »für immer« aus vielen einzelnen Tagen besteht und aus stetiger Beziehungsarbeit, die nie endet. Denn die Ehe bietet keinerlei Sicherheit und Garantie auf »für immer«. Auch, wenn wir uns natürlich genau das wünschen.

## Für immer und ewig, bis dass der Tod uns scheidet

Als ich mit Anfang 20 auf der Hochzeit einer gleichaltrigen Freundin war, fragte ich sie, wie sie wissen könne, dass sie ihren Mann für immer lieben und für immer mit ihm zusammenbleiben wollen würde. Sie antwortete: »Das weiß ich nicht. Aber heute weiß ich, dass ich es für immer möchte.« Ich fand sie immer noch zu jung und die Heirat immer noch verfrüht, aber die Antwort überzeugend.

Zehn Jahre später saß ich selbst mit dem Mann, von dem ich hoff(t)e, dass ich ihn für immer lieben würde, vor einem Pastor und bat ihn dennoch das »bis dass der Tod euch scheidet« aus der Trauungszeremonie wegzulassen.

»Warum willst du heiraten, wenn du nicht bis zum Tod mit deinem Mann zusammenbleiben willst?«, fragte mich der Pastor. Meine damalige Antwort gilt noch immer: Ich glaube an die Liebe. Ich finde es schön, verheiratet zu sein. Aber ich finde es verantwortungsvoller und romantischer zugleich, sich immer wieder füreinander zu entscheiden – aus freien Stücken und nicht, weil man es irgendwann einmal vor Gott, vor der Familie, vor den Freunden und voreinander »bis zum Tod« so beschlossen hat. Leben bedeutet Veränderung, Wandel und Entwicklung. Auch eine Beziehung ist ein lebendiger Organismus, der von zwei Menschen genährt wird und sich mit ihnen entwickelt. Sie muss gehegt und gepflegt werden. Selbstverständlich entwickelt sie sich auch von allein, aber ohne liebevolle Fürsorge und Achtsamkeit sicherlich nicht in die gewünschte Richtung. Und wir können jeden Tag etwas dafür tun, dass unsere Beziehung gedeiht und das ist viel mehr wert als ein Versprechen, das viele

Menschen sich im Überschwang der Gefühle geben, ohne zu bedenken, dass sie es im Alltag wirklich einlösen müssen. »In guten und in schlechten Zeiten« finde ich die viel wichtigere Passage im Trauspruch, denn die Haltbarkeit einer Beziehung beweist sich erst im Wechsel der Gezeiten – mal abgesehen davon, dass keine Zeremonie der Welt ein Paar davon abhalten würde, sich zu trennen, wie die Scheidungsstatistik eindrücklich belegt.

Die deutsche Journalistin und Moderatorin Lisa Ortgies sagte einmal während eines Interviews über die Liebe, dass sie sich an manchen Tagen nur an ihrem Ehering festhalte. Ich fand das sehr mutig, so etwas in der Öffentlichkeit zu sagen. Wir brauchen mehr ehrliche Erwachsene, die uns ein Vorbild sind in ihren romantischen Entscheidungen, aber auch in der Reife, die nicht so romantischen Zeiten gemeinsam zu überstehen. Die uns aufklären, dass »für immer und ewig« möglich, aber »für immer und ewig überglücklich« ein Mythos ist. Ein schöner Mythos, aber ein Mythos. Und ein weitverbreiteter dazu. Tatsächlich sinkt die Paarzufriedenheit nämlich bereits zwei Jahre nach der Hochzeit beträchtlich ab. Der Alltag, die nicht so guten Zeiten schleichen sich ein. Konflikte werden häufiger und schärfer. Und manchmal verfliegt die Hoffnung, es miteinander zu schaffen. Aus lauter Verzweiflung fragen unglückliche Paare mich manchmal, wie hoch ich als Expertin die Überlebenschance ihrer Beziehung einschätze. Selbstverständlich gibt es Kriterien für stabile und glückliche Paarbeziehungen: Mein amerikanischer Kollege John Gottman hat jahrelang diesbezüglich Paare in seinem »Liebeslabor« bei Seattle untersucht und meint, nach bereits fünf Minuten eine sichere Prognose abgeben zu können, ob das jeweilige Paar zusammenbleibt oder sich trennt. Aber ganz so einfach ist es nicht, denn die

Erfahrung zeigt: Gute Paare bleiben zusammen. Schlechte Paare ebenso. Neue Studien haben sogar ergeben, dass Beziehungen, in denen es viel Streit und wenig Sex gibt, sich als ganz besonders stabil erweisen können (und diese Ergebnisse decken sich leider mitunter mit den Beobachtungen aus der paartherapeutischen Praxis). Wenn Paare mich also fragen, wie ich ihre Beziehung einschätze, gebe ich die Frage immer zurück: »Was meinen *Sie* denn? Möchten Sie Ihrer Beziehung noch eine Chance geben?« Als Therapeutin ist es wichtig, den Menschen immer wieder bewusst zu machen, dass sie selbst die Wahl haben, wie sie ihr Leben führen möchten. Ob sie Opfer der Umstände bleiben oder aktiv werden wollen. Ob sie ihr Leben an sich vorbeiziehen lassen oder es in die Hand nehmen. Ob sie ihrer Beziehung eine Chance geben möchten und dementsprechende Schritte in die Wege leiten oder ob sie sie aufgeben. Es ist nicht die Beziehung, die kaputt ist. Es sind zwei Menschen, die sich gekränkt und verletzt haben. Die zu wenig miteinander gesprochen haben. Es ist nicht einfach »passiert«, sondern zwei Menschen haben eine Menge dafür getan, dass es nicht mehr gut miteinander läuft. Und sie können eine Menge dafür tun, um ihre Beziehung wieder glücklicher und befriedigender zu gestalten.

Ob Paare für immer zusammenbleiben oder ob sie ihre Ehe irgendwann aufgeben, hängt in erster Linie von der Konfliktfähigkeit der beiden Partner ab. Und von der Bereitschaft, der Beziehung Priorität einzuräumen, also neben dem jeweiligen »Ich« immer auch ein »Wir« zu leben. Eine der schönsten Überlegungen zum Thema Ehe stammt von Dorine Gorz, der Frau des Schriftstellers André Gorz, als dieser sie voller Widerstand vor der Hochzeit fragte: »Was beweist uns, dass unser Pakt fürs Leben in zehn oder zwanzig Jahren noch dem Wunsch derer entsprechen wird, die wir dann geworden sind?« Sie antwortete: »Wenn du dich mit jemandem fürs Leben verbindest, dann legt ihr eure Leben zusammen und unterlasst alles, was eure Verbindung entzweit oder ihr zuwiderläuft. Die Herstellung eurer Gemeinsamkeit ist euer gemeinsames Projekt, und ihr werdet es je nach den wechselnden Situationen immer wieder von Neuem bestätigen, anpassen, neu ausrichten. Wir werden das sein, was wir zusammen tun können.« Die Ehe von Dorine und André Gorz und ihre Liebe hielt 59 Jahre – bis zum Tod der beiden. Sein letztes Buch *Brief an D.* beginnt mit den Worten: »Bald wirst du zweiundachtzig sein. Du bist um sechs Zentimeter kleiner geworden, du wiegst nur noch fünfundvierzig Kilo, und immer noch bist du schön, graziös und begehrenswert. Seit achtundfünfzig Jahren leben wir nun zusammen und ich liebe dich mehr denn je. Kürzlich habe ich mich wieder von Neuem in dich verliebt, und wieder trage ich in meiner Brust diese zehrende Leere, die einzig die Wärme deines Körpers an meinem auszufüllen vermag.« André Gorz endet mit den Worten: »Jeder von uns möchte den anderen nicht überleben müssen. Oft haben wir uns gesagt, dass wir, sollten wir wundersamerweise ein zweites Leben haben, es zusammen verbringen möchten.« André und Dorine gingen gemeinsam durchs Leben und gemeinsam in den Tod. Ein knappes Jahr nach Erscheinen des schmalen Büchleins, das den Untertitel *Geschichte einer Liebe* trägt, nahm sich der Schriftsteller gemeinsam mit seiner schwer kranken Frau das Leben.

Nur wenige Paare bleiben bis zum Ende so miteinander verbunden wie André und Dorine Gorz. Aber wohl jeder träumt am Anfang davon, den liebevollen Blick auf den anderen nie zu verlieren und auch nach 60 Jahren noch Händchen haltend auf einer Bank zu sitzen.

Aber es gibt leider keine Garantie. Jede dritte Ehe wird heute geschieden. Eigentum bindet mehr als Kinder, Untreue schlägt trotz moderner Forderungen nach einer offenen Beziehung die tiefsten, unverzeihlichsten Wunden und manchmal lebt ein Paar sich über die Jahre, den Alltag und den Stress leise, aber unwiderruflich auseinander.

Nach dem Geheimnis langer Beziehungen gefragt, antwortet manch einer scherzhaft: »Meine Frau und ich wollten immer zu unterschiedlichen Zeitpunkten die Scheidung.« Wer es wirklich wissen muss, ist das Ehepaar Arrowsmith, das 2005 einen Eintrag ins Guinnessbuch der Rekorde erhielt als das am längsten verheiratete Paar der Welt. Der 105-jährige Percy Arrowsmith und seine 100-jährige Frau Florence feierten unlängst ihren 80. Hochzeitstag. Nachdem Florence ausführlich auf die Fragen der anwesenden Journalisten über die Strategien ihrer Ehe geantwortet hatte, gelang es Percy, die Frage nach dem Geheimnis ihrer langen Ehe in zwei Worten zusammenzufassen: »Yes, dear.«

Es ist ziemlich schwierig, den Arrowsmiths den Rang als längstverheiratetes Paar abzulaufen. Wenn Sie trotzdem so sicher wie möglich gehen möchten, dass Ihre Ehe hält, bis dass der Tod Sie scheidet, können Sie es José Manuel Riella und Martina López aus Paraguay gleichtun: Die beiden schworen sich im Oktober 2013 ewige Liebe, als sie nach 80 Jahren wilder Ehe endlich heirateten. Der 103-jährige José saß bei der Trauung im Rollstuhl, die 99-jährige Braut stand aufrecht in einem weißen Kleid. Mit ihnen freuten sich ihre acht Kinder, 50 Enkel, 35 Urenkel und 20 Ururenkel.

Egal, ob Sie verheiratet sind oder nicht – vergessen Sie nicht, immer wieder einen liebevollen Blick aufeinander zu werfen. Schaffen Sie Rituale, mit denen Sie Ihre Liebe und Ihre Beziehung würdigen und feiern, wie etwa den Hochzeits- oder den Kennenlerntag. Erinnern Sie sich gemeinsam an die magische Anfangszeit und wie Sie es geschafft haben, Krisen zu bewältigen. Achten Sie aufeinander und auf Ihre Liebesbeziehung. Verbinden Sie sich und Ihre Herzen miteinander. So oft wie möglich. Und immer wieder.

## Mit einem Kind wird unsere Beziehung vollkommen

Warum aus glücklichen Paaren manchmal unglückliche Eltern werden und was wir tun können, um die unvermeidlichen Rollenkonflikte zu entschärfen

Babys riechen fantastisch, jedenfalls wenn sie nicht gerade in die Windel gemacht haben. Ein Lächeln, und wir schmelzen dahin. Ihre Bedürftigkeit und ihr Vertrauen lassen Herzen aufgehen und kaum etwas ist schöner, als wenn eine kleine Hand nach unserer greift. Kinderlachen ist ansteckend und die Art, wie Kinder die Welt zu betrachten, bringt uns immer wieder in die eigene Kindheit zurück. Jeden Tag lernen Kinder etwas Neues – und wir Erwachsenen mit ihnen. Je ausgeprägter ihre Persönlichkeiten werden, desto spannender wird das Zusammenleben mit ihnen.

Wer aber glaubt, dass ein Kind uns in eine Welt der glücklichen Rama-Familien entführt, in der alle lächelnd auf Almwiesen weiße Wäsche aufhängen oder mit einem Golden Retriever am Strand entlangtollen, hat zu viel ferngeschaut. Ein Kind ist kein Accessoire, das man sich passend zum Alter und Beziehungsstand anschafft, damit man süße Kinderklamotten shoppen und das Kinderzimmer mit den coolsten skandinavischen Möbeln einrichten kann. Oder weil man sich in der Elternzeit endlich mal von seinem stressigen oder langweiligen Job erholen möchte.

Ein Kind ist eine Bombe. Es zersprengt vieles an bisher gültig gewesenen Strukturen im eigenen Leben und in einer Beziehung. Und es gibt kein Zurück. Auch wenn Eltern ihre Kinder über alles lieben – nicht immer ist die Realität so rosig, wie vorher ausgemalt, in der der profane Alltag aus Windeln wechseln, Füttern, Kinderkrankheiten, Sorgen, Geschrei, Schlafmangel nicht enthalten war.

»So hab ich mir das nicht vorgestellt«, sagt Eva, die vor acht Monaten ihr erstes Kind bekommen hat. Sie sitzt mir blass gegenüber und scheint von Mal zu Mal schmaler zu werden. »Mein Leben besteht aus Windeln wechseln und füttern. Ich bin chronisch müde. Ich sehe aus wie ein Zombie und fühle mich auch so.«

»Wir wollten doch ein Kind«, sagt ihr Freund Felix ein wenig hilflos.

»Ja, WIR wollten ein Kind, aber ICH habe es bekommen. ICH versorge es Tag für Tag und Nacht für Nacht. Für DICH hat sich doch nichts verändert. DU gehst morgens aus dem Haus und kommst abends wieder.«

»Ja, zu einer supergenervten Frau und einem quakigen Kind, das mir sofort in den Arm gedrückt wird.«

»Ach, erwartest du jetzt auch noch, dass ich dir fröhlich entgegenspringe, dir die Tasche abnehme und die Schuhe ausziehe? Vielleicht wünschst du dir auch noch, dass das Essen schon auf dem Tisch steht?«

»Eva, hör auf, so ungerecht zu sein. Ich habe auch einen total anstrengenden Tag hinter mir, wenn ich nach Hause komme. Glaubst du, im Büro steht die Welt still, nur weil wir beide ein Kind bekommen haben? Ich schlafe nachts auch nicht mehr so gut wie vorher. Aber ich muss acht Stunden lang topfit sein, damit mir mein Job nicht um die Ohren fliegt. Und sobald ich zu Hause bin, soll ich sofort die Abendschicht mit dem Kleinen übernehmen. Hast du dir schon mal überlegt, dass ich auch am Limit sein könnte?«

»Dein Job ist nichts im Vergleich zu meinem Alltag. Du kannst dir gar nicht vorstellen, wie das ist: Das Kind hat Koliken und schreit. Es hat Hunger und schreit. Es zahnt und schreit. Ich liebe den Kleinen, aber es ist manchmal die Hölle. Du hast wenigstens irgendwann Feierabend und immer mal wieder Zeit für dich. Aber ich? Ich bin eine Mutterkuh, die 24 Stunden am Tag in Betrieb ist.« Eva weint und Felix ist sichtlich hin- und hergerissen zwischen der Wut über die als ungerecht empfundene Anklage, dass es ihm besser gehe, und seinem Wunsch, Eva zu trösten.

Eva und Felix machen das durch, was die meisten Paare erleben, die ein Kind bekommen haben. Die romantischen Phantasien über das Familienleben weichen schnell den realen Anforderungen, wenn aus einem Paar eine Familie geworden ist. Auch wenn in Deutschland der Mythos der glücklichen Elternschaft nicht angetastet werden darf, bestätigen Studien immer wieder: Ein Kind stellt die Beziehung der Eltern auf die Probe. Besonders das erste. Egal, wie erwünscht es war und ist.[22] Denn nichts belastet eine Ehe mehr als die Addition oder Subtraktion von Familienmitgliedern. Ein Kind zu bekommen und Eltern zu werden bedeutet eine extreme Anpassungsleistung von beiden Partnern. Frau und Mann haben nun eine immense Verantwortung, der gerecht

22 Eine Studie ergab, dass die Zufriedenheit in der Ehe bei zwei Dritteln der 130 teilnehmenden Paare signifikant sank, nachdem das erste Kind geboren wurde.

zu werden nicht immer einfach ist. Auch emotional ist die neue Situation überwältigend und geht einher mit Gefühlen der Überforderung, Ängsten und Sorgen. Während Frauen oft ganz besonders unter der neuen Lebenssituation leiden – angefangen bei der starken hormonellen Umstellung, die bei zehn bis 20 Prozent aller Gebärenden zu einer postpartalen behandlungsbedürftigen Depression führt, steigt das Depressionsrisiko auch für Väter signifikant, wie eine großangelegte aktuelle Studie belegt.[23]

Zu der realen Verantwortung und Überforderung der Elternschaft kommt die Bewertung von außen – alle Welt mischt sich ein, wie vor allem Mütter ihre Rolle ausfüllen sollen. Die Mütterschelte reicht von »Helikopter-Mutter« bis zu »Rabenmutter«. Die überbesorgte Helikopter-Mutter stellt voller Hingabe ihr eigenes Leben hinter das ihres Kindes zurück. Im Gegenzug soll das Kind genauso werden wie die Mutter es sich wünscht, sodass sich der Einsatz gelohnt hat und die Helikopter-Mutter sich selbst als kompetent erleben kann. Die Rabenmutter hingegen will weiter arbeiten, vielleicht sogar Karriere machen, herzlos und egoistisch, wie sie ist. Was ist denn dann mit dem Kind? Wofür will Frau denn ein Kind haben, wenn sie es dann gleich wieder »weggeben« will? Gestatten Sie mir die Anmerkung: Wann werden einem Mann diese oder andere kritische Fragen gestellt? Nie. Denn einer muss ja das Brot verdienen. Und weil das seit Jahrtausenden so ist, bleibt es auch so, basta. Selbst die

---

23 Das Medical Research Council in London gab eine Studie über die Gesundheit von Eltern in Auftrag und fand anhand der Daten von 87 000 Krankenakten (1993–2007) heraus, dass viele Eltern in den ersten 12 Jahren nach Ankunft eines Kindes depressiv werden. Im ersten Lebensjahr des Kindes waren die elterlichen Depressionsraten am höchsten: 14 Prozent der Mütter und 3,6 Prozent der Väter erkrankten.

seit einigen Jahren in Kraft getretene Regelung, dass sowohl Frauen als auch Männer Elternzeit in Anspruch nehmen können, läuft in der Praxis eher schleppend an. Der Vater spielt in unserer Gesellschaft im Hinblick auf seine väterlichen Betreuungsaufgaben immer noch eine untergeordnete Rolle und wird eher belächelt oder von Firmenseite gar kritisiert, wenn er Elternzeit in Anspruch nehmen möchte – vor allem, wenn er mehr als zwei Monate fordert.

Und so sind es die Mütter, die mit gesellschaftlich injizierten und persönlich belastenden Ambivalenzen und Schuldgefühlen zu kämpfen haben – ob und wann sie ihr Kind in die Krippe oder den Kindergarten geben, ob und wann sie wieder anfangen zu arbeiten, ob und wann ihr Kind dadurch Schaden nimmt. Dabei gibt es heute eine nicht von der Hand zu weisende Notwendigkeit, auch als Frau berufstätig und somit finanziell unabhängig zu bleiben: Die geänderte Rechtsprechung bei einer Trennung. Frauen werden heutzutage nur noch bis zum 3. Lebensjahr des Kindes mit monatlichen Unterhaltszahlungen unterstützt, egal, ob sie mit dem Vater des Kindes verheiratet waren oder nicht.

Judith Holofernes, die ehemalige Sängerin von *Wir sind Helden* ist mit dem Schlagzeuger ihrer Band verheiratet und hat zwei Kinder mit ihm bekommen. Nach einer schöpferischen Pause tourt sie nun als Solokünstlerin wieder durch Deutschland, während ihr Mann mit den gemeinsamen Kindern zu Hause bleibt. Auf die Frage, ob sie sich als Feministin sähe, antwortet sie: »Ich glaube, wer Kinder kriegt und danach nicht zur Feministin wird, hat den Schuss nicht gehört. Das Elternsein spiegelt in voller Brutalität wider, was für unterschiedliche Maßstäbe in unserer Gesellschaft an Männer und Frauen angelegt werden. Väter ernten dauernd Schulterklopfen für Erziehungsaufgaben, die bei einer Mutter als etwas Selbstverständliches angesehen werden.«

Tatsächlich ist das Aushandeln der Aufgaben und Rollen von Paaren, die Eltern geworden sind, sowohl ein persönlicher, als auch ein von der Gesellschaft beeinflusster Prozess. Aber die Gesellschaft ändert sich auch von innen heraus und so brauchen wir jeden Einzelnen, jedes Paar, das sich gleichberechtigt dem Elterndasein widmet. In meinem privaten Umfeld erlebe ich viele Paare, die diese Aufgabe großartig meistern. Die ihre Kinder abwechselnd betreuen. Männer und Frauen stecken abwechselnd in ihren beruflichen Ambitionen zurück, weil sie beide Kinder wollten und weil sie beide weiterhin berufstätig bleiben möchten. Das ist nicht immer eine Frage des Herzens, sondern oft auch eine Frage der Finanzen, aber es ist meiner Meinung nach eine sehr gesunde Entscheidung, sowohl für den Einzelnen, als auch für die Familie. Ein Kind hat heute die Chance, im Alltag mit Mama *und* Papa aufzuwachsen. Kinder bekommen heute gleichberechtigtere Rollenvorbilder, die ihnen sowohl als Junge als auch als Mädchen mehr Selbstvertrauen geben, ihren eigenen Weg zu gehen. Und: Sie können eine intensivere emotionale Bindung zu ihren Vätern aufbauen. Auch für die Eltern bringt eine gleichberechtigtere Aufteilung von Haushalt, Kindererziehung und Job mehr Verständnis für die Herausforderungen des Alltags und die Lebenssituation des Partners mit sich. Statt neidisch aufzurechnen, wer es besser oder schwerer hat, stärkt das elterliche Teamwork das Gemeinschaftsgefühl und die Basis der Familie: die Paarbeziehung der Eltern.

## Eltern werden ist nicht schwer, Eltern sein dagegen sehr – wie der Übergang ins Familienleben ohne Überforderung gelingt

Desillusionierenden Studienergebnissen zum Trotz bekommen Menschen weiterhin Kinder. Denn ein Kind ist das, was viele Menschen sich mehr als alles andere wünschen. Ein Kind steht für Familie, für Lebenssinn, für die eigene Unsterblichkeit. Aber was, wenn das Leben mit Kind ganz anders ist als gedacht? Wenn sich das Kind der Sinngebung subtil oder ganz offensichtlich widersetzt? Wenn Sie ein Kind bekommen wollen, um glücklicher zu werden oder ihre (angeschlagene) Beziehung zu stärken, machen sie einen Riesenfehler und bürden Ihrem Kind zu viel Verantwortung auf. Denn ein Kind wird Sie nicht zwangsläufig glücklicher machen. Es wird Ihr Leben verändern. Sie verändern. Es wird Sie herausfordern und immer wieder an Ihre Grenzen bringen. Und neben aller Verantwortung und allen Sorgen werden Sie mit Ihrem Kind das größte Abenteuer Ihres Lebens erleben – und eine Liebesgeschichte sondergleichen.

Bei allen Herausforderungen, die das Familienleben mit sich bringt, versäumen Paare oft, den Fokus von Zeit zu Zeit auf ihre Liebesbeziehung zu richten. Hier ein paar Anregungen, wie es Ihnen gelingt, möglichst unangestrengt in die neue Lebenssituation hineinzuwachsen und dabei weder das Kind, noch sich selbst oder den Partner aus den Augen zu verlieren.

### Holen Sie sich Hilfe

Direkt nach der Geburt, wenn Ihr Kind krank ist, wenn Sie einen wichtigen Termin haben und wenn Sie glauben, während der Pubertät Ihres Kindes selbst verrückt zu werden – Sie brauchen Unterstützung. Von Freunden, von Ihren Eltern, von Fachpersonal. »Es braucht ein Dorf, um ein Kind zu erziehen«, heißt ein afrikanisches Sprichwort, also versuchen Sie nicht, alles allein zu schaffen.

**Teilen Sie Ihre Kräfte ein**

Egal, ob Sie berufstätig bleiben oder sich hauptberuflich um Ihr Kind kümmern – legen Sie Ruhepausen ein. Hören Sie auf, zehn Bälle gleichzeitig in der Luft zu halten, Sie haben wie alle anderen Menschen nur zwei Arme und nur 24 Stunden am Tag zur Verfügung. Machen Sie es sich mal gemütlich. Lassen Sie mal alle fünf gerade sein. Ihr Kind wird auf diese Weise lernen, wie wichtig es ist, gesunde Grenzen zu setzen und gut für sich zu sorgen. Und etwas Besseres können Sie Ihrem Kind gar nicht vorleben.

**Väter, mischt euch ein!**

Väter sind oft außer Haus erwerbstätig und sehen das Kind viel seltener als die Mütter. Sie fühlen sich einerseits von den neuen Belastungen überfordert, andererseits ausgeschlossen aus der intensiven Mutter-Kind-Beziehung. Dabei ist der Vater der »bedeutsame Dritte«, der Mutter und Kind hilft, sich aus der Symbiose der ersten Wochen und Monate zu lösen und der es möglich macht, eine stabile familiäre Dreierbeziehung führen zu können. Studien belegen zudem, dass die glücklichsten Mütter diejenigen sind, die auf die Unterstützung ihres Mannes in der Kinderbetreuung zählen können.

**Mütter, lasst los!**

Auch, wenn Ihr Partner alles ganz anders macht als Sie – lassen Sie ihn seine eigenen Erfahrungen mit dem Kind machen. Versuchen Sie den Wettbewerb, wer der bessere Elternteil ist, gar nicht erst entstehen zu lassen. Stattdessen genießen Sie lieber die Zeit, die Ihr Partner allein mit dem Kind verbringt. Schlafen Sie derweil, gehen Sie zum Sport, treffen Sie sich mit Freundinnen – machen Sie das, worauf Sie gerade Lust haben. Achten Sie auf Ihre Bedürfnisse und tun Sie sich etwas Gutes, jeden Tag.

**Bleiben Sie ein Paar**

Ja, Sie sind jetzt Eltern. Sie haben Verantwortung für ein kleines Wesen. Sie haben viel zu tun. Sie bekommen viel zu wenig Schlaf. In den ersten Jahren dreht sich vieles, wenn nicht alles, um die Kleinen und Eltern müssen tatsächlich oft eigene Bedürfnisse zurückstellen, zum Wohle des Kindes. Ein gesunder und gelassener Pragmatismus kann in dieser Zeit nicht schaden – es werden auch wieder ruhigere, entspanntere Tage und Nächte kommen. Aber lassen Sie nicht zu viel Zeit vergehen, bis Sie mit Ihrem Partner wieder Zeit zu zweit verbringen. Ich habe zu viele Eltern in meiner Praxis kennengelernt, die auf meine Frage, wann sie das letzte Mal etwas nur zu zweit unternommen haben, geantwortet haben: »Das ist lange her. Das war vor den Kindern.« Die Kinder sind zu diesem Zeitpunkt oft schon vier, fünf oder sechs Jahre alt. Stellen Sie sich vor, Sie haben sechs Jahre lang keine Zeit für sich allein. Selbst, wenn Sie mit den bezauberndsten Familienmitgliedern zusammenleben – Sie brauchen regelmäßig Zeit, sowohl für sich selbst wie auch für ihre Beziehung. Denn die Beziehung – so stabil und langjährig getestet sie auch sein mag – bleibt für immer eine zarte Pflanze, die gehegt und gepflegt werden will. Die Beziehung ist gewissermaßen das erste gemeinsame Kind eines Paares und wird es auch für immer bleiben. Und warum sollten Sie Ihr Erstgeborenes sträflich vernachlässigen, nur, weil Sie ein neues Kind bekommen haben? Im Gegenteil, Sie würden Ihrem Erstgeborenen als gute Eltern regelmäßig exklusive Zeit einräumen, damit es sich nicht zurückgesetzt und ungeliebt fühlt. Wenn Paare versäumen, ihre Beziehung zu pflegen, zerstören sie die Basis ihrer Familie und oft genug läuft es dann auf eine Trennung hinaus, die bei sorgfältiger Behandlung zu vermeiden gewesen wäre. Also: Spannen Sie die Großeltern und Ihre (kinderlosen) Freunde ein oder bezahlen Sie einen Babysitter für ein paar Stunden in der Woche – Sie investieren jedes Mal in Ihre Beziehung.

## Ohne Kind sind wir keine richtige Familie

Niedergeschlagen sitzen Patricia und Tim in meiner Praxis. »Das war jetzt die dritte Runde in vitro und es hat wieder nicht geklappt.« Patricia schießen die Tränen in die Augen, Tim schaut sie traurig und hilflos an.

»Womit haben wir das denn verdient?«, schluchzt Patricia. Seit fünf Jahren versucht sie, schwanger zu werden. Sie haben alles probiert: Akupunktur, Kräuter, Verkehr nach Ovulationstests und seit einem Jahr künstliche Befruchtung. Aber: Es will nicht klappen.

Tim und Patricia sind eines von vielen Paaren, die mit einem unerfüllten Kinderwunsch leben (müssen).[24] Je nach Persönlichkeit und Stimmungslage empfinden Paare Scham, Wut, Ohnmacht. »Wenn mich noch mal irgendjemand fragt, wann wir endlich mit Kindern loslegen, haue ich ihm eins in

---

24 Nach einer Statistik des *Deutschen Ärzteblattes* sind in Deutschland ungefähr 15 Prozent aller Paare ungewollt kinderlos.

die Fresse«, sagt Tim in einer unserer Sitzungen. »Wie kann man nur so taktlos sein, Paare ohne Kinder immer wieder auf dieses Thema anzusprechen? Was geht das die Leute überhaupt an!«

Wer sich um alles in der Welt ein Kind wünscht und immer wieder enttäuscht wird, kann in eine schwere Krise stürzen. Es gehört zu einer der größten narzisstischen Kränkungen, wenn man ungewollt kinderlos bleibt. Häufig entstehen depressive Gedankenschleifen à la »Ich/Wir schaffe/n es nicht«, »Mit mir/uns ist etwas falsch«, »Ohne Kind ist mein Leben sinnlos«. Und wie so oft gilt: Ein Plan B kann nicht schaden. Sie haben die Wahl zwischen einem Leben in ewiger Trauer und Enttäuschung. Sie können sich jeden Tag den Kopf zermartern, warum Sie kein Kind bekommen haben, wie schön es mit einem Kind gewesen wäre, wie ungerecht die Welt ist, warum andere Frauen, die es weniger wollen und weniger verdient haben, einfach so schwanger werden. Oder Sie können überlegen, ob es andere Möglichkeiten gibt, ein Kind in Ihr Leben aufzunehmen – beispielsweise durch eine Adoption oder eine Pflegeelternschaft. Wenn Sie wirklich Ihr Leben mit Kindern verbringen möchten, werden Sie einen Weg finden. Sie können sich als Babysitter bei Freunden engagieren, eine Patenschaft übernehmen, einen Gastschüler bei sich aufnehmen. »Das ist alles nicht das Gleiche, wie ein eigenes Kind zu haben«, können Sie einwenden. Stimmt. Aber wenn Ihnen – aus welchem Grund auch immer – die leibliche Elternschaft versagt bleibt, sollten Sie irgendwann anfangen, sich mit dem Gedanken anzufreunden, kinderlos zu bleiben. Das heißt nicht, dass Sie Ihre Gefühle herunterschlucken und so tun, als ob alles wunderbar wäre, wenn Ihnen eigentlich zum Heulen zumute ist. Ganz im Gegenteil: Nehmen Sie sich Zeit, um Ihren

Lebenstraum loszulassen. Trauern Sie um Ihr nie geborenes Kind und die Ihnen von der Natur verwehrte Mutter- und Vaterschaft. Geben Sie Ihrer Wut und Enttäuschung den Raum, den sie brauchen, um sich zu verringern. Holen Sie sich Unterstützung bei einfühlsamen Freunden und Verwandten und suchen Sie – am besten gemeinsam mit Ihrem Partner – einen Therapeuten auf, der Sie in dieser schwierigen Phase begleitet.

Während Männer den Zeitpunkt, ein Kind zu bekommen, zumindest hypothetisch unendlich weit hinausschieben können, ist für Frauen biologisch irgendwann Schluss (wenn man Gianna Nannini mal außer Acht lässt). Also ist es lebenswichtig, irgendwann Abschied zu nehmen von einem Lebensentwurf, der nur mit Kind lebbar schien. Vielleicht finden Sie Vorbilder: Frauen, Männer oder Paare, die kinderlos geblieben sind und die trotzdem glücklich sind. Die trotzdem im Rückblick finden, ein sinnerfülltes, gutes Leben gelebt haben.

Vielleicht trösten die ungewollt Kinderlosen unter Ihnen die Ergebnisse vieler Studien: Kinderlose sind oft insgesamt ein bisschen glücklicher als Eltern, deren Glückskurve erst wieder ansteigt, wenn die Kinder aus dem Haus sind. Denn obwohl Kinder dem Leben und einer Liebesbeziehung tieferen Sinn verleihen können, stellen sie gleichzeitig die größte Bewährungsprobe für eine Partnerschaft dar. Kinder können sehr, sehr glücklich machen, aber sie können Eltern auch an ihre Grenzen bringen und die Paarbeziehung gefährden. Als besonders belastend erleben frischgebackene Eltern oft das Schlafdefizit, den emotionalen Übergang vom Duo zum Trio, die verminderte Libido, die Einschränkungen der individuellen Freiheit und den Verlust vieler bisheriger Gemeinsamkeiten. Dazu kommen Konflikte, wie die Kinder erzogen werden sollen und die ganz normalen familiären Reibungsphasen wie das Trotzalter und die Pubertät, um nur zwei anzusprechen.

Ein Kind zu haben, heißt lebenslange Verantwortung zu übernehmen und eigene Bedürfnisse immer wieder den Bedürfnissen des Kindes und der Familie unterzuordnen – das gilt für Männer genauso wie für Frauen.

Egal, ob wir uns ein Kind wünschen und es nicht bekommen, ob wir zu früh oder zu spät Eltern werden, oder ob die Elternschaft sich als anstrengender entpuppt als je gedacht – »Life is what happens to you while you're busy making other plans«, wie John Lennon so schön sagte. Wir können unser Leben nicht bis ins letzte Detail kontrollieren. Wir können die Herausforderungen, die sich uns stellen, nur immer wieder annehmen und versuchen, an ihnen zu wachsen. Mit Kindern oder ohne Kinder.

## Unsere Liebe soll bedingungslos sein

Warum es keine Liebe ohne Sehnsucht und Mangel gibt und wie wir trotzdem glücklich werden können

»Liebst du mich bedingungslos?«, fragt Jan seine Frau Ira. Es ist ein Donnerstagnachmittag im Herbst, die beiden sitzen sich in meiner Praxis gegenüber. Ira nickt. Zögernd, aber sie nickt.

»Stehst du zu mir, egal, was passiert?« Diesmal ist Iras Nicken überzeugender.

»Ich liebe dich auch«, sagt Jan und lehnt sich in seinem Sessel zurück. Ira atmet durch.

»Aber es gibt da eine andere Frau. Ich liebe euch beide. Ich möchte mich nicht entscheiden müssen.« Jan räuspert sich. »Wenn es stimmt, was du gerade gesagt hast – wenn du mich bedingungslos liebst, dann verlangst du das auch nicht von mir.«

Ira starrt Jan ungläubig an. Ich auch, aber ich fange mich schneller, weil ich mit dieser Offenbarung gerechnet hatte. Nur nicht in diesem Kontext. Nicht im Kontext der bedingungslosen Liebe.

Grundsätzlich ist bedingungslose Liebe ein großartiges Konzept: Menschen lieben einander grenzenlos und ohne Bedingungen. Es gäbe 100 Prozent Verständnis und absolute Akzeptanz füreinander. Es gäbe keinen Streit. Es gäbe keine Scheidungen und keine Scheidungskinder. Es gäbe nur gesunde, glückliche, bindungsfähige Menschen.

Weil die Realität ganz anders aussieht, stellt sich die Frage, ob es diese bedingungslose Liebe überhaupt gibt und wie sie aussähe. Zweifellos ist sie die ideale Liebesform für Kinder. Ich kenne viele Eltern, die von sich sagen, ihr Kind bedingungslos zu lieben. Ich kenne nur so wenig Erwachsene, die sich als Kind bedingungslos geliebt gefühlt haben. Diesen Widerspruch kenne ich sogar von Eltern und Kindern aus derselben Familie.

In Paarbeziehungen wird es mit der bedingungslosen Liebe noch viel komplizierter. Was, wenn einer von beiden bedingungslos liebt, der andere aber nicht? Dann würden plötzlich doch Bedingungen geschaffen werden, meist zum Nachteil des bedingungslos Liebenden. So wie bei Jan und Ira. Jan definiert bedingungslose Liebe als Beziehungsform, die ihm alle Freiheiten lässt und er fordert sie von seiner Frau, obwohl er weiß, dass sie diese Freiheiten verletzen werden. Als sie ihn fragt, ob sie grundsätzlich eine offene Beziehung führen sollen und sie selbst auch eine Affäre eingehen dürfe, verneint er. Spätestens hier demaskiert sich Jans Ruf nach bedingungsloser Liebe als egoistische, unreife Lieblosigkeit seiner Frau gegenüber.

Überhaupt: Wer bedingungslose Liebe fordert, hat sie nicht verstanden. Liebe ist ein Kind der Freiheit – die Aufforderung »Liebe mich bedingungslos!« ist ähnlich absurd wie »Sei spontan!« oder »Sei glücklich!«, weil Liebe und andere Gefühle nicht gefordert, sondern nur aus sich selbst heraus empfunden und dem anderen geschenkt werden können. Wer Liebe fordert, zeigt vor allem seine Bedürftigkeit. Denn letztlich ist der Wunsch, bedingungslos geliebt zu werden, niemandem fremd. Und wahrscheinlich haben die, die am lautesten danach rufen, sie seit jeher am wenigsten erhalten.

## Woher kommt das Bedürfnis nach bedingungsloser Liebe?

Die ersten und prägendsten Liebeserfahrungen machen wir in der Kindheit mit unseren Eltern. In dieser frühen Phase unseres Lebens wird unser Hunger nach Liebe und Aufmerksamkeit gestillt oder – und das ist meistens der Fall – wir erfahren einen Mangel. Dieser Mangel wird zu einer Wunde und mitunter zum Schmerz unseres Lebens. Wir suchen zeitlebens nach dem, was wir nie hatten und doch so dringend gebraucht hätten. Wir suchen es bei allen unseren Partnern, die wir unbewusst danach auswählen, ob sie sich eignen, in unserem unerfüllten Liebesdrama mitzuspielen.

Die frühen Liebesdefizite, der alte Mangel, das Nie-Erlebte soll vom Partner nun wiedergutgemacht werden. Aber die unbefriedigten kindlichen Bedürfnisse haben im Laufe der Jahre eine Dimension erhalten, die kein Partner befriedigen könnte. Von den Eltern zu wenig, zu viel- oder fehlgeliebte Kinder werden zu Erwachsenen, deren Beziehungsentwürfe von Angst oder Gier oder beidem bestimmt sind.[25]

Die meisten Menschen, die ich kenne sind in ihrer Kindheit nicht in den Genuss bedingungsloser Liebe gekommen. Es gibt Kinder, die nie »richtig« oder »gut genug« waren. Es gibt gänzlich ungewollte, unerwünschte Kinder, die gar keine Liebe bekamen. Es gibt Kinder, die bei psychisch kranken oder überforderten Eltern aufwuchsen und emotional nicht ausreichend gut versorgt wurden. Und es gibt Kinder, die nicht um ihrer selbst willen geliebt wurden, sondern für das, was sie den Eltern an Sinn, Status oder narzisstischen Gefühlen ermöglichten: die Wunderkinder, die Überflieger, die abgöttisch geliebten Kinder, die das Abbild der Träume und Erwartungen ihrer Eltern darstellen mussten. Sie alle leiden an der Wunde ungeliebter Kinder, die sie bis an ihr Lebensende zu lindern versuchen.

Jan ist 41 Jahre alt, als er Iras bedingungslose Liebe fordert. Aber es ist weniger der erwachsene Jan, als das Kind in ihm, das auf destruktive Art und Weise etwas einfordert, was ihm von seinen eigenen Eltern als Geburtsrecht zugestanden, aber verweigert worden war. Statt sich um Jan zu kümmern und ihn ausreichend zu bemuttern und zu bevatern, arbeiteten seine Eltern viel, um ihrem Sohn das zu ermöglichen, was sie selbst früher nicht hatten: Geld, Ansehen, eine gute Ausbildung. Als Jan zwei Jahre alt war, stellten die Eltern ein

25 Ohnehin finden oft zwei emotional unterversorgte Menschen wie Schloss und Schlüssel zueinander und hoffen auf Erlösung – während sie in Wirklichkeit wie eine gesprungene Platte in Wiederholungszwängen festhängen und sich zwangsläufig überfordern und enttäuschen.

Kindermädchen namens Lisa ein, das seine wichtigste Bezugsperson wurde. Als seine Mutter spürte, wie sehr er an seiner Betreuerin hing, wurde sie eifersüchtig und begann in der wenigen Zeit, die sie mit ihrem Sohn verbrachte, um seine Gunst zu buhlen. Jan lernte mütterliche Liebe als Wettbewerb kennen: »Freust du dich mehr, Zeit mit Mami als mit Tante Lisa zu verbringen?«, »Mami liebt dich mehr als alle anderen, liebst du Mami auch mehr als alle anderen?«.

Liebe war nichts Selbstverständliches, Aufmerksamkeit nicht im Überfluss vorhanden und Jan lernte, dass er über zwei konkurrierende Frauen mehr Zuwendung erhalten konnte, als wenn er sich nur an eine gebunden hätte. Gleichzeitig befand er sich in einem ständigen Loyalitätskonflikt, denn tatsächlich liebte er beide Frauen von Herzen: Seine leibliche Mutter, die versuchte, ihm die beste Mutter zu sein, die sie sein konnte und sein Kindermädchen, die ihm im Alltag die Mutter bestmöglich ersetzte, während sie gleichzeitig darauf achtete, ihren kleinen Zögling emotional ein wenig auf Abstand zu halten, weil sie die Eifersucht der Mutter spürte.

Wenn wir einen emotionalen Konflikt in der Kindheit nicht lösen konnten, neigen wir dazu, ihn unbewusst zu wiederholen. Und so schafft sich Jan als Erwachsener ähnliche Lebensumstände wie jene, unter denen er als Kind gelitten hat: Er stellt seiner Partnerin eine Rivalin hinzu, damit Ira ihre Liebe beweisen und um ihn kämpfen kann. Iras Liebesbeweis wurde notwendig, nachdem Ira und Jan ein Kind bekommen hatten. Seit der Geburt des gemeinsamen Sohnes fühlt Jan sich zurückgesetzt und alleingelassen. Kindliche Ohnmachtsgefühle überfluten ihn und eine andere Frau verspricht eine kurzfristige Linderung seiner Kränkung. Nun, da er erwachsen ist, soll ihn das Konzept der bedingungslosen Liebe ein für alle Mal von seinem Zwiespalt und seinen Zweifeln befreien und all seine Bedürfnisse befriedigen. Er, der sich niemals wirklich sicher und um seiner selbst willen geliebt gefühlt hat, der nie gelernt und – aus gutem Grund – gewagt hat, sich auf einen Menschen wirklich einzulassen, braucht die doppelte Rückversicherung von zwei Frauen, dass er bedingungsloser Liebe wert ist.

Aber eine Partnerin ist keine Mutter (so sehr sie auch manchmal mit ihr verwechselt wird). Unsere Partner können uns zwar bessere Bezugspersonen sein als unsere Eltern es je waren, aber sie können uns nicht dauerhaft in den paradiesischen Zustand der frühen Symbiose und Geborgenheit zurückführen. Unsere Partner können unsere alten Wunden lindern, aber nicht heilen. Und je größer unsere kindlichen Wunden, desto stärker müssen wir aufpassen, dass wir unsere Partner nicht dazu benutzen, unwissend Chirurgen an unserem offenen Herzen zu werden und sie bei jeder Gelegenheit dafür zu strafen, wenn sie in ihrer Behandlung versagen, die von vorneherein zum Scheitern verurteilt war.

Ira konnte Jan bei der Bewältigung seines uralten Konfliktes nicht helfen. Sie verstand, dass Jan sich von ihr mehr Aufmerksamkeit und Zuneigung wünschte, aber sie war nicht bereit, sich auf eine ménage à trois einzulassen. Und genau diese Weigerung brachte Jan an seine alte, unversorgte Wunde, an die Wut und die Ohnmacht, die er seiner Mutter gegenüber empfunden hatte, die er aber abspalten musste, um die Beziehung zu ihr nicht weiter zu gefährden. In vielen schmerzhaften Sitzungen gelang es Jan, seinen alten Kummer wahrzunehmen und ihm somit die unbewusste Macht zu nehmen. Wir können unsere Vergangenheit nicht verändern, aber die alten Wunden können sich schließen, wenn wir uns ihnen achtsam zuwenden und unsere nicht erfüllten Bedürfnisse und unsere alten Verletzungen erkennen und betrauern.

Jan erkannte, dass er in seinen erwachsenen Beziehungen nicht auf kindliche Überlebensstrategien zurückgreifen musste, sondern mit seiner Frau über seine Kränkung und seine Wünsche sprechen konnte. Nach der Geburt des ersten Kindes hatte Jan sich sehr zurückgesetzt gefühlt, so sehr er sein Kind auch liebte. Er wollte seine Frau zurück. Er wollte die Nummer eins für sie sein und ihre Zurückweisungen erinnerten ihn unbewusst an die vielen Male, die er als Kind seine Mutter vermisst hatte, bis er schließlich in seinem Kindermädchen emotionalen Ersatz gefunden hatte. Durch das Eingehen einer Affäre belebte er allerdings auch seine alten Schuldgefühle und Loyalitätskonflikte.

»Ich war ja wie eine Marionette meines Unbewussten!«, sagte Jan am Ende unserer Sitzungen. Er hatte sich von seiner Affäre getrennt und sich seiner Frau in seiner Schwäche und Ohnmacht offenbart. Ira konnte Jan den Fehltritt verzeihen, weil sie verstand, dass es sich nicht um die andere Frau, sondern um einen Notruf gehandelt hatte, den Jan in diesem Moment nicht anders absetzen konnte.

»Wie ist es mit *deiner* bedingungslosen Liebe?«, fragte sie ihn irgendwann. »Kannst du mir versprechen, dass du ab jetzt, bevor du dich einer anderen Frau zuwendest und meine Liebe testest, dich direkt an mich wendest und wir das gemeinsam klären?« Jan nahm sie als Antwort lange in den Arm. Gemeinsam überlegten sie, wie sie den Alltag gestalten können, um sich emotional nicht wieder voneinander zu entfernen. »Wir stellen auf gar keinen Fall ein Kindermädchen ein«, hatte Ira gescherzt, aber sie wollten Iras Eltern nun öfter bitten, auf ihren Sohn aufzupassen, damit sie regelmäßig Zeit zu zweit verbringen konnten.

Jan und Ira konnten ihre Beziehung retten, weil sie Verantwortung für sie übernahmen. Jan erkannte, wie sehr seine narzisstischen kindlichen Liebeswünsche seine Frau überfordert und verletzt hatten. Um selbst liebesfähiger zu werden, musste er einen Umweg über seine Kindheit gehen und erkennen, welchen Liebesmangel er – erfolglos –aufzufüllen versuchte. Ira entschied sich, Jan zu verzeihen und ihn auf dem Weg in seine kindlichen Abgründe zu begleiten, um ihn besser zu verstehen. Gleichzeitig machte sie ihm klar, dass sie ihm eine weitere Affäre nicht verzeihen würde und von ihm erwartete, dass er andere Wege zur Lösung eines Konfliktes finden würde.

Jeder Mensch wünscht sich nichts mehr als zu lieben und geliebt zu werden. Aber *bedingungslose* Liebe ist eine paradiesische Utopie. Denn zur Liebe – so leid es mir tut – gehört auch der Mangel. Zu jeder Eltern-Kind-Beziehung gehören auch Schwierigkeiten, ein Zuwenig oder ein Zuviel an Liebe, Aufmerksamkeit und Wertschätzung. Nichts ist perfekt. Kein Mensch, keine Mutter, kein Vater, kein Kind, keine Frau, kein Mann, keine Liebe. Aber erinnern wir uns an eine der wichtigsten Erkenntnisse der Bindungsforschung: Gut genug ist gut genug.

Wenn wir Abschied nehmen vom Mythos der bedingungslosen Liebe, wenn wir anerkennen, dass jede Liebe und jede Beziehung Grenzen hat, können wir aus einer phantasierten Beziehung eine reale machen, in der wir viel mehr Gestaltungsmöglichkeiten haben, als wir es uns mitunter erträumen können. Und wir können in ihrer Begrenzung und ihrer Endlichkeit ihre Kostbarkeit erfahren, für die es sich zu reflektieren und zu kämpfen lohnt.

# VIER

# Treue – der (un)moralische Vertrag

*»Absolute Treue ist der Fels, an dem nicht nur das Schiff des Odysseus zu zerschellen drohte. Der völlige Verzicht auf Treue hingegen ist der Sog, der letztlich jede Verlässlichkeit von Beziehungen verschlingt. Zwar lassen sich die Grenzen zum Verrat gemeinsam festlegen, aber nur der Einzelne selbst kann sie auch einhalten – oder überschreiten.«*

WILHELM SCHMID

# Männer sind Schweine

Ob Männer wirklich nur das eine wollen und Frauen wirklich nie in Versuchung geraten

Der Golf-Profi Tiger Woods flüchtet nach Bekanntwerden seiner zahlreichen außerehelichen Sexabenteuer vor dem Zorn seiner betrogenen Ehefrau und einer Eisenstange, mit der sie schließlich auf sein Auto losgeht; der tätowierte Ehemann von Sandra Bullock, dem sie liebevoll in ihrer Oscar-Rede huldigt, fliegt ein paar Wochen später mit seiner noch tätowierteren Geliebten auf; Arnold Schwarzenegger zeugt mit seiner langjährigen Haushaltshilfe im Gartenhaus des Familienanwesens einen Sohn; Boris Becker treibt es in der Besenkammer eines Hotels und seine Fünf-Minuten-Bekannte bekommt neun Monate später eine Tochter, die ihm wie aus dem Gesicht geschnitten ist – während er die Vaterschaft bis zum letzten genetischen Beweis abstreitet. Die Liste könnte endlos weitergeführt werden.

Weibliche Beispiele von prominenter Untreue sind schwerer aufzutreiben, falls ich keinem Fall von selektiver Wahrnehmung unterliege. Kristen Stewart küsst ihren (verheirateten) Regisseur und betrügt somit ihren Vampir-Lover Robert Pattinson (*Gala*-Leser wissen mehr), und die beste Freundin von Sylvie van der Vaart treibt es mit Raphael van der Vaart – halt, da ist ja wieder der Mann der Betrüger. Stimmt es, dass Männer einfach nicht treu sein können? Der amerikanische Comedian Chris Rock hat für diese Frage eine einfache Formel gefunden: »A man is basically as faithful as his options.« Übersetzt: Gelegenheit macht Diebe, oder eben Betrüger. Und das muss auch so sein, denn laut Alexis Sorbas verzeiht Gott alles, außer eine Frau zu verschmähen: »Wer Gelegenheit hat, mit einer Frau zu schlafen, und es nicht tut, begeht eine große Sünde. Wenn eine Frau dich auffordert, das Lager mit dir zu teilen, und du gehst nicht hin, ist deine Seele verloren! Die betreffende Frau wird am Jüngsten Tage sich seufzend bei Gott beklagen, und dieser Seufzer wird dich, magst du sein, wer du willst, und wärest du auf Erden der beste Mensch gewesen, sofort in die Hölle stürzen.«

Aber nicht nur, um der Hölle zu entkommen und weil der Mann ein barmherziger Wohltäter ist, auch weil seine Biologie ihn dazu zwingt, muss der Mann untreu sein, er muss seinen Samen verschwenden, um eine möglichst große Chance auf Nachkommen zu sichern.

Dann gibt es noch den narzisstischen Don Juan, dem die Bestätigung einer Frau nicht reicht und der deshalb durch die Lande oder Bars zieht, um zu bekommen, was er braucht: willige Weiber und Sex. Oder die Sexsüchtigen, die innerlich so leer sind, dass sie schnelle und häufige Befriedigung brauchen, um sich zu betäuben.

»Männer sind Schweine«, singen *Die Ärzte*, »sie wollen alle nur das eine, weil Männer nun mal so sind« und beschreiben die perfiden Mittel, mit denen Mann Frau ins Bett bekommt: »Hallo, mein Schatz, ich liebe dich//Du bist die Einzige für mich//Die anderen find ich alle doof//Deswegen mach ich dir den Hof//Du bist so anders, ganz speziell//Ich merke sowas immer schnell//Jetzt zieh dich aus und leg dich hin//Weil ich so verliebt in dich bin//Ein Mann fühlt sich erst dann als Mann//Wenn er es dir besorgen kann//Er lügt, dass sich die Balken biegen//Nur um dich ins Bett zu kriegen//Und dann am nächsten Morgen weiß er//Nicht einmal mehr wie du heißt//Rücksichtslos und ungehemmt//Gefühle sind ihm völlig fremd//Für ihn ist Liebe gleich Samenverlust.«

Hört sich nicht gerade sympathisch an. Wir Frauen sind zu bemitleiden. Aber immerhin sind wir den armen Schweinen moralisch überlegen. Wer an dieser Überzeugung festhalten möchte, sollte die nächsten Seiten überspringen. Es ist nämlich nicht zu 100 Prozent gesichert, dass Frauen die engelsgleichen, unschuldigen Wesen sind, deren einwandfrei guter Ruf ihnen vorauseilt.

## Die Gene sind schuld! Warum Promiskuität für unsere Ahnen lebenswichtig war

»Männer müssen fremdgehen, es liegt in ihren Genen«, lautet eine weitverbreite biologische Weisheit. Frauen hingegen seien »von Natur aus« monogam. Die »Theorie des elterlichen Investments« wird immer wieder herangezogen, um geschlechtsspezifisches Treue-Verhalten zu erklären: Männer verfügen über eine unbegrenzte Menge Sperma, das sie so weit wie möglich verbreiten, um ihre Fortpflanzung zu sichern. Frauen hingegen haben nur eine begrenzte Anzahl von Eizellen, tragen ihr Kind neun Monate aus und stillen es anschließend noch Monate bis Jahre – sie müssen also ihre Investition maximieren, indem sie wählerisch sind und sich einen Mann sichern, der gute Gene hat und langfristig für sie und ihren Nachwuchs sorgt.

Allerdings gibt es auch andere Theorien, die davon ausgehen, dass unsere weiblichen Vorfahren es nicht weniger wild getrieben haben als die Männer. Die Evolutionsbiologin Sarah Blaffer Hrdy ist sich sicher, dass auch die weibliche menschliche Spezies ursprünglich polygam veranlagt war. Aber unsere Vorfahrinnen hatten einen triftigen Grund: Sie schliefen mit möglichst vielen Männchen, damit sich niemand sicher sein konnte, wer letztlich der Vater war. Diese Verwirrung war notwendig, weil die männliche Spezies dazu neigte, fremde Kinder nach der Geburt umzubringen.[1] Und es gab noch einen weiteren überlebenswichtigen Grund für Frauen, sich nach anderen Männern umzusehen und sie an sich zu binden: Krankheiten, Kriege und Nahrungsmittelknappheit erschwerten das Überleben zu Urzeiten und viele Ernährer kehrten aufgrund von Verletzungen oder Krankheiten nicht nach Hause zu ihren Frauen zurück. Den Frauen half also eine »Partner-Versicherung« – eine Nebenbeziehung, die einspringen konnte, wenn der reguläre Partner sie nicht mehr versorgen konnte (oder wollte).

Es ist eine Menge passiert in den letzten tausend Jahren: Aus tumben, mörderischen Urmännern sind liebevolle Väter, aus wilden Urweibern sind selbstständige, unabhängige Frauen geworden. Evolutionäre Erklärungen für menschliches untreues Verhalten sind durchaus amüsant, aber im Realfall nicht weiterführend. Keine Frau interessiert sich für die Biologie des Mannes, wenn er sie soeben mit einer 20 Jahre jüngeren Frau betrogen hat (»Entschuldige Schatz, du kannst ja nicht mehr schwanger werden, aber ich habe doch noch Milliarden Spermien, die verteilt werden müssen«) und nur wenige Männer entwickeln Verständnis für ihre Frauen, wenn sie sie beim Sex mit anderen erwischen (»Meine Kinder brauchen doch einen Ernährer, wenn du mal nicht mehr von der Jagd nach Hause kommst«).

---

1 Durch diesen schlauen Schachzug verringern Bonobo-Weibchen bis heute das Risiko der Kindstötung durch männliche Alphatiere.

Biologie hin oder her – Männer gehen fremd. Frauen auch. Studien zufolge hat etwa jeder zweite Mann und jede dritte Frau seine Partnerin/ihren Partner schon einmal betrogen.[2]

Frauen betrügen ihre Partner übrigens besonders häufig während ihres Eisprungs und verhüten in dieser Zeit weniger als sonst. Dementsprechend hat auch der Satz »Mamas Baby, Papas maybe« bis heute seine Berechtigung, denn Schätzungen gehen von etwa 10 Prozent Kuckuckskindern aus, die ahnungslosen Männern »untergeschoben« werden.

Es ist paradox: Der Wunsch nach Treue steht ganz oben in der Beziehungshitliste – über 90 Prozent aller Menschen wünschen sich einen treuen Partner, gleichzeitig sind die wenigsten treu. Wieso fällt es beiden Geschlechtern so schwer, einander (auf lange Sicht) treu zu bleiben? Geht es wirklich nur um Sex?

## Kann man Liebe und Sex trennen? Yes, we can!

»Ich will doch nur spielen«, singt Annett Louisan und bedient gemeinsam mit Catherine Deneuve alias *Belle de Jour* und Samantha aus *Sex and the City* Männerphantasien und wildeste Frauenträume. Natürlich gibt es Sex ohne Liebe. Genauso, wie es Liebe ohne Sex gibt. Sex ohne Liebe muss

---

2 Das Psychologische Institut der Technischen Universität Braunschweig hat fast 1300 Männer und Frauen zwischen 17 und 78 Jahren befragt. Ergebnis: Fast jeder zweite männliche Befragte (49 Prozent) und fast jede dritte Frau (31 Prozent) nimmt es mit der Treue nicht so genau und geht in der Partnerschaft fremd. Der Paartherapeut Arnold Retzer spricht von 90 Prozent aller Männer und 75 Prozent aller Frauen, die mindestens einmal in einer festen Beziehung untreu waren.

möglich sein, sonst gäbe es das älteste Gewerbe der Welt schon lange nicht mehr. Viele der Männer, die tagtäglich in Deutschland zu Prostituierten gehen, sind liiert. So wie der 48-jährige Paul: »Wenn ich ab und zu zu Prostituierten gehe, hat das null mit meiner Ehe zu tun. Ich liebe meine Frau und ich schlafe auch gern mit ihr. Aber ich finde es toll, mich von einer fremden attraktiven Frau verwöhnen zu lassen – und zwar ohne Gefühle und ohne Gefahr für meine Ehe. Ich bin beruflich viel unterwegs und statt mich nachts in Bars rumzutreiben und darauf zu warten, dass eine Frau Lust auf mich hat, gehe ich lieber in ein Bordell und suche mir eine Frau aus, die mir gefällt. Es ist einfach nur Sex. Und es ist eine klare Sache, die nichts mit Gefühlen zu tun hat – es ist Sex gegen Bezahlung, ein Geschäft.« In meiner Praxis versucht er seine Frau, die durch einen Zufall von seinen Bordellbesuchen erfahren hat, zu beruhigen: »Ich habe überhaupt keine Lust auf eine Affäre, die mich dann nachts auf meinem Handy anruft und unsere Ehe gefährdet. Ich suche nicht nach einer anderen Frau. Ich will nur ab und zu ein bisschen fremden Sex.« Seine Frau Ellen sieht das ganz anders: »Du klingst so, als ob du irgendwo anders essen gehst. Aber du betrügst mich! Seit Jahren und immer wieder!«

»Das ist doch kein Betrug!«, findet Paul. »Das ist doch nur Sex!«

Paul hatte seiner Frau nichts von seinen Bordellbesuchen erzählt, weil er seine Frau liebt und sie nicht beunruhigen wollte. Wie viele Männer misst er dem Sex mit anderen Frauen kein emotionales Gewicht bei: »Es ist ein körperliches Bedürfnis wie essen und schlafen. Aber meine Frau liebe ich und ich kann mir ein Leben ohne sie nicht vorstellen.«

Liierte Männer, die zu Prostituierten gehen, haben unterschiedliche Gründe: Einige leben mit Prostituierten sexuelle

Praktiken aus, die mit ihren Partnerinnen nicht lebbar sind. Häufig jedoch geht es um die Aufwertung der eigenen Attraktivität: »Ich fühle mich ganz großartig, wenn eine junge attraktive Frau mit mir schläft«, sagt der 55-jährige Gerhard. »Ich bezahle auch für die Illusion, das ist mir schon klar. Aber in dem Moment vergesse ich alles und genieße es.« Auch Macht spielt bei käuflichem Sex eine große Rolle – Mann kann sich mit Geld alles kaufen und über eine Frau und deren Körper bestimmen.[3]

Der 38-jährige Stefan hingegen würde nie zu einer Prostituierten gehen. Er ist seit zehn Jahren verheiratet und hat regelmäßig Affären. »Ich mag keine One-Night-Stands. Ich mag das Spiel und die Eroberung und das Prickeln einer Affäre. Wenn ich eine Frau dafür bezahlen würde, mit mir ins Bett zu gehen, wäre das alles nicht vorhanden. Ich verliebe mich oft am Anfang ein bisschen in die Frauen, mit denen ich meine Frau betrüge. Aber es ist wie ein Vorstadium der Liebe, ich war noch nie in Versuchung, meine Frau zu verlassen. Ich liebe meine Frau. Das ist etwas ganz anderes als Verliebtsein.«

Hirnforscher geben Stefan, Gerhard und Paul recht. Sie gehen davon aus, dass das Gehirn unterschiedliche Schaltkreise hat für Lust, Verliebtheit und Bindung. »Man kann ein Gefühl tiefer Verbundenheit für einen Partner empfinden und gleichzeitig in einen Kollegen aus dem Büro verliebt sein und gleichzeitig sexuelles Verlangen empfinden, wenn man ein Buch liest, einen Film anschaut oder einer anderen

3 Auch sich prostituierende Frauen sprechen von Macht, wenn sie einen Preis für ihre Dienstleistungen bestimmen. Bei näherem Hinsehen handelt es sich sowohl bei Freiern als auch bei Prostituierten immer um Abwehr und Verleugnung der tatsächlichen Ohnmacht: Mann muss bezahlen für Sex, Frau muss ihren Körper hergeben für Geld.

Beschäftigung nachgeht, die nichts mit den beiden Personen zu tun hat«, verdeutlicht die Wissenschaftlerin Helen Fisher. Was unsere Vorfahren in die Lage versetzte, mehrere Beziehungen gleichzeitig aufrechtzuerhalten und mehrere sich ergänzende Fortpflanzungsstrategien parallel zu verfolgen, führt heute – in Zeiten des romantischen, leidenschaftlichen, immerwährenden, exklusiven Liebesideals – zu erheblichen Schwierigkeiten. Denn weder Pauls noch Gerhards, noch Stefans Frau richtet ihren verletzten Blick auf die evolutionären Grundlagen dreier unterschiedlich kombinierbarer Paarungstriebe. Sie fühlen sich gedemütigt, verletzt und hintergangen.

Es scheint, als ob Männer und Frauen in Bezug auf die Verknüpfung von Liebe und Sex tendenziell unterschiedlich ticken. Frauen haben zwar genauso viel Lust auf Sex wie Männer, aber die Trennung von Liebe und Sex fällt Frauen schwerer. Frauen empfinden Sex ohne Verbindlichkeit als signifikant unbefriedigender als Männer. Selbst, wenn sie sich von ihrer Lust leiten lassen und sich auf Sex mit einem Fremden einlassen, entwickeln sie schneller Gefühle für ihren Sexualpartner und fühlen sich nach unverbindlichem Sex eher verletzt und ausgenutzt als Männer.[4]

Rebekka ist seit sechs Jahren verheiratet und hat seit zwei Jahren eine Affäre mit einem Geschäftspartner. Die beiden treffen sich alle paar Monate beruflich in fremden Städten und verbringen dann immer die Nacht gemeinsam. Danach geht es Rebekka jedes Mal elend: »Ich weiß, dass es bescheu-

---

4 Zudem ergaben Studien, dass weibliche Gehirne auf sexuelle Reize eindeutig anders reagieren als männliche: »Immer werden als Reaktion auf sexuelle Auslöser die Kontrollregionen ihrer Hirne aktiviert. Es scheint, als würden sie von Natur aus dazu neigen, Sicherheitsüberlegungen mit Lust zu kombinieren.«

ert ist, aber ich fühle mich irgendwie benutzt nach den Treffen mit meinem Geliebten. Ich betrüge meinen Mann und das macht mir Schuldgefühle, aber viel schlimmer ist die Tatsache, dass mein Liebhaber nach unseren Treffen wieder zu seiner Partnerin zurückgeht. Ich kann nicht so schnell umschalten wie er und leide jedes Mal ein paar Tage wie ein Hund, bis ich mich wieder aufgerappelt habe und mich meinem Mann wieder annähern kann.« Rebekka hat Liebeskummer, sie vermisst ihren Geliebten, nachdem sie mit ihm geschlafen hat, immer sehr. »Aber aufgeben kann ich ihn auch nicht. Auch, wenn wir uns nur selten sehen, er ist wie eine Droge für mich. Obwohl ich meinen Mann liebe. Verrückt, oder?« Rebekka ist nicht verrückt. Sie ist *normal widersprüchlich*, denn: Auch wenn Neurologen in Hirnscans unterschiedliche Hirnregionen bei sexuellem Begehren, Verlieben und Liebe aufleuchten sehen können, sieht die Lebensrealität komplexer aus. Unser Herz hat weniger Ordnungssinn als unsere neurologischen Bahnungen und lässt die Gefühle durcheinanderpurzeln. Das gilt für Frauen wie auch für Männer. Denn auch wenn Sex und Liebe zwei verschiedene Paar Schuhe sind und nicht immer zusammengetragen werden müssen – beim Fremdgehen geht es nicht immer nur um Sex. Viel häufiger geht es um emotionale Bedürfnisse, unerfüllte Sehnsüchte, um alte oder akute Kränkungen und den Wunsch nach Bestätigung.

»Ich hab mich endlich mal wieder gesehen gefühlt«, sagen viele, die der Versuchung eines Seitensprungs erlegen sind. Männer wie Frauen versuchen, über ihre Affären die Leerstellen in ihrem Leben oder aus ihrer primären Beziehung zu füllen und geraten deshalb zwischen die berüchtigten zwei Stühle. Aus einer »sauberen, klaren Sache« kann großes Chaos entstehen: Verheiratete Frauen werden eifersüchtig, wenn ihr Liebhaber sich auch mit anderen Frauen trifft. Ehemänner, die sich jahrzehntelang »was nebenbei gegönnt haben«, geraten außer Rand und Band, wenn ihre Frauen selbst eine Affäre haben und es gibt tatsächlich Freier, die sich nach bezahltem Sex darüber beklagen, dass ihnen die Treffen »zu geschäftsmäßig und kühl« verlaufen. Die vermeintlich einfache Trennung von Sex und Liebe entpuppt sich allzu oft als ein Minenfeld voller Widersprüche.

## La dolce vita des Betrügers – Hauptsache, mir geht's gut

Betrüger(innen) haben zwei Partner, viel Sex und aus beiden Welten das Beste, möchte man jedenfalls vermuten. Bestimmt gibt es sie irgendwo, die herzlosen, promisken Egoisten, die sich nehmen, was sie brauchen und die über Leichen gehen. Ich habe persönlich noch keine/keinen kennengelernt. Im Gegenteil. Wer gleichzeitig Gefühle für zwei Menschen entwickelt, ist in einer äußerst schwierigen emotionalen Lage. Der Druck, sich zu entscheiden und keinem wehzutun, führt oft zu einer Entscheidungsunfähigkeit, die alle Betroffenen schier wahnsinnig machen kann.

Arno ist seit vielen Jahren verheiratet und hat drei Kinder im Alter von fünf bis vierzehn Jahren. Er liebt seine Frau und seine Kinder. Und seine Freundin, die er vor einem knappen Jahr kennengelernt hat. Er sucht mich auf, weil er nicht mehr weiter weiß. »Ich habe eine Riesenkrise. Ich weiß nicht, was ich machen soll. Ich kann mir nicht vorstellen, ohne meine Kinder zu leben. Und ich liebe meine Frau. Aber genauso wenig kann ich mir vorstellen, auf meine Freundin zu verzichten. Ich werde krank bei dem Gedanken, eine Entscheidung zu treffen.« Schon zwei Mal habe er versucht, sich von seiner Frau zu trennen. »Ich bin beide Male zu meiner Freundin gezogen. Aber meine Schuldgefühle waren so groß, dass ich immer wieder zu meiner Frau und den Kindern zurück bin. Aber die Gefühle für meine Freundin sind nicht verschwunden und so geht das jetzt schon seit Monaten. Es zerreißt mich. Ich kann nicht mehr.«

Weder Arnos Frau noch Arnos Freundin nehmen ihm die Entscheidung ab. Sie wollen, dass er sich klar für oder gegen sie bekennt. In dieser Phase sucht Arno mich auf, um Klarheit zu erlangen. Unsere Sitzungen sind oft zäh und schwer – ein Abbild seines seelischen Zustandes. Es geht weder vor noch zurück: Dieses Dilemma erleben viele Menschen, die sich neben ihrer primären Beziehung in eine andere Person verliebt haben. Selbst wenn es Menschen gibt, die ein Doppelleben führen und dabei weniger Gewissensbisse haben als andere – sie zahlen einen Preis: Sie setzen viel Energie in die Geheimhaltung ihrer Affäre, sie spalten in jeder Beziehung einen Teil ihrer Bedürfnisse ab und wenn ihr Doppelleben auffliegt, liegt meist ihr gesamtes Leben in Scherben.

Arno ist verzweifelt: »Beide Lebensversionen fühlen sich falsch an und nebenbei mache ich alle, die ich liebe, unglücklich. Was soll ich bloß machen?« Arno hat Glück: Das Schicksal bietet eine Lösung an, als seine Firma ihn in eine andere Stadt versetzt. Dort nimmt er sich eine eigene Wohnung und übt sich im Alleinsein. Die erste Zeit ist verwirrend, mal vermisst er sein altes Leben, mal träumt er von einer unbeschwerten Zukunft mit seiner Freundin. Auf meinen Rat hin versucht er, das Alleinsein mit allen Ambivalenzen auszuhalten, um die Gemengelage aus Sehnsucht, Liebe, Loyalität und Schuldgefühlen langsam aufzulösen. Nur seine Kinder besucht er in regelmäßigen Abständen, was ihm Stabilität gibt in dieser schwierigen Zeit.

Als seine Freundin sich emotional von ihm zurückzieht, wird ihm klar: »Ich will sie nicht verlieren.« Er beginnt, um sie zu kämpfen und gleichzeitig beendet er die Beziehung zu seiner Frau. Endgültig. »Ich werde meine Frau immer lieben, uns verbindet so viel, aber das mit meiner Freundin ist etwas anderes. Sie ist meine Zukunft.«

Arno konnte seine Freundin zurückgewinnen. Aber von einem Happy End kann keiner der Beteiligten sprechen: Arnos Frau brauchte lange, um über die Trennung hinwegzukommen. Arnos Freundin ist eifersüchtig auf seine Exfrau und die Kinder. Und Arno selbst hat immer noch Schuldgefühle: »Es ist nach wie vor nicht einfach. Für keinen von uns.«

Eine Affäre führt selten direkt ins Paradies. Wer eine Affäre eingeht, leidet wie Arno oft unter Zerrissenheit – »Ich kann mich nicht entscheiden«; Schuldgefühlen – »Ich tue allen weh«; Druck – »Ich muss mich entscheiden« und Angst – »Ich verliere meinen Partner, meine Familie, mein bisheriges Leben«.

»Das hätte man sich ja vorher überlegen können«, ist ein häufiger Einwand. Stimmt. Aber manchmal ist es eben nicht nur die Lust auf eine schnelle Nummer, die Menschen dazu bringt, eine Affäre zu beginnen, sondern starke Verliebtheit, die sich nicht mehr bekämpfen lässt. Männer sind genauso wenig Schweine, wie Frauen Engel sind. Beide Geschlechter neigen zum Fremdgehen – aus den unterschiedlichsten Gründen.

# In einer guten Beziehung ist man sich immer treu

## Warum Männer und Frauen sich gleichzeitig lieben und betrügen können und was ein Seitensprung bedeutet

Caroline und Olaf sind beide Ende 20, als sie mich zum ersten Gespräch in meiner Praxis aufsuchen. Olaf sieht sehr zerknirscht aus. Caroline weint schon bei der Begrüßung. Mit zitternder Stimme erzählt sie, dass sie sich lieben würden und eigentlich heiraten wollten. »Wir sind seit zweieinhalb Jahren zusammen und eigentlich war alles gut.« Ihre Augen füllen sich wieder mit Tränen. »Und jetzt sind wir hier, weil wir von Ihnen wissen wollen, ob unsere Beziehung noch eine Chance hat.«

Ich werde neugierig. »Gibt es denn Anlass für Zweifel?«, frage ich. Caroline sieht Olaf an, der auf seinem Sessel hin und her rutscht. »Ich habe etwas Saublödes gemacht«, sagt er schließlich. »Ich war mit ein paar Freunden auf einem Junggesellenabschied. Wir haben viel getrunken. Wir waren in einer Strip-Bar. Und dann …« Ich kann mir den Rest denken. Er wirft Caroline einen besorgten Blick zu und fährt dann fort: »Ich schäme mich so sehr. Ich war bei einer Prostituierten.« Er sieht mich ängstlich an, als erwarte er einen Schuldspruch von mir. Caroline putzt sich die Nase. »Darf ich ihm so etwas verzeihen?«, fragt sie mich. Ich blicke Caroline eine Weile an und sehe ihren Schmerz, ihre Angst und ihre tiefe Verunsicherung über das, was Olaf ihr gebeichtet hatte. »Möchten Sie ihm verzeihen?«, frage ich sie zurück. Sie überlegt. »Ich liebe ihn. Ich möchte eigentlich mit ihm zusammenbleiben. Aber woher weiß ich, dass er so etwas nicht wieder macht?«

(Ich könnte fragen, wie viele Junggesellenabschiede noch ausstünden, aber die Stimmung ist zu angespannt, um sie mit einem Scherz aufzulockern.)

»Wie groß ist die Wahrscheinlichkeit, dass Sie so etwas wieder machen?«, frage ich Olaf also ernst. Die Antwort kommt wie aus der Pistole geschossen: »Null. Sie liegt bei null Prozent.«

Ich glaube ihm sofort. Und ich sehe, dass Caroline ihm gern glauben will. Natürlich gibt es keine Gewissheit, dass Olaf so etwas nicht wieder tun würde. Es gibt nie Garantien. Aber es gibt Wahrscheinlichkeiten. Und die Möglichkeit, einmal begangene Fehler zu reflektieren, damit sie uns nicht noch einmal passieren.

»Wie können Sie sich so sicher sein?«, frage ich ihn.

»Weil ich mich in meinem ganzen Leben noch nie so schlecht gefühlt habe, wie nach dieser Nacht. Weil ich es Caroline sofort beichten musste, ich hätte so nicht weiterleben können. Weil ich möchte, dass sie weiß, dass es das Blödeste ist, was ich je in meinem Leben getan habe und dass sie mir vertrauen kann, dass so etwas nie wieder passiert.«

Ich glaube Olaf. Caroline auch. Aber sie will verstehen, warum dieser »Ausrutscher« geschehen war und früh genug überprüfen, ob er eine tiefere Bedeutung hatte.

Vielleicht war Olaf bei einer Prostituierten, weil er sehr betrunken war, weil Gruppendruck Menschen zu den seltsamsten Dingen bringt. Vielleicht, weil er wie viele Männer neugierig war, wie bezahlter Sex ist. Oder weil tausend kleine Schritte an diesem Abend genau dorthin geführt hatten, wo er gelandet war: In einem Bordell und bei der Erkenntnis, dass Sex mit einer anderen Frau nicht die erhofften Glücks-

und Freiheitsgefühle auslöst, sondern ein wahnsinnig schlechtes Gewissen.

Ein Seitensprung ist nicht immer ein Indiz dafür, dass etwas in der Beziehung nicht stimmt. Studien über den Zusammenhang zwischen ehelicher Unzufriedenheit und Untreue sind nicht ganz eindeutig: Es scheint, als ob mehr Männer, die in ihrer Beziehung eigentlich zufrieden sind, fremdgehen als Frauen, die eher fremdgehen, wenn sie in ihrer Beziehung nicht mehr glücklich sind. Der deutsche Paar- und Sexualtherapeut Ulrich Clement bringt es auf den Punkt: »Affären kommen in glücklichen wie in unglücklichen Beziehungen vor – auch wenn Affären glückliche Beziehungen ziemlich schnell ziemlich unglücklich machen können.«

Aber der erste Ausrutscher ist für beide Geschlechter eine Weggabelung, an der wir innehalten und unsere Werte, unsere Beziehung und unsere sexuellen Wünsche hinterfragen sollten: War es wirklich nur reiner Gelegenheitssex oder vermisse ich etwas Grundlegendes in meiner Beziehung? Wie sieht unser Sexleben aus, wie steht es mit Erotik, Sinnlichkeit, Zärtlichkeit? Fühle ich mich von meinem Partner begehrt? Brauche ich mehr körperliche Nähe als mein Partner mir geben kann oder will? War der fremde Sex ein Racheakt – weil mein Partner mich nicht beachtet, Sexualität oder meine sexuellen Wünsche verweigert oder weil er selbst irgendwann einmal fremdgegangen ist? Oder will ich sogar einen Grund finden, um meinen Partner zu verlassen?[5]

---

5 Ein anderer Grund kann in der eigenen Persönlichkeit und der Bindungsfähigkeit liegen – wenn Seitensprünge in jeder Beziehung vorkommen, sind sie meistens dazu da, das Selbstwertgefühl zu stärken oder die Angst vor Nähe in einer Zweierbeziehung abzuschwächen.

## One-Night-Stands und langjährige Affären: Warum Männer und Frauen sich betrügen

»Das hat nichts mit uns zu tun«, sagt Robert zu seiner weinenden Frau Elisabeth, die gerade erfahren hat, dass er eine Affäre hat. Als Elisabeth sich einige Wochen später mit der Geliebten ihres Mannes zu einer Aussprache trifft, sagt diese: »In eine glückliche Beziehung hätte ich nie einbrechen können.« Elisabeth wird wütend: »Wenn Sie Schlampe sich nicht so an meinen Mann rangeschmissen hätten, wäre das nie passiert!«

Eine Affäre, drei Meinungen. Jede einzelne könnte stimmen, aber auch alle drei. Denn es gibt unzählige Gründe, warum Menschen fremdgehen:

### Gelegenheit macht Diebe

Ein Klient erwähnte einmal beiläufig, dass er seine Frau auf Geschäftsreisen oft betrüge. Auf meine Frage nach dem Grund antwortete er: »Weil ich es kann.«

Tatsächlich entstehen One-Night-Stands oft, weil die Gelegenheit günstig ist, weil eine hohe Diskretion gewahrt bleibt, weil es mit dem »normalen« Leben nichts zu tun hat und auch nie zu tun haben wird. Natürlich geht nicht jeder fremd, wenn sich die Gelegenheit dazu bietet. Aber am richtigen Ort zum richtigen Zeitpunkt von der richtigen Person verführt, könnten wohl nur wenige ihre Hand für ihre eigene Treue ins Feuer legen. Männer sind für unverbindliche Sexabenteuer verführbarer als Frauen, weil diese Sexualität mit Fremden oft als weniger befriedigend erleben.

**Don Juan**

Simon sucht mich auf, weil er an einen Punkt gekommen ist, an dem er unter seinem promisken Verhalten zu leiden beginnt. »Früher fand ich das ganz toll, mir die Bestätigung bei vielen Frauen zu holen, aber irgendwie fühlt es sich immer leerer an. Ich möchte gerne verstehen, warum ich meine Frau – die ich liebe – immer wieder betrüge.«

Simon braucht mehr narzisstische Zufuhr – also Aufmerksamkeit, Lob, Zuwendung – als eine einzige Partnerin ihm geben kann. Er ist ein »Liebes-Junkie«, süchtig nach Bestätigung, weil er sich im Grunde seines Herzens seiner Attraktivität und seines Wertes nicht sicher ist. Die Affären sind Krücken für sein Selbstwertgefühl, aber sie stabilisieren ihn nicht auf Dauer.[6]

**Zu Hause tote Hose**

Claudia hat seit Jahren immer mal wieder »was nebenher laufen«. Meist geht sie fremd, wenn sie mit Freundinnen in den Urlaub fährt, ab und zu auch, wenn sie abends ohne ihren Mann ausgeht. Bisher fand sie es immer okay, weil »zu Hause doch eh tote Hose ist«. Ihr Mann, mit dem sie seit 15 Jahren zusammen ist, hat wenig Lust auf Sex. »Ich bin doch noch jung. Irgendwo muss ich mir das dann doch holen.« Claudia liebt ihren Mann und eine Trennung kommt für sie nicht infrage. »Warum auch? Im Alltag läuft alles super, nur im Bett läuft es nicht.« Diese Lösung wird oft von Menschen gewählt, die triebstärker sind als ihre Partner. Sex und Liebe

---

6 Es gibt auch Menschen, die unter ihrer Promiskuität nicht leiden, entweder, weil sie einen Partner gefunden haben, der ihr Verhalten toleriert oder weil es ihnen gelingt, ihre Seitensprünge immer geheim zu halten. Die Heimlichkeiten sind für viele sogar ein zusätzlicher Kick, der die Affäre noch lustvoller macht.

wird hierbei tatsächlich getrennt und in den meisten Fällen finden die Affären diskret statt, es sei denn, beide haben sich auf eine offene Beziehung geeinigt.

### Zu viel Nähe

Auf den ersten Blick paradox anmutend, gehen Menschen, die Nähe nicht gut aushalten, oft Affären mit einer dritten Person ein. So halten sie beide – den Partner und den Geliebten oder die Geliebte – auf Abstand. Diese ménage à trois ist zwar Ausdruck einer Bindungsunsicherheit, kann aber für die primäre Beziehung stabilisierend wirken, weil sie Ängste abbaut. Mitunter sind diese Beziehungsdreiecke sehr stabil, weil alle Beteiligten von dieser Konstellation profitieren.

### Zu wenig Nähe

»Ich verhungere bei meiner Frau«, sagt Björn. »Ich liebe sie, aber sie beachtet mich kaum. Alles andere ist wichtiger: Die Kinder, ihre Eltern, unser Haus, sogar unser Hund hat Vorrang vor mir. Wir kuscheln nicht, wir schmusen nicht, wir haben nur ein paar Mal im Jahr Sex miteinander. Ich fühle mich eigentlich gar nicht wohl damit, eine Beziehung zu einer anderen Frau eingegangen zu sein, aber von ihr bekomme ich all das, was in meiner Ehe nicht möglich ist.« Nicht nur Frauen beginnen aus emotionaler Unterernährung eine Affäre, in der ihre emotionalen Bedürfnisse besser gesättigt werden. Bei ihren Partnern bleiben diese Menschen oft aus Loyalität, Angst vor Veränderung, finanzieller Abhängigkeit oder weil sie die Familie nicht auseinanderreißen wollen.

### Rettungsversuch für die Beziehung

»Meine Affäre war für unsere Ehe eine wichtige Prüfung. Wir hatten so wenig körperliche Nähe und eine wirklich eingefahrene Sexualität, dass ich mich bewusst auf den anderen Mann eingelassen habe und meinem Mann auch frühzeitig davon erzählt habe. Ich wollte sehen, ob er bereit ist, um mich zu kämpfen und auch unsere Sexualität wieder aufleben zu lassen. Glücklicherweise hat es geklappt. Ich fühle mich seither viel begehrenswerter und mein Mann beachtet mich ganz anders als vorher«, erzählt die 46-jährige Maja. Eine Affäre ist oft ein schrilles Alarmsignal für beide Partner und gibt ihnen die Möglichkeit, sich noch einmal bewusst füreinander zu entscheiden.

**Autonomie**

»Alles hab ich für ihn aufgegeben. Ich bin mit ihm wegen seiner Jobs von Stadt zu Stadt gezogen, habe unsere Kinder mehr oder weniger allein aufgezogen und habe mich viel zu lange untergeordnet und nicht für mich gesorgt. Jetzt bin ich mal dran«, findet Ramona und beginnt eine Affäre mit einem Nachbarn. Wer sich sehr abhängig fühlt vom Partner und das Gefühl hat, zu wenig eigenständig zu sein, erhofft sich durch die Heimlichkeit einer Affäre oft mehr Selbstbewusstsein und Autonomie. Dieser geheime Lebensraum ist oft mit unbewussten Rachegedanken verbunden: »Das hat mein Partner nun davon, dass er mich so lange vernachlässigt und unterdrückt hat.« Oft jedoch ist die Affäre nur ein weiterer Beleg für die Abhängigkeit, weil sie vor allem in Bezug auf den Partner geführt wird – um ihn zu verletzen oder ihm etwas heimzuzahlen.

**Das Leben noch mal spüren**

Männer über fünfzig kaufen sich eine neue Garderobe und einen Porsche. Frauen lassen sich botoxen und Fett absaugen. Die Hälfte des Lebens ist vorbei, der Körper zeigt altersangemessene Gebrauchsspuren, die langjährige Beziehung fühlt sich schal an. Wehmütig geht der Blick zurück auf all die verpassten Gelegenheiten und ungelebten Träume. Jetzt ist Schluss damit! Der Marktwert wird noch einmal getestet und dazu gehört auch, sich eine (jüngere) Geliebte oder einen (jüngeren) Liebhaber anzuschaffen. »Ich weiß, dass ich ein wandelndes Klischee bin. Aber ich fühle mich so lebendig, wenn ich mich mit meiner Freundin treffe. Sie ist so anders als meine Frau, so frisch und unverbraucht, sie bringt mich auf andere Gedanken und ich lerne mit ihr die Welt noch einmal ganz neu kennen«, berichtet der 53-jährige Roman in der ersten Verliebtheit. Ein halbes Jahr später sieht die Welt oft anders aus, weil ein großer Altersunterschied bei Paaren nicht nur Vorteile mit sich bringt: »Sie war mir zu rastlos. Und sie hat mir dauernd Vorwürfe gemacht: Ich sei langweilig, immer müde, ohne Elan. Aber ich bin halt nicht mehr 28. Ich habe keine Lust mehr, mir auf Partys oder in Klubs bis morgens die Beine in den Bauch zu stehen. Und unsere Zukunft sah ich auch irgendwann kritisch – ich bin viel zu alt, um noch einmal Vater zu werden.« Viele bereuen nach einer Weile ihren Ausbruch aus der Primärbeziehung. Für manche gibt es ein Zurück. Andere finden sich unverhofft in einem Single-Leben wieder und nicht selten sehnen sie sich nach dem, was sie einst hatten.

**Exit-Affäre**

Hannah ist seit langer Zeit unglücklich mit ihrem Freund. Sie findet ihn abweisend und kühl. »Aber wir haben doch so viel miteinander aufgebaut. Ich kann mir irgendwie auch nicht vorstellen, ohne ihn zu sein, allein zu sein. Ich schaffe es nicht, ihn zu verlassen.«

In dieser Phase lernt sie über Bekannte einen Mann kennen und die beiden verlieben sich ineinander. Auch er lebt in einer unglücklichen Beziehung und hat sich jahrelang nicht getraut, seine Frau zu verlassen. In ihrer Affäre finden die beiden all das, was sie in ihren langjährigen Beziehungen vermissen. Und so scheint eine Trennung plötzlich nicht mehr wie eine traurige, angsteinflößende Gefahr, sondern als die einzig richtige Lösung, die zum Glück führt. Ob aus der Exit-Affäre schließlich eine tragbare Beziehung wird, lässt sich nicht vorhersagen.

## Hinter den Kulissen: ein Blick zurück in die Herkunftsfamilie

Es gibt Tausende von Gründen, warum Menschen eine Außenbeziehung anfangen: Manchmal ist es ein einmaliger Seitensprung aus purer Lust, manchmal ist es eine Affäre aus Verliebtheit, manchmal dient die Affäre dazu, die primäre Beziehung zu stabilisieren und manchmal dazu, sie beenden zu können. Auch wenn sicherlich nicht jeder Seitensprung »psychologisiert« und »pathologisiert« werden muss, so lässt sich doch nicht von der Hand weisen, dass viele Affären durchaus eine tiefere Bedeutung haben. Aber eine Dreiecksbeziehung sagt nicht nur etwas über die primäre Beziehung aus, sondern auch über die Beziehungsgeschichte der beteiligten Personen. Der erfahrene Paartherapeut Hans Jellouschek sieht als Hauptgrund für Außenbeziehungen eine zugrunde liegende Bindungsambivalenz, weil die Ablösung von den Eltern nicht geklappt hat: »So wie der Heranwachsende Dritte außerhalb braucht, Gleichaltrige und erste Liebespartner, um sich aus seiner Familie zu lösen, so sucht der unabgelöste Erwachsene Dritte außerhalb seiner elterlichkindlichen Paarbeziehung, um sich daraus zu lösen. Dreiecksbeziehungen sind der Versuch, die verschleppte Entwicklungsaufgabe, vom gebundenen Kind zum autonomen Erwachsenen zu werden, wieder aufzugreifen, um sie zu lösen.«

Ein verheirateter Mann, der nicht ausreichend von seiner Mutter gelöst ist, verstrickt sich neben seiner Ehe immer wieder in Affären, die er geheim hält und die auf gar keinen Fall seine Ehe gefährden sollen. So schafft er ein wenig Abstand und bleibt dennoch an seine Frau gebunden, die unbewusst zu seiner enttäuschten, strafenden Mutter geworden ist.

Eine Frau, die die Affären ihres Mannes toleriert oder immer wieder an Männer gerät, die sie betrügen, kämpft unbewusst oft noch um die Anerkennung des abweisenden oder unerreichbaren Vaters, der ihr nie die besondere Liebe und Aufmerksamkeit schenkte, die sie gebraucht hätte.

Am deutlichsten erkennt man diese kindlichen Inszenierungen oft bei Frauen, die in ihren Beziehungen wiederholt die Rolle der Geliebten einnehmen: Eine Frau, die von ihrem Vater nicht ausreichend abgelöst ist, kann als Geliebte versuchen, den gebundenen Mann für sich zu gewinnen, etwas, woran sie bei ihrem Vater in letzter Instanz immer scheitern musste. Ein uneindeutiger Vater, der uneindeutige Grenzen zieht und die Tochter emotional zu stark an sich bindet oder ein ambivalenter, abweisender Vater, der die Tochter zur Nähe einlädt und unvorhersehbar wieder zurückstößt, kann die Tochter nachhaltig verwirren, sodass sie ihre Bedeutung später in Erwachsenenbeziehungen immer wieder austesten muss. Gleichzeitig wird die unbewusst geschürte und unüberwundene Rivalität zur Mutter nun mit anderen Frauen ausgelebt. Immer wieder wird gegen bestehende Beziehungsgrenzen aufbegehrt. Während sie die erste Frau einerseits vom Thron stoßen wollen, um endlich selbst einmal die erste Geige zu spielen, begnügen sich viele Geliebte andererseits immer wieder damit, die Dritte im Bunde zu sein – ohne realistische Aussicht auf eine offizielle Zweierbeziehung. Dahinter steckt oft auch die Angst vor zu viel Nähe und das Gefühl, es nicht wert zu sein, dass ein Mann sich eindeutig für sie entscheidet. In der Rolle der Geliebten können sich bindungsängstliche Frauen einer Beziehung annähern, ohne dass diese zu gefährlich wird.

Und so spiegelt eine Dreiecksbeziehung im Hier und Jetzt oft das Unvermögen oder den Unwillen wider, sich wirklich auf *eine* Person voller Liebe, Leidenschaft, Intimität und Verbindlichkeit einzulassen, weil Beziehungen schon in der Kindheit als überfordernd, einengend oder enttäuschend erlebt wurden.

## Das kann doch jedem passieren – der Unterschied zwischen Versuchung und Hingabe

Es ist eine Illusion zu glauben, dass wir immun sind gegen jegliche Verführung außerhalb unserer Beziehung. Jede und jeder kann sich verlieben. Keine langjährige Beziehung, kein Ring am Finger schützt uns davor, Gefühle für eine(n) andere(n) zu empfinden. In den meisten festen Beziehungen tritt nach einer Weile Routine ein. Man kennt seinen Partner. Man hat sich an seine Ecken und Kanten gewöhnt. Man lebt so vor sich hin – miteinander, nebeneinander, im Alltag, im Urlaub, im Stress, in Langeweile. Vielleicht fehlt uns etwas. Vielleicht merken wir es gar nicht, bis wir jemanden kennenlernen, der genau das verkörpert, was wir an unserem

Partner vermissen. Und dann – krach – schlägt der Blitz ein. Oder es geht schleichend, und wir merken, wie wir immer öfter an den netten Kollegen denken müssen, der so aufmerksam ist und uns Komplimente macht, während der eigene Mann nicht mal bemerkt, dass wir unsere Haare drei Nuancen dunkler gefärbt haben.

»Ich fühle mich so hingezogen zu ihm«, sagt Marie über den neuen Partner einer Freundin und fängt kurze Zeit später mit ihm eine Affäre an. »Ich weiß, dass es doppelt verwerflich ist, aber ich kann nichts dagegen tun!« Marie hat recht und unrecht zugleich. Denn auch wenn unsere Gefühle nicht steuerbar sind – unser Verhalten ist es sehr wohl.

Selbst, wenn wir uns bis über beide Ohren verliebt haben, haben wir noch die Wahl: Forciere ich das Treffen mit dem anderen oder halte ich mich zurück. Nicht jedes Verliebtheitsgefühl muss in die Tat umgesetzt werden. Oft genug erlischt das Strohfeuer der Verliebtheit ohnehin nach kurzer Zeit, hinterlässt aber rundherum so viel verbrannte Erde, dass die Affäre später bitter bereut wird. »Wenn ich noch mal zurück könnte, würde ich alles ganz anders machen«, sagt Marie ein Jahr nachdem die Affäre aufgeflogen ist. Ihr Mann hat sich von ihr getrennt. Ihr Liebhaber ist bei seiner Freundin geblieben, die Marie seitdem schneidet. »Mein ganzer Freundeskreis ist auseinandergebrochen. Ich war die Böse, die in eine andere Beziehung eingebrochen ist und die ihrem Mann das Herz gebrochen hat. In der Zeit, als es mir so richtig schlecht ging, konnte ich von niemandem Mitleid erwarten. Alle fanden, dass ich selbst schuld war. Und das war ich ja irgendwie auch.«

Wer liiert ist und sich zu einem anderen Menschen hingezogen fühlt, muss eine Entscheidung treffen. Und Verantwortung für diese Entscheidung übernehmen. Für den

Schmerz, den wir unserem Partner ersparen, wenn wir treu bleiben oder den Schmerz, den wir ihm zufügen, wenn wir untreu werden. Für den Verzicht, den wir erfahren, wenn wir treu bleiben oder das Hochgefühl und die Schuldgefühle, wenn wir untreu werden.

Oft wird die Verantwortung für unser Handeln abgegeben: »Ich war so wahnsinnig betrunken. Ich kann mich gar nicht mehr daran erinnern, wie das alles eigentlich passiert ist«, ist eine typische Ausflucht. »Es hatte nichts zu bedeuten. Es ist einfach so passiert«, eine weitere. Aber ein Seitensprung ist kein Autounfall oder keine Krankheit, die uns ereilt. Es ist eine Aktivität, die ein bewusstes Vorher und ein bewusstes Nachher hat. Wir entscheiden, ob wir unseren Partner betrügen oder nicht. Und hinterher entscheiden wir, ob wir es beichten oder verschweigen. Hier verhält es sich wie beim Seitensprung: Beide Optionen haben Für und Wider und wir tun gut daran, möglichst viel Verantwortung für unsere Entscheidung und unser Verhalten zu übernehmen.

## Beichten oder Verschweigen: Ist Reden Silber und Schweigen Gold?

Katja landet nach einem Klassentreffen mit ihrer alten Jugendliebe Dirk im Bett. »Oh Gott, wie konnte das bloß passieren? Ich liebe meinen Mann. Ich habe zwei kleine Kinder. Ich hatte zwei Gläser Wein getrunken, war also noch völlig klar, als es passiert ist. In dem Moment, als es vorbei war, wusste ich sofort, dass es ein riesengroßer Fehler war.« Katja entscheidet sich, ihrem Mann nichts von ihrem Fehltritt zu erzählen, weil sie ihren Mann und ihre Ehe nicht belasten möchte. »Es war eine einmalige Sache und obwohl ich mich furchtbar fühle und mir das nie verzeihen werde, möchte ich meine Beziehung zu meinem Mann nicht gefährden.« Dirk wiederum beichtet seiner Partnerin sogleich alles. Er möchte »reinen Tisch« machen und bittet sie, ihm zu verzeihen.

Welches Verhalten ist besser – Dirks oder Katjas? Um zu entscheiden, ob ein (unbedeutender) Seitensprung verschwiegen oder gebeichtet wird, müssen wir uns fragen, welchen Nutzen unser Partner hat, davon zu erfahren. Aus moralischer Sicht scheint es zunächst doppelt egoistisch, den Partner zu betrügen und ihn dann auch noch mit dem Geständnis zu belasten, das eigentlich nur einen Sinn hat: uns selbst zu entlasten. Auf der anderen Seite könnte man einwenden, dass der betrogene Partner die Möglichkeit haben sollte, mitzuentscheiden, wie er mit dem Betrug umgehen möchte – ob er bereit ist, zu verzeihen oder die Beziehung lieber beenden möchte.

Viele Paare sprechen irgendwann über die Möglichkeit eines Fehltritts. »Ich möchte das auf gar keinen Fall erfahren«, sagen viele über einen einmaligen Ausrutscher und einige können sogar eine längere Affäre des Partners akzeptieren, solange sie diskret gelebt wird. Andere bestehen auf absoluter Offenheit und fühlen sich eher von der Lüge als von dem Betrug bedroht und gedemütigt, wie Barbara, die nach zehn Jahren von der Nebenbeziehung ihres Mannes erfuhr: »Die Tatsache, dass seine Geliebte von mir wusste und ich nichts von ihr – das war für mich der größte Schlag.«

Es gibt keine Standardlösungen, nur das individuelle Abwägen und den Blick auf den Partner, die vereinbarten und gelebten Beziehungsgrundsätze. Der Paartherapeut Ulrich Clement unterscheidet zwischen einer Moral der Wahrheit und einer Moral der Konsequenz. Wer die Konsequenzen der schonungslosen Wahrheit miteinbezieht – und zwar die, die es für den Betrogenen hat, vom Seitensprung zu erfahren, oder eben auch nicht –, der wird vermutlich eine reflektiertere und verantwortungsvollere Entscheidung treffen als der, der ausschließlich nach der Moral der Wahrheit handelt.

Letztlich spielt auch die Art der Affäre eine Rolle: Ein einmaliger Ausrutscher hat meist eine andere emotionale Bedeutung als eine längere Affäre – zudem steigt die Gefahr, entdeckt zu werden, mit der Zeit. Einige verheimlichen die Affäre aus Unsicherheit, wie es weitergehen soll und um sich noch ein bisschen Bedenkzeit zu verschaffen, wieder andere aus Egoismus, weil sie den Status quo mit einer Haupt- und einer Nebenbeziehung nicht aufgeben möchten. Zwei Drittel aller Affären kommen jedoch irgendwann ans Tageslicht[7] – die betrogenen Partner ahnen etwas, suchen nach Beweisen und finden sie schließlich. Oder die Affäre wird vom Betrüger selbst unbewusst aufgedeckt: »Mein Mann hat mir eine eindeutige SMS geschickt – aber mich mit einem falschen Namen angesprochen.« – »Aus der Tasche meiner Frau sind Kondome gefallen, obwohl sie die Pille nimmt und wir noch nie Kondome benutzt haben.« – »Mein Freund hat mir Unterwäsche in der falschen Größe geschenkt – weil sie gar nicht für mich, sondern für seine Geliebte bestimmt war.« – »Meine Freundin hat mich beim Sex und im Streit mit einem anderen Namen angesprochen, da war die Sache dann für mich klar.« Wer schon tief in eine Liebesaffäre verstrickt ist und nicht mehr ein noch aus weiß, legt mitunter unbewusst Fährten für den Partner, wie obige Beispiele zei-

7 Frauen sind laut Studien weitaus besser im Verheimlichen einer Affäre als Männer.

gen. Irgendwann kann der betrogene Partner nicht mehr wegsehen und die beiden müssen über die Affäre sprechen.

An dieser Stelle beginnt dann die meist qualvolle Zeit der Fragen und Antworten, Vorwürfe und Rechtfertigungen, Zweifel und Klärung. Aber in diesem schwierigen Prozess liegt auch die Chance der Neufindung und Neuorientierung des Paares, die Möglichkeit, die Affäre in ihrer Tragweite und tieferen Bedeutung zu verstehen und sich individuell, aber auch als Paar, weiterzuentwickeln.

## Nach einem Seitensprung ist alles vorbei

Warum es so schwierig ist, zu verzeihen und wie man eine Affäre für die Beziehung nutzen kann

Die traurige Wahrheit vorab: Liebesaffären sind tatsächlich der häufigste Anlass für Trennungen. Aber wie so oft stellt sich die Frage nach der Henne und dem Ei – hat die Affäre die Beziehung ins Unglück gestürzt oder ist die Affäre das Resultat einer unglücklichen Beziehung? Fakt ist: Ein Seitensprung ist in den meisten Fällen eine extreme Belastung für eine Beziehung. Sowohl für den Betrogenen, wie auch für den, der sich in eine andere Person verliebt hat. Bei all der Verwirrung und Verzweiflung, die eine Affäre mit sich bringt – eine Affäre muss nicht das Ende einer Beziehung sein. Manchmal ist sie sogar der entscheidende Anlass, eine zuvor unglückliche Beziehung grundlegend neu zu gestalten und zu verbessern.

Vor der erneuten Entscheidung füreinander fällt allerdings die Aufarbeitung der Krise.

Nach dem ersten Schock entsteht bei vielen Betrogenen oft eine wahnsinnige Wut. Ein Schuldiger/eine Schuldige muss gefunden werden, um das Unfassbare zu erklären. Wer aus Angst oder Aggressionshemmung die Auseinandersetzung mit dem untreuen Partner vermeiden möchte, richtet seine ganze Wut auf die Rivalin (oder den Rivalen). »Sie allein ist schuld, wenn sie nicht gewesen wäre, hätte mein Mann mich nie betrogen.« Um die Geliebte ihres Mannes nicht ungestraft davonkommen zu lassen, startete die Amerikanerin Arielle Alexander einen Rachefeldzug sondergleichen: Sie erstellte die Website »shesahomewrecker.com«[8], auf der sie ihre Nebenbuhlerin mit Namen, Adresse und sogar Foto outete. Zahlreiche betrogene Frauen folgten ihr und schickten detaillierte Geschichten über die Geliebten ihrer Männer. Die Kritiker der Seite sind genauso zahlreich wie ihre Verteidiger – nach nur zwei Jahren hat »shesahomewrecker« bereits über 300 000 Facebookfans. Obwohl Arielle Alexanders Seite die Persönlichkeitsrechte von Hunderten von Frauen verletzt, verteidigt sie die Notwendigkeit der Denunzierungen: Sie glaubt, dass die Bloßstellung der Geliebten den Betrogenen bei der Verarbeitung hilft. Tatsächlich ermöglicht Rache die Abwehr der Kränkung und die Umkehr der Ohnmacht. Wer sich rächt, fühlt sich stark und im Recht und schützt für einen kurzen Moment das eigene Selbstwertgefühl.

Aber was, wenn das erste archaische Rachebedürfnis gestillt ist? Die Affäre des Partners ist in ihrer Niederträchtig-

---

8 Ein *homewrecker* ist jemand, der eine Beziehung oder eine Familie zerstört.

keit im Freundes- und Bekanntenkreis oder gar auf einer sensationsheischenden Website entlarvt. Vielleicht hat man sich mit der Rivalin getroffen und ihr einmal so richtig die Meinung gesagt. Vielleicht wird man sie für immer hassen und sich sicher sein, dass »diese Schlampe meinen Mann verhext hat«. »Die Andere« bleibt für viele Betrogene Angst- und Hassobjekt, die Inkarnation des Bösen, eine Ausgeburt an Amoralität und wenn sie sich nicht schamlos an den (unschuldigen) Mann herangemacht hätte, wäre die Welt noch immer in Ordnung.

In der ersten Zeit nach dem Aufdecken einer Affäre kann die Aufteilung in »Täter« und »Opfer« für die Betrogenen stabilisierend wirken – sie können sich des Mitleids und der Unterstützung ihrer Umwelt sicher sein und wähnen sich moralisch auf der sicheren Seite.

Oft wird aber auch dem Partner die alleinige Schuld für die Nebenbeziehung zugeteilt. »Schäm dich!«, ruft Lilo ihrem Mann Georg in den paartherapeutischen Sitzungen, nachdem er einen Seitensprung gebeichtet hatte, immer wieder zu. Georg schämt sich. Er fühlt sich schuldig. Aber er möchte auch erklären, warum die Affäre passiert war. Wie lange er sich schon von seiner Frau vernachlässigt und missachtet gefühlt hatte. Aber Lilo will nichts davon hören. »Du hast kein Recht, von mir Verständnis zu fordern. Nicht, nachdem du fremdgegangen bist!« Sicherlich braucht es eine Weile, bis der betrogene Partner seine eigenen Wunden geleckt hat und wieder bereit ist, sich auf seinen Partner, dessen Gefühle und die Paarbeziehung einzulassen. Problematisch wird es jedoch, wenn moralisierende Schwarz-Weiß-Beschreibungen dauerhaft aufrechterhalten werden, beispielsweise, um die eigene Machtposition zu stärken. Wenn ein Paar nicht aus dieser einseitigen Sichtweise herausfindet, erstarren die Gefühle und die Rollen: Der Betrogene bleibt für immer das Opfer, der Betrüger für immer der Täter, Selbstgerechtigkeit und Verbitterung bestimmen den Austausch und die Atmosphäre. Letztlich geht es nicht vor und nicht zurück – eine Weiterentwicklung ist weder für die beiden Partner, noch für ihre Beziehung möglich.

»Ich mag so nicht mehr, Lilo«, sagt Georg eines Tages seiner Frau. »Ja, ich habe einen Fehler gemacht. Einen furchtbaren Fehler, der dich sehr verletzt hat und der mir nach wie vor sehr leidtut. Aber ich bin nicht allein schuld daran, dass unsere Beziehung den Bach runtergeht. Ich habe mich für dich entschieden und möchte auch weiterhin mit dir zusammenbleiben. Aber wir müssen einen Schritt weitergehen. Auch du. Ich sitze mit dir hier in der Paartherapie und immer, wenn wir zu den wirklich brenzligen Themen kommen, die vielleicht auch etwas mit dir zu tun haben, reagierst du mit: ›Du hattest eine Affäre, schäm dich, sei still.‹« Georg hat recht. Lilo benutzt seine Affäre als Totschlagargument, wann immer es um Georgs verletzte Gefühle und seine Wünsche nach Veränderungen geht, die emotional bedrohlich für sie werden. Georg fordert Lilo irgendwann auf, sich genauso wie er zu entscheiden: »Möchtest du weiter mit mir zusammenbleiben oder nicht? Wenn ja, musst du mir sagen, was du brauchst, um mir zu verzeihen. Und dann müssen wir ein paar Dinge in unserer Beziehung ändern. Ich bin schon lange nicht mehr glücklich damit, wie wir miteinander umgehen.«

Lilo spürte, dass Georg nicht mehr bereit war, die Täterrolle ein- und alle Schuld auf sich zu nehmen. Seine klare Positionierung rüttelte sie aus ihrem Anklagemodus und sie erklärte sich bereit, mit ihm gemeinsam an ihrer Beziehung zu arbeiten. Es dauerte lange, bis sie ihm verziehen hatte. Aber je ehrlicher ihr Umgang miteinander wurde, desto mehr Respekt, Vertrauen und Achtsamkeit stellte sich zwischen beiden wieder ein.

Viele Paare verharren jahrelang in Täter-Opfer-Positionen und lähmen ihre Beziehung und ihre Gefühle. Andere versuchen, nach einer Affäre möglichst schnell wieder zum Alltag überzugehen: »Die Affäre ist vorbei, was gibt es da jetzt noch zu bereden.«

Wer aus einer Beziehungskrise nichts lernt oder einfach so über sie hinweggeht und so weitermacht wie zuvor, wird ziemlich sicher scheitern. Der nächste Ausbruch, die nächste Krise, die nächste Affäre kommt bestimmt. In beiden Fällen vermeiden Paare notwendige tiefgründige Auseinandersetzungen und vergeben sich somit die Chance, ihren eigenen Anteil am Geschehen, wie auch die meist durchaus vorhandenen positiven Entwicklungschancen, wahrzunehmen.

Dabei muss gesagt werden, dass die Phase nach einer Affäre eine extreme Herausforderung für beide Partner ist. Explosive Gefühle liegen in der Luft: Liebeskummer, Misstrauen, Kränkungen, Wut – all das macht es dem Paar nicht einfacher, wieder aufeinander zuzugehen. Aber oftmals ist eine Affäre auch ein schrilles Warnsignal, das beide Partner deutlich spüren lässt, dass sie am anderen noch hängen, dass sie den anderen noch lieben, dass sie eine gemeinsame Zukunft doch nicht so ohne Weiteres aufgeben können und wollen.

## Warum hast du mir das angetan? Die schwierige Zeit danach

»Ich könnte einen Seitensprung nicht verzeihen«, sagen viele Menschen am Anfang einer Beziehung. Und geraten dann selbst in Versuchung. Oder erfahren, dass der Partner sie betrogen hat. Dass er sich vielleicht sogar in eine andere Person verliebt hat. Der Schmerz scheint unermesslich. Die Zurückweisung und die Angst, den anderen zu verlieren, äußern sich in körperlichen Trennungsschmerzen.

Das Aufdecken einer Affäre bringt unser intimstes Gerüst aus Vertrauen, Liebe und Alltag zum Wanken. Der Psychologe Ragna Beer, der an der Uni Göttingen über Untreue forscht, fand heraus, dass Betrogene unter ähnlichen Symptomen wie Traumatisierte leiden. Ihr Sicherheitsgefühl ist beschädigt, die Mehrzahl der Betroffenen ist reizbar, depressiv und verfällt in einen Grübelzwang: Wann war er bei ihr, wie oft, wie haben sie miteinander geschlafen, sieht sie besser aus als ich, was weiß sie von mir, habe ich sie schon einmal gesehen, sieht er sie weiterhin, wie kann ich ihm je wieder vertrauen? Das Kopfkino lässt sich oft nicht stoppen, weder tagsüber noch nachts, wenn Alpträume die Betroffenen heimsuchen. Viele versuchen, Kontrolle über ihre Gefühle und den Seitensprung zu erlangen, indem sie Wissen über die Affäre anhäufen. Das Gegenteil ist meist der Fall. Je mehr wir wissen, desto mehr prägen sich die quälenden Bilder in unserem Kopf ein. Der Partner, der nun alles richtig machen will, um die Beziehung zu retten, versucht ehrlich zu sein und zerschlägt damit nur noch mehr Porzellan.

»War der Sex besser mit ihr?«, fragt Laura ihren Freund

Tom. Was soll er antworten? Der Sex mit seiner Affäre Amanda war aufregender, weil nicht so vertraut wie mit Laura. »Was ist attraktiv an ihr?« Jede Antwort wäre wie ein Messerstich für Laura – Amandas tolle Figur, ihre Augen, die Grübchen, ihr Geruch – nichts davon möchte er Laura mitteilen, um sie zu schonen, aber sie besteht auf einer Antwort. »Hast du dich in sie verliebt?« Am Anfang dachte Tom das, aber er liebt Laura mehr, das wurde ihm klar, als die Affäre aufflog und er Lauras tiefe Verzweiflung erlebte. Tom steckt in der Zwickmühle, er will Laura nicht noch mehr verletzen, aber er hat ihr auch versprochen, von nun an 100 Prozent ehrlich zu sein.

Als Betrogene(r) sollten Sie nur die Fragen stellen, deren Antworten Sie vertragen. Intime, vor allem sexuelle Details sind in den meisten Fällen verletzend und unbedingt zu vermeiden. Sie können sich bei jeder brennenden Frage selbst fragen: Bringt mich die Antwort weiter? Oder tut sie mir nur weh? In den meisten Fällen macht Detailwissen die Sache nicht besser, sondern schlimmer. Wenn möglich, verzichten Sie darauf.

Wenn Sie dazu bereit sind, konzentrieren Sie sich lieber darauf, was Sie brauchen, um verzeihen zu können und wieder Vertrauen zu entwickeln. Und machen Sie sich gleichzeitig darauf gefasst, dass Ihre Verletzung, Ihre Wut und Ihre Enttäuschung nicht über Nacht verschwinden. Dass es trotz bester Intentionen beider Partner eine ganze Weile dauern kann, bis sich wieder Vertrauen gebildet hat.

»Sie spioniert mir hinterher«, beschwert Tom sich in einer unserer Sitzungen über Laura. »Sie glaubt mir gar nichts mehr.«

»Ja, was hast du denn gedacht?«, fragt Laura ihn wütend. »Du betrügst mich zwei Monate, dann klärst du mich auf und nachdem du Entschuldigung gesagt hast, gehen wir wieder zum Alltag über?!«

Er schaut mich ratlos an. »Ich bin doch jetzt wirklich ehrlich mit Laura. Ich habe keinen Kontakt mehr zu der anderen Frau. Es ist wirklich und endgültig vorbei. Und ich habe nicht vor, so etwas noch mal zu starten. Ich liebe Laura wirklich.« Tom sucht Lauras Blick, aber sie verschränkt die Arme vor der Brust.

»Woher soll ich wissen, dass du das ernst meinst?«

Tom stöhnt und vergräbt sein Gesicht in beiden Händen. »Was soll ich denn machen?«, fragt er in den Raum. Laura und Tom sind in einem typischen Dilemma nach einer Affäre. Betrogene haben das Problem, dass sie ihren Partnern nicht mehr glauben können, weil diese sie – meist über einen längeren Zeitraum hinweg – angelogen haben. Also versuchen sie, ihr Vertrauen über Kontrolle zurückzugewinnen. Der untreue Partner, der die Außenbeziehung beendet hat, leidet vielleicht noch unter Liebeskummer, hat sich aber trotzdem und wahrhaftig für seine primäre Beziehung entschieden. »Wie lange soll ich denn noch büßen?«, mag er sich fragen. Es ist ein Unterschied, ob der Betrogene jahrelang auf der Schuld des anderen herumreitet und sich somit in eine machtvollere Position begibt oder ob er damit kämpft, wie er seinem Partner den Vertrauensbruch verzeihen kann. »Ich will dir ja glauben«, sagt Laura schließlich leise in die Stille hinein. »Ich weiß nur nicht, wie ich das schaffen soll.« Sie schauen sich eine Weile an. Es liegt kein Machtkampf in der Luft, sondern die Angst, ob die Beziehung noch zu retten ist.

»Okay, was kann ich denn tun, damit du mir wieder vertraust?«, fragt Tom. »Ich mache alles, was du willst, es ist mir wirklich ernst und sehr, sehr wichtig, dass wir beide das miteinander wieder hinbekommen.«

Neben dem Faktor Zeit gibt es für jedes Paar vertrauensbildende Maßnahmen, die es besprechen und umsetzen kann. Laura wünschte sich, dass Tom sie öfter von unterwegs anrief und ihr eine ungefähre Zeit mitteilte, wann er von Ausflügen mit Freunden zurückkam. Und dass sie sein Handy »untersuchen« dürfe, wann immer sie das Bedürfnis danach hatte. Tom, der nichts mehr zu verbergen hatte und alles tun wollte, damit Laura ihm sowohl vertraute als auch verzieh, willigte ein. Als Laura spürte, dass er sie in ihrer Unsicherheit ernst nahm und sich akribisch an Absprachen hielt, entspannte sie sich mit der Zeit. »Am Anfang war es ganz schlimm. Ich habe sein Handy täglich durchforstet, immer mit einem klopfenden Herzen und mit der Angst, auf etwas Schlimmes zu stoßen. Weil ich nie etwas gefunden habe und weil Tom in dieser Zeit ganz vorsichtig und lieb mit mir war, habe ich mich immer mehr beruhigt. Mein Misstrauen wurde weniger. Und nach einer Weile hab ich total vergessen, in sein Handy zu gucken.«

## Die Affäre nutzen: Wofür steht die Affäre?

»Was hat sie, was ich nicht habe?«, ist eine häufige Frage. Der untreue Partner scheut sich oft, diese Frage zu beantworten. Zu Recht. Denn der direkte Vergleich mit der Rivalin ist immens verletzend. Aber in abgewandelter Form kann die Frage für ein Paar sehr wichtig sein. Denn es geht in den seltensten Fällen um die Geliebte, sondern eher um das, was mit ihr möglich schien und was in der primären Beziehung seit einer Weile nicht mehr möglich war.

»Was konnten Sie in der Außenbeziehung leben, was in Ihrer Beziehung zu Laura nicht möglich war?«, frage ich Tom.

»Möchtest du das hören?«, fragt er Laura. Sie nickt. »Also, ich fand es schön, dass sie sich für mich interessiert hat. Dass sie mir Fragen gestellt hat. Dass sie mir zugehört hat.« Laura weint. »Ich interessiere mich auch für dich.« Tom weint auch. »Aber du fragst mich nie. Du warst im letzten Jahr nicht wirklich nett zu mir. Es gab so viele Momente, in denen du mich zurückgestoßen hast.«

Laura und Tom haben ein schweres Jahr hinter sich, nachdem Laura im vierten Monat ihr Kind verloren hatte. Das Kind war nicht geplant gewesen, aber beide hatten sich entschieden, es zu bekommen. Nach der Fehlgeburt ging es Laura sehr schlecht. Sie zog sich von Tom zurück und versank eine Weile in Trauer. Tom versuchte, sie zu erreichen und sie zu trösten, aber sie hatte das Gefühl: »Du verstehst mich nicht. Du hast keine Ahnung, was es bedeutet, plötzlich schwanger zu sein, ein Kind in sich heranwachsen zu spüren und es dann wieder zu verlieren.« Tom fühlte sich schuldig und hilflos. Er wusste nicht, wie er mit Laura umgehen sollte. Er vermied schließlich das Thema der Fehlgeburt. Die beiden trauerten nun wirklich jeder für sich allein.

»Laura, ich war genauso allein wie du. Ich hätte dich so gern getröstet, aber da war eine Mauer zwischen uns«, sagt Tom in einer unserer Sitzungen.

»Ich weiß, dass ich dich zurückgestoßen habe. Es ist ungerecht, aber ich hatte das Gefühl, dass du mich alleinlässt mit meinem Schmerz. Dass du nicht so traurig bist wie ich.«

»Ich war auch total traurig. Vielleicht hast du recht, dass für mich die Fehlgeburt körperlich nicht so spürbar war wie für dich. Dass für mich die Idee eines Kindes abstrakter war als für dich. Aber ich war traurig. Und weißt du was? Noch schlimmer als die Fehlgeburt war für mich, dich so leiden zu sehen. Und dir nicht helfen zu können. Dir nicht mal nah sein zu können.« Während Laura sich in ihrem Schmerz verkapselte, resignierte Tom in seinen Bemühungen, Laura zu erreichen. Als eine Freundin seiner Schwester anfing, sich um ihn zu bemühen, war er zunächst nicht interessiert. »Ich hab immer nur Laura gewollt. Aber dann war da dieses Wochenende, an dem ich mit meiner Schwester und ein paar Freunden – und eben auch dieser Frau – zusammen war und sie hat sich mir so geöffnet, weil sie gerade Liebeskummer hatte. Ich hab mich endlich mal wieder einem Menschen nah gefühlt. Sie hat sich von mir trösten lassen. Und dann ist es irgendwie passiert.« Laura hebt die Hände, sie will nichts mehr wissen. Tom fühlte sich zu der anderen Frau hingezogen, weil sie beide sich für einen Moment das geben konnten, was Laura verweigerte: Nähe und Trost.

Es gibt so viele Aspekte, für die eine Nebenbeziehung stehen kann: Lebendigkeit, Leichtigkeit, Tiefe, Leidenschaft, Abenteuer, Wärme, Sexualität, Trost, Gleichberechtigung – all das, was in der primären Beziehung gerade nicht gelebt und erlebt wird. Die Sexualtherapeutin Esther Perel nennt einen weiteren Grund für eine Affäre: »Sehr oft geht es gar nicht um die andere Person. Es geht um die Suche nach einem anderen Selbst. Wir wollen gar nicht unseren Partner verlassen, sondern die Person, die wir selbst geworden sind.«

Oder wir wollen Abstand nehmen von dem kritischen Bild, das unser Partner von uns hat und das er uns spiegelt. »Der unwissende fremde Blick schmeichelt uns oft mehr als der wissende vertraute«, vermutet auch Richard David Precht und betont den Reiz einer Affäre: »Das positiv gespiegelte Selbstbild ist unser wichtigstes Lebenselixier, und die Selbstbestätigung in der Lust und im Blick des anderen sein begehrtes Aroma.«

Auch wenn es sich für viele Paare erst einmal verrückt anhört – man kann sich die Affäre auch zunutze machen und sie zum Anlass nehmen, sich wieder darauf zu konzentrieren, was beide Partner brauchen, damit die Beziehung befriedigender wird. Wer Affären nur als zufällige Ereignisse abtut, verpasst die Chance, hinter die Kulisse des Gefühlstheaters der eigenen Beziehung zu schauen: Auf die Unausgewogenheiten hinsichtlich Autonomie und Bindung, Dominanz und Unterordnung, Geben und Nehmen, auf die alten, ungelösten Konflikte, die noch aus der Herkunftsfamilie stammen, auf die unerfüllten Sehnsüchte, die die primäre Beziehung einst zu erfüllen versprach, und die in der Nebenbeziehung nun wieder geweckt und befriedigt werden. Ob ein Paar durch eine Krise wie eine Affäre zusammenwächst oder sich endgültig voneinander entfernt, ist abhängig von ihrer Liebe, ihrer Reife und ihrer Motivation, die Krise zu überwinden. Aber es ist definitiv möglich. Um einen heilsamen, versöhnlichen Blick auf die Zukunft zu werfen, stellen Paartherapeuten nach einer Affäre den Betroffenen oft die folgende Frage: »Wenn Sie in ein paar Jahren auf die jetzige Zeit zurückblicken, wofür wird diese Nebenbeziehung, diese Erfahrung, diese Krise einmal gut gewesen sein?«

Laura und Tom sagen beide am Ende der Beratung, dass die Affäre sie einander wieder nähergebracht habe. »Ich wünschte, es wäre nicht auf diese Art passiert«, sagt Laura und Tom stimmt ihr zu. »Aber um ganz ehrlich zu sein – vielleicht brauchte es auch genau diesen krassen Einschnitt, um mich aufzuwecken und um uns beiden zu zeigen, was wir eigentlich wollen. Uns.«

# Treue ist auch keine Lösung

## Wie das Spannungsfeld aus Langeweile und Eifersucht den Treuevertrag diktiert

»Life is short. Have an affair« – Das Leben ist kurz. Gönn' dir eine Affäre – mit diesem Slogan wirbt eine bekannte US-amerikanische Seitensprungagentur. Auch in Deutschland gibt es mittlerweile unzählige Portale, auf denen sich sexhungrige Liierte ein kleines Abenteuer ohne Verbindlichkeiten suchen können. Aber: Darf man das wirklich? Sex haben, wann und mit wem man will, obwohl man in einer Beziehung lebt? »Wo kein Kläger, da kein Täter« heißt es unter Juristen und so wird es auch in vielen Beziehungen praktiziert. Jedes Paar trifft an irgendeinem Punkt der Beziehung ein Arrangement: »Wir sind treu.« – »Einmal ist keinmal.« – »Was ich nicht weiß, macht mich nicht heiß.« – »Wenn es passiert, will ich es wissen.« – »Wenn es passiert, will ich dabei sein.« Die Bandbreite der Treuevorstellungen und Vereinbarungen ist groß. Wer sich einig ist, wird naturgemäß weniger Konflikte haben als ein Paar, das Treue unterschiedlich bewertet oder lebt. So wie Imke und Jonas, die mich aufsuchen, um ihre unterschiedlichen Vorstellungen von partnerschaftlicher Treue zu diskutieren.

»Ich möchte mit dir eine offene Beziehung führen«, sagt Jonas ernst. Imke bekommt rote Flecken am Dekolleté. »Du weißt, dass ich das nicht kann«, antwortet sie. Jonas lehnt sich vor und sieht seine Freundin lange an. »Ich möchte so gern ehrlich mit dir sein. Ich liebe dich, aber ich kann mir nicht vorstellen, für immer treu zu sein. Ich hab dir da nie etwas vorgemacht.«

Imke nickt. »Ich habe gehofft, dass du deine Meinung ändern würdest. Dass du in der Beziehung mit mir das Bedürfnis nach anderen Frauen verlieren würdest.« Sie fängt an zu weinen. Imke und Jonas sind seit drei Jahren ein Paar. Sie lieben sich. Eigentlich könnte alles so schön sein. Wenn da nur nicht ihre unterschiedliche Einstellung zur Treue wäre.

»Was bedeutet Treue für Sie?«, frage ich beide.

»Keine anderen Partner«, antwortet Imke bestimmt. Jonas schüttelt den Kopf. »Für mich bedeutet Treue erst einmal, sich selbst treu zu sein. Und dann meiner Partnerin ehrlich gegenüber zu sein, wie meine Bedürfnisse aussehen.«

»Das tut mir weh, auch nur daran zu denken, wie du mit einer anderen Frau ins Bett gehst«, sagt Imke. Sie sieht gequält aus. Jonas auch. Mir gegenüber sitzt ein mutiges Paar, das mit seinen unterschiedlichen Definitionen von Treue ringt. Ich frage, warum Jonas nicht den vermeintlich leichteren Weg wählt und heimlich hier und da einen Seitensprung hat.

»Heimlichkeiten sind für mich keine Alternative«, antwortet er. »Ich liebe Imke und ich möchte eine tragbare Lösung für uns beide finden. Aber ich glaube halt nicht an die immerwährende sexuelle Leidenschaft und Treue. Ich möchte mit anderen Frauen ins Bett gehen dürfen, ohne mich schlecht zu fühlen. Für Imke gilt selbstverständlich das Gleiche. Ich glaube, dass unsere Liebe so eine viel größere Chance hat, als wenn wir uns einschränken und uns gesellschaftlichen Konventionen unterwerfen.«

»Für mich ist das keine gesellschaftliche Konvention!«, ruft Imke. »Für mich ist Treue ein *Gefühl.*«

»Ja, du denkst, dass es ein Gefühl ist, weil uns das eingebläut wurde seit Jahrhunderten. Aber es gibt erwiesenermaßen keine einzige Gesellschaft, die treu ist. Überall auf der Welt wird fremdgegangen. Monogamie funktioniert einfach nicht, aber ich möchte dir trotzdem emotional treu sein. Deshalb sprechen wir darüber. Deshalb sage ich dir, was ich mir wünsche. Ich versuche doch nur, eine Lösung zu finden, die uns die Freiheit gibt, wir selbst zu sein, ohne einander zu verletzen.«

»Das wird in diesem Punkt nicht möglich sein. Ich habe verstanden, dass ich dir nicht reiche. Dass du nicht daran glaubst, mich für immer zu lieben. Dass du scharf auf andere Frauen bist und von mir die Erlaubnis haben willst, deinem Trieb oder deinem Gefühl, was auch immer, nachzugehen«, sagt Imke, während ihr die Tränen übers Gesicht laufen.

»Lass es uns doch wenigstens versuchen«, bittet Jonas. »Mia und Leon schaffen es auch, eine offene Beziehung zu führen und Mia sagt immer wieder, dass das ihre Beziehung eher festigt als gefährdet.«

»Ich bin aber nicht Mia. Ich will dich nicht teilen. Dann trennen wir uns lieber jetzt sofort«, sagt Imke wütend. Kurz nach diesem Gespräch verlässt sie Jonas, der traurig und enttäuscht einsehen muss, dass seine Vorstellungen von einer offenen Liebesbeziehung zwar durchaus denkbar, aber nicht mit jeder Person lebbar sind. In einer Liebesbeziehung müssen zwei Menschen viele Absprachen und Regeln aushandeln – auch zum Thema Treue. Wenn ein Paar diesbezüglich unterschiedliche Auffassungen hat, wird es schwer: Welche Liebe ist gewichtiger – die, die Raum haben will und den anderen dabei verletzt? Oder die, die exklusive (sexuelle) Verbindlichkeit fordert und den anderen dabei einengt?

Das Thema Treue spaltet nicht nur Imke und Jonas – während die einen vom ewigen Dreiklang aus Liebe, Lust und

Leidenschaft träumen, behaupten andere, dass Treue in Langzeitbeziehungen schlicht unmöglich ist und dass erst der Anspruch auf ewige Treue und die emotionale Aufladung von Monogamie die eigentlich Schuldigen sind, die Beziehungen zerbrechen lassen.

»Der glitzernde Komet der Treue zieht einen Schweif des Leidens hinter sich her«, – diesen poetischen Satz schrieb die Journalistin und Schriftstellerin Elke Schmitter. Die Aussage stimmt für diejenigen, die sich eingeengt fühlen von Konventionen und die ihre Bedürfnisse abspalten müssen. Aber es gibt auch den glitzernden Kometen der Untreue, der einen Schweif des Leidens hinter sich herzieht, weil er Vertrauen erschüttert, Eifersucht schürt, Misstrauen sät, Beziehungen und Familien zerstört. Beides stimmt. Es gibt keine absolute Wahrheit, es gibt keine leichten Antworten auf die Frage, wie treu oder wie offen eine Beziehung gelebt werden sollte.

## Der Traum von freier Liebe – die Realität zwischen Sehnsucht und Eifersucht

»Ist es wirklich so klar, dass wir nicht mehr als eine Person lieben können?«, fragt der Evolutionsbiologe Richard Dawkins. »Es funktioniert mit elterlicher Liebe (Eltern werden dafür verurteilt, wenn sie nicht zumindest so tun, als ob sie all ihre Kinder gleich stark lieben würden), mit der Liebe zu Büchern, Nahrung und Wein (die Vorliebe für einen Château Margaux schließt nicht die Liebe zu einem guten Hock aus und wir fühlen uns dem Rotwein gegenüber nicht untreu, wenn wir einen Schluck Weißwein kosten), Liebe zu Komponisten, Dichtern, Stränden, Freunden … Warum ist erotische Liebe die einzige Ausnahme, die jeder anerkennt, ohne überhaupt mal darüber nachgedacht zu haben?«

Dawkins vergleicht Äpfel mit Birnen und so lautet die Antwort auf seine Frage: Weil Wein und Bücher keine Gefühle haben, weil sie uns nicht zurücklieben und keine Eifersucht empfinden. Kinder wiederum sind äußerst eifersüchtig und wachen über die Liebe ihrer Eltern. Und Liebende – so unabhängig und erwachsen sie auch sind – versichern sich immer wieder auf unterschiedlichste Art der wichtigsten Frage aller Zeiten: »Liebst du mich mehr als alle anderen?«

Für die meisten Menschen gilt: Wer liebt, entwickelt Besitzansprüche und hat Angst, sein Liebesobjekt zu verlieren. Der normalsterbliche, nicht transzendente Liebende kennt das Gefühl von Eifersucht – auch, wenn Richard Dawkins und viele andere, die eine Lanze für die offene Liebe brechen, jegliche Eifersucht als Zeichen eines schwachen Selbstwertgefühls interpretieren und ihr sogar ihre natürliche Existenzberechtigung absprechen. »Eifersucht und andere erschreckende Gefühle wurzeln tief in der Denkweise der Monogamie und bestätigen sich selbst als Teufelskreis«, schreiben auch die Psychologen Holger Lendt und Lisa Fischbach. Eifersucht wird als Resultat einer Denkweise verstanden, nicht als Urgefühl, mit dem wir auf die Welt kommen und mit dem wir zeitlebens zu kämpfen haben. Wer Eifersucht als Produkt der unnatürlichen, unmodernen, verklemmten Forderung nach Monogamie versteht, wird keine Schwierigkeiten haben, sich dieses Gefühls zu befreien, sobald er nur die äußeren Ketten des unmenschlich-monogamen Lebensstils gesprengt hat. In diesem Sinne argumentieren Lendt und Fischbach weiter: »Angst hält sich dadurch aufrecht, dass sie die Erfahrungen vermeidet, die sie auflösen könnte.« Das mag für vieles gelten, aber nicht für alles. Wer auf dem Balkongeländer eines Hochhauses im 20. Stock balanciert, tut gut daran, ein wenig Angst zu haben, weil sie ihm das Leben retten könnte. Nicht jede Angst ist per se auflösbar – außer durch den Tod. Nun ruft der Übergang von Monogamie zu Polygamie in seltensten Fällen sofort den Tod hervor, aber sie bedroht für viele Menschen etwas sehr Wichtiges: ihren sicheren Rückzugsort, ihren intimsten Lebensbereich, ihre Beziehung. Wenn also der Partner eine sexuelle und/oder eine emotionale Beziehung zu einem Dritten eingeht, wird in den meisten Menschen Angst – Verlustangst und Eifersucht – entstehen. Eifersucht ist keine anerzogene Eigenschaft, sondern ein alarmierendes Urgefühl, ein lebenswichtiges Warnsystem, das seit jeher hilft, das eigene Verhalten auf die Aufrechterhaltung der Beziehung auszurichten, den Partner wieder in seine Schranken zu weisen oder den Nebenbuhler zu verjagen oder auszuschalten.

Abgesehen davon ist es auch wahrlich nicht so, dass offene Liebe nicht schon vielfach probiert und praktiziert wurde. Als global erfolgreiches Modell hat sie sich nicht durchsetzen können. Selbst bei denen, die ursprünglich dafür plädierten.[9]

Der heute 65-jährige Jochen versuchte viele Jahre, einen Konsens zwischen seinem Bedürfnis nach freier Sexualität und den diese Lebensform begleitenden unangenehmen Gefühlen zu finden. »Während der Studentenunruhen Ende der 1960er-Jahre war ich Anfang 20. Ich wollte raus aus der

---

9 Kommunen haben sich aufgelöst, Truffauts Dreiecksgeschichte *Jules und Jim* endet im Desaster, Simone de Beauvoir war mit Sartre nicht ganz so glücklich, wie sie es sich selbst gewünscht und andere glauben gemacht hatte. Wer Beauvoirs autobiografischen Roman *Sie kam und blieb* gelesen hat, bekommt eine Ahnung von Beauvouirs Ohnmacht, ihrer Eifersucht und ihrer Wut auf das offene Liebesarrangement.

Enge meines gehemmten, prüden Elternhauses. Ich wollte Sexualität entdecken. Frei sein. Aber ich war sehr unsicher und extrem eifersüchtig in meinen Beziehungen.« Nach den ersten Erfahrungen in Wohngemeinschaften, »in denen viel von freier Liebe geredet, aber nichts davon umgesetzt wurde«, lernte Jochen Mitte der 1970er-Jahre die Otto-Muehl-Kommune[10] kennen. »Ich kam mit meiner damaligen Freundin dorthin und überall lagen Menschen, die miteinander Sex hatten«, beschreibt er seinen ersten Eindruck. Entgegen seiner Erwartung war diese Szene in seinen Augen kein Paradies, sondern »der blanke Horror. Ich war total überfordert. Das Ziel der Otto-Muehl-Bewegung war, die Zweierbeziehung aufzulösen. Intimsphäre oder Intimität in einer Beziehung wurde dort abgeschafft, stattdessen sollte man sich vor der Gruppe entäußern, also sein Innerstes nach außen kehren.« Jochens Körper reagierte konsequent auf die Überforderung, und zwar mit Impotenz. Er litt unter Eifersucht, Verlust- und Versagensgefühlen und nach sechs Monaten verließ er die Gruppe. »Ich fühlte mich völlig desolat und verunsichert, nicht handlungsfähig, von meinem Unterleib abgeschnitten. Ich kam gar nicht auf die Idee, an den Gesetzen der Kommune zu zweifeln, sondern ich gab mir selbst die Schuld. Ich dachte, dass ich noch nicht so weit war, um so frei leben zu können, aber ich wollte es unbedingt.« Er verbrachte ein paar Monate in einer kleineren Kommune, in der er sich sexuell mit weniger Druck ausprobieren konnte und kehrte ein halbes Jahr später zur Gruppe um Otto Muehl

---

10 Otto Muehl (1925–2013) war ein österreichischer Aktionskünstler, der eine Kommune namens AAO (Aktionsanalytische Organisation) gründete, in der freie Sexualität gefordert und gelebt wurde, während Zweierbeziehungen und Kleinfamilien radikal unterbunden und abgeschafft werden sollten.

zurück. »Und diesmal war es anders: Ich empfand keine Eifersucht mehr, weil ich keine Beziehung mehr eingegangen bin. Nur so kann man die freie Liebe meiner Meinung nach leben – wenn man es vermeidet, sich an einen anderen Menschen zu binden.« Jochen blieb über acht Jahre in der Kommune. Er, der die letzten Jahre immer wieder als »zweierbeziehungsverdächtig« gegolten hatte, verliebte sich in ein Gruppenmitglied, bekannte sich zu seiner Liebe und wurde wegen dieses »Tabubruchs« fortan aus der Hierarchie und der Gruppe ausgeschlossen, isoliert. »Das war eine furchtbare Zeit. Ich wollte mit meiner Freundin leben. Ich wollte den bindungslosen, zwanghaften Sex nicht mehr haben. Aber ich wusste überhaupt nicht, wie ein Leben außerhalb der Gruppe aussehen könnte. Auch in dieser Zeit habe ich mir selbst die Schuld gegeben, dass ich nicht so weit entwickelt war, um freie Liebe wirklich leben zu können. Erst im Nachhinein habe ich verstanden, dass nicht *ich* unfähig war, sondern dass das System krank war.« Jochen und seine Freundin stiegen Mitte der 1980er-Jahre aus der Kommune aus – ein paar Jahre, bevor Otto Mühl unter anderem wegen Kindesmissbrauchs verhaftet, und die Kommune aufgelöst wurde. Jochen brauchte viele Jahre, um nach dieser Erfahrung zu sich selbst zu finden. »Das war nicht einfach, herauszufinden, was ich wirklich will und wer ich wirklich bin nach den Jahren der Gehirnwäsche.« Er lebt nun seit über 20 Jahren in einer monogamen Beziehung und ist heute der Meinung: »Freie Liebe wäre wirklich schön. Aber sie funktioniert nicht, jedenfalls nicht für die meisten Menschen. Sie kann funktionieren, wenn jemand keine Bindungen kennt oder hat. Und für Psychopathen und extreme Narzissten, wie Otto Mühl einer war.«

Die vermeintlich freie Liebe, die Jochen in der Kommune

erlebte, war in Wirklichkeit eine sexualisierte Diktatur der Bindungslosigkeit. Wie so oft wurde aus einer Idee eine Ideologie, eine dogmatische Extremversion des ursprünglichen Ideals.

Aber wie könnte freie Liebe *idealerweise* aussehen? Zunächst einmal wäre sie eine Lebensform, die auf den ersten Blick immerwährende oder zumindest immer wieder aufflammende Leidenschaft garantiert. Wenn man sich binden und gleichzeitig Sexualität mit anderen leben dürfte, hätte man auf den ersten Blick ein Paradies auf Erden. Der Tenor einiger bekannter Paar- und Sexualtherapeuten lautet so auch heute: Geht großzügig mit Affären um. Richtet euch nach der Liebe aus und nicht nach altmodischen, überholten Treueforderungen. Löst euch von gesellschaftlichen kleingeistigen Vorgaben und lebt eine Liebe, in der alles möglich sein kann.

Ich möchte in diesen Kanon nicht einstimmen. Lieber möchte ich dazu anregen, dass jeder Mensch und anschließend jedes Paar sich seine eigenen Gedanken zu diesem existenziell wichtigen Thema macht. Nur, weil die Forderung nach freier Liebe derzeit wieder modern ist, heißt das nicht, dass jeder auch in der Lage dazu ist, so zu leben. (Leggins kann auch nicht jeder tragen.)

Überhaupt – wenn es so einfach wäre, hätte sich die Polygamie oder noch besser die Polyamorie – die Möglichkeit, viele Menschen gleichzeitig lieben zu dürfen und zu können – längst durchgesetzt. »Während Monogamie offiziell gefordert wird, ist Untreue der heimliche Standard«, mögen einige einwenden und sie hätten recht. Aber das beweist nur die Schwierigkeit, für alle Zeiten treu zu sein und nicht, dass eine offene Beziehung einfacher oder lebbarer wäre. Denn die meisten Menschen haben einen Exklusivitätsanspruch an ihre Liebe. Liebe heißt in unserer Gesellschaft und in unserer Zeit und vielleicht für alle Zeiten, einen Zaun um die Beziehung zu ziehen. Das mag unreif sein. Das mag spießig und reaktionär sein. Aber es scheint unsere menschliche Realität zu sein. Genauso, wie gelegentliche, wiederkehrende oder häufige Untreue in offiziell monogamen Beziehungen.

## Treue ist kein Gefühl, sondern eine Entscheidung

Wenn Kritiker der Monogamie für freie Sexualität plädieren, führen sie oft folgendes Argument an: Monogamie ist nicht natürlich. Sie haben recht. Während der Mensch mit Liebesbedürfnis und Bindungsverhalten auf die Welt kommt, ist sexuelle Treue nicht in der Grundausstattung des Menschen inbegriffen. Treue ist genauso wenig natürlich wie den Impuls nach roher Gewalt zu unterdrücken. Treue ist genauso wenig angeboren, wie die Zügelung der Gier, dem anderen sein Hab und Gut einfach wegzunehmen, obwohl man der Stärkere ist. Treue ist nicht selbstverständlich – Treue ist eine kulturelle Errungenschaft. Und eine sehr persönliche Entscheidung.

Am Anfang ist Treue meist leicht. Wer frisch verliebt ist, interessiert sich nicht für andere. Solange das Feuer der Leidenschaft lodert, ist Treue keine Verpflichtung, sondern eine innere Notwendigkeit. Aber nach ein paar Jahren, wenn man nicht mehr so gierig übereinander herfällt, wenn der Körper und die Bewegungen des anderen gewohnt und bekannt sind, wenn der Alltag einen großen Teil des gemeinsamen Lebens ausmacht, wird die Flamme immer kleiner. Und die

Versuchungen außerhalb der Beziehung immer größer. Tatsächlich ist Treue ein schwieriges Unterfangen, das nur wenigen gelingt.

Wenn Monogamie sich nun als unnatürlich, weltfremd und undurchführbar erwiesen hat, wieso entspannen wir uns nicht alle und nehmen die Sache mit der Treue lockerer? Warum genießen wir nicht einfach die Vielfältigkeit des Lebens, ab und an einen fremden Körper, die Aufregung der frischen Verliebtheit?

Weil es nicht so einfach ist, wie es sich anhört oder von Befürwortern der freien Liebe propagiert wird. Weil eine offene Beziehung nicht nur die eigene Lust befriedigt, sondern auch Großzügigkeit in Bezug auf den Partner erfordert. Weil jede Außenbeziehung die primäre Beziehung für einen Moment infrage stellt. Weil die Auflösung der exklusiven Zweierbeziehung den meisten Menschen Angst macht. Weil sexuelle Intimität in monogamen Beziehungen oft der einzige Bereich ist, der das Paar deutlich von allen anderen Menschen unterscheidet. Die Sexualtherapeutin Esther Perel vermutet, dass wir auf sexuelle Exklusivität in Partnerschaften bestehen, »weil die erwachsene sexuelle Liebe für einen Moment an die primitivste Form der frühen Symbiose erinnert: Das Verschmelzen der Körper, die Brustwarze, die unseren Mund füllt und uns sättigt – der Gedanke, dass unser Geliebter mit einer anderen zusammen ist, ist katastrophal. Sex fühlt sich wie der ultimative Verrat an.«

Der deutsche Psychoanalytiker und Paartherapeut Wolfgang Schmidbauer schlägt deshalb vor, »heimlich zu lieben« – er zieht die diskrete Affäre oder Nebenbeziehung sowohl der monogamen als auch der offenen Beziehung vor: »Die heimliche Liebe bietet einen Kompromiss zwischen regressiven Wünschen und erwachsener Disziplinierung, zwischen Raum für Unvernunft und Platz für Einfühlung, Rücksicht, Selbstbeschränkung [...].« Er ist sich sicher: »Die durchschnittlich gute Partnerschaft kann ohne Weiteres einige heimliche Liebschaften verkraften.« Die Entscheidung, einander treu zu bleiben, bekommt bei Schmidbauer etwas Rigides, fast Pathologisches: »Die Gefahren der Treue liegen in einer Erstarrung der Lebendigkeit und der Entwicklungsmöglichkeiten, wenn die Partner an sich andere Anregungen bräuchten, als sie einander geben können, dennoch aber versuchen, durch Pflichtgefühl zu ersetzen, was ihnen an Zuneigung mangelt. Treue bringt auch das Risiko mit sich, dass Verliebtheit in Dritte überhaupt nicht zugelassen, ein Stück weiter gelebt, geprüft, vielleicht auch überwunden werden kann.« Fast fordert er auf zur Untreue, die bei ihm euphemistisch stets »heimliche Liebe« genannt wird: »Die heimliche Liebe ist eine Herausforderung. Sie gleicht einem Sturm, ohne den Schiff und Mannschaft nie beweisen können, was sie wirklich zustande bringen.« Das grenzt – obwohl Paare es im Nachhinein durchaus so empfinden können – an Hohn, etwa so, wie jemandem eine schlimme Krankheit zu wünschen, weil das Leben danach noch viel kostbarer erscheint.

Auch Schmidbauer spricht eine Grenze im Rahmen der heimlichen Affäre an: Sie dürfe nicht wichtiger werden als die primäre Beziehung und sie dürfe diese nicht entwerten. Zudem dürfe die heimliche Liebe der primären Beziehung nichts wegnehmen: »Wenn die heimliche Liebe nur den Überschuss abschöpft und der legale Partner gut versorgt wird, schwindet sein Interesse, den Verbleib von Gütern zu kontrollieren, die er gar nicht braucht. So ist die Heimlichkeit geschützt. Wird er schlecht versorgt, steigt sein Misstrauen.« Schmidbauer zeichnet das Bild einer antiquierten

Versorgerehe, in der Gefühle, Zuwendung und Sexualität zu Gütern versachlicht werden. Er plädiert für eine emotionale Treue und Loyalität, während er im Sexuellen für mehr Freiheit wirbt. Allerdings ist das mit der emotionalen Treue dem Hauptpartner gegenüber so eine Sache: Denn nicht immer beschränkt sich eine Außenbeziehung auf eine sexuelle Begegnung, in vielen Fällen sind von Anfang an Gefühle dabei oder sie entstehen mit der Zeit.[11]

Gefühle sind nicht kontrollierbar. Unsere Handlungen schon. Deshalb ist es sinnvoll, sich beizeiten genau zu überlegen, wie treu wir sein wollen und sein können und die Haltung unseres Partners zu einer eventuellen Affäre abzuschätzen. Ich möchte Schmidbauer widersprechen, dass »heimliche Liebe« allen anderen Formen der sexuellen Treuevertrages vorzuziehen sei – weil er und ich es nicht wissen können, wie Sie und Ihr Partner fühlen. Treue ist kein allgemeingültiger, sondern ein individueller Wert und es ist genauso falsch zu behaupten, dass absolute Treue für alle gelten sollte, oder dass heimliche Affären allen anderen Spielarten der Untreue überlegen sind, oder dass allein die offene Beziehung das Glück auf Erden verspräche. Die Entscheidung über richtig und falsch oder passend und unpassend muss bei dem jeweiligen Paar verbleiben und miteinander ausgehandelt werden. Denn nichts ist bindender in der Einhaltung des Treuevertrags, als die eigene, freie und be-

---

11 Studien besagen übrigens, dass Männer empfindlicher auf sexuelle Untreue reagieren, während Frauen vor allem durch emotionale Untreue verunsichert werden. In der Praxis kann ich diesen Unterschied nicht bestätigt sehen. Beide Geschlechter leiden, wenn der Partner fremdgeht – entwickelt dieser zudem Gefühle für den oder die Dritte, muss nicht nur die Kränkung verarbeitet, sondern auch mit der Angst des Verlustes umgegangen werden.

wusste Entscheidung. Sie allein gewährt die nötige Verantwortung, um sowohl die eigenen Bedürfnisse als auch die des Partners und somit den Erhalt der Beziehung zu schützen – egal, wie der Treuevertrag aussehen mag. Die Auseinandersetzung um den präferierten Treue-Stil führt zu einem Rahmen, innerhalb dessen ein Paar sich vertrauensvoll miteinander bewegen kann – egal, wie eng oder weit dieser gesteckt sein mag.

Neben der Mehrheit der Paare, die sich für eine monogame Beziehung entscheidet, gibt es andere, die sich nach mehr Freiheit in der Liebe und Sexualität sehnen. Neben den Polygamisten, die sexuelle Außenkontakte erlauben, gibt es auch die Gruppe der Polyamoristen, die mit dem Wissen und dem Einverständnis ihrer Hauptpartner auch *Liebes*beziehungen zu anderen eingehen.

## Vielfach lieben – Spielregeln der Polyamorie (oder: Konkurrenz belebt das Geschäft)

Wer versucht, mehr als eine Liebesbeziehung gleichzeitig zu führen, stellt sich einer großen Herausforderung. Selbst in offenen Beziehungen, in denen sowohl Sexualität als auch Bindungen zu anderen Partnern erlaubt sind, müssen viele Absprachen getroffen werden. Die amerikanischen Sexualtherapeutinnen Dossie Easton und Janet Hardy, die mit ihrem Buch *Schlampen mit Moral* eine praktische Anleitung für Polyamorie und offene Beziehungen verfasst haben, nennen einige Vereinbarungen, die sich bei polyamourösen Paaren bewährt haben: Angefangen mit Safer Sex über »Keiner von uns macht eine spezifische Sexpraktik mit einem anderen Partner«, »Wir sagen einander immer Bescheid, bevor wir mit anderen ins Bett gehen«, »Wir stellen einander immer unsere anderen Partner vor – keine Fremden«, »Jeder von uns darf gegen potenzielle Partner des anderen ein Veto einlegen« bis hin zu »Sag mir nichts von deinen anderen Partnern«. Dazu kommen Fragen wie: Wie sagen wir es den Kindern, leben wir offiziell in einer offenen Beziehung oder halten wir unser Intimleben geheim, wie viel Zeit dürfen sekundäre Beziehungen einnehmen, wie stellen wir sicher, dass genug Raum, Zärtlichkeit und Erotik für die Primärbeziehung vorhanden bleibt? Polyamourös lebende Paare müssen – wenn sie sich nicht verlieren wollen – viel Zeit damit verbringen, ihre Eifersuchtsgefühle und Besitzansprüche zu klären und zu verarbeiten. Wer dazu in der Lage ist, eine offene Beziehung zu führen und einen ähnlich fühlenden Partner gefunden hat, entgeht zwar der sexuellen Langeweile, die in Langzeitbeziehungen oft droht, aber er zahlt einen hohen Preis dafür, denn die emotionalen und organisatorischen Herausforderungen können in eine massive Überforderung münden.

Bei all den zu erwartenden Schwierigkeiten leben polyamouröse Paare vielleicht aber die höchste Form der Treue, denn sie spielen mit sexuellem und emotionalem Feuer und entscheiden sich trotzdem immer wieder füreinander. Die reale Gefahr des Dritten belebt die sexuelle Beziehung des Paares und erinnert daran, dass der Partner nicht ihr Eigentum ist. Durch eine offene Beziehung wird die Fremdheit des anderen und dessen Abgrenzung spürbar, was den Partner attraktiv macht – wie am Anfang. Wer im Wettbewerb steht, wer sich des anderen nicht sicher sein kann, fühlt sich zum anderen oft mehr hingezogen und bemüht sich mehr um dessen Gunst. Polyamouröse Paare spielen unbewusst mit ihren Verlustängsten, die sie lustvoll in ihren jeweiligen sexuellen Begegnungen ausleben und verarbeiten. Gleichzeitig übernehmen sie für sich selbst und ihre Partner Verantwortung – was sich nicht zuletzt darin zeigt, dass Verhütung mit den Nebenpartnern weitaus ernster genommen wird als in den meisten heimlichen Affären.

Im Gegensatz zu früher ist freie Liebe heute keine Revolution mehr, kein radikaler Gegenentwurf zu einer einengenden Zweierbeziehung. Sie ist eine Möglichkeit von vielen – vorausgesetzt, es finden sich zwei Partner, die sich eine offene Beziehung gemeinsam zutrauen. Und wie schon erwähnt, auch das polyamouröse Beziehungsgeflecht kommt nicht ohne Spielregeln aus. Die ganz freie Liebe scheint es nicht zu geben – jede Partnerschaft ist ein Raum mit individuell gesteckten Grenzen.

## Alles kann, nichts muss

»Wie möchten wir uns lieben und wie treu möchten wir leben?«, dieses Gespräch muss in jeder Beziehung geführt werden. Möglich ist heute alles: Es gibt – wenn auch selten – die lebenslang monogame Beziehung. Es gibt die serielle Monogamie, bei der Partner ihrem jeweiligen Lebensabschnittsgefährten treu sind, bis die Beziehung nach Monaten oder Jahren beendet wird und eine neue treue Beziehung eingegangen wird. Es gibt Beziehungen, in denen heimlich fremdgegangen wird – vom einmaligen bis zum regelmäßigen One-Night-Stand, von wechselnden Affären, bis zu der einen langjährigen Nebenbeziehung. Und es gibt offene Beziehungen, in denen mindestens einer den Wunsch geäußert hat, auch mit anderen Menschen Sex haben zu dürfen und in der einer oder beide diesem Bedürfnis nachgeben.

Im 21. Jahrhundert und in der westlichen Gesellschaft gibt es weniger Treuevorgaben denn je. Die Ideale sind den Möglichkeiten gewichen, die Klarheit einer Differenzierung, dass jede Treueform ihre Vor- und Nachteile hat. Wer sich für Monogamie entscheidet, wird dennoch ab und zu in Versuchung geraten, Lust auf Fremde haben, sich in der langjährigen Beziehung langweilen und über Sex und/oder eine Liebesbeziehung mit anderen phantasieren. Wer in einer offenen Beziehung lebt, wird sich manchmal nach der Ruhe und Sicherheit sehnen, die eher in exklusiven Partnerschaften zu finden sind. Wer heimlich fremdgeht, muss sich mit Lügen, eventuellen Schuldgefühlen und dem Risiko des Vertrauensverlustes auseinandersetzen. Die perfekte Treueformel gibt es nicht, oder wie Esther Perel aufzeigt: »Sie können in einer monogamen Beziehung leben und sich mit Langeweile rumschlagen oder Sie können in einer polygamen Beziehung leben und sich mit Eifersucht rumschlagen. Wählen Sie zwischen Pest und Cholera.«

Während die Gesellschaft als Treuegesetzgeber schon lange abgelöst ist, regeln nun vor allem unsere persönlichen Bedürfnisse und Begrenzungen den Grad der Treue und die Art, wie wir Beziehungen führen, denn: Nicht jeder Mensch ist zu einer Zweierbeziehung fähig. Nicht jeder Mensch ist zu Mehrfachbeziehungen fähig. Es gibt Menschen, die sich mit dem Konzept der Monogamie wohler fühlen und andere, für die eine offene Beziehung das größere Glück verspricht.

Das Einzige, was wohl für alle gilt, ist: Liebe, Langeweile und Eifersucht bilden die Pole, innerhalb derer Treue in Langzeitbeziehungen verhandelt wird. »Die menschliche Natur hat diese Tendenz zur Bindung, aber auch zum Herumstromern«, sagt David Barash, Autor des Buches *The myth of monogamy*, und wer diesen Widerspruch akzeptiert, hat viel gewonnen: Die Erkenntnis, dass Liebe immer auch Mangel und Sehnsucht beinhaltet und dass der kindliche Wunsch nach »Ich will alles auf einmal« nur mit erwachsener Verantwortung beantwortet werden kann – egal, wie treu man seine Beziehung schließlich lebt. Denn genau genommen ist Treue weitaus mehr als nur sexuelle Verbindlichkeit. Denn auch in entschieden monogamen Beziehungen gibt es viele Möglichkeiten, einander untreu zu sein: Man lässt sich nicht wirklich auf den Partner ein, verbündet sich mit der Herkunftsfamilie oder Freunden gegen den Partner, lügt oder verheimlicht etwas, verhält sich respektlos und unachtsam, zieht sich zurück, bricht wichtige emotionale Versprechen oder übernimmt zu wenig Verantwortung für sich selbst und das gemeinsame Leben. Es gibt unzählige Möglichkeiten, einander zu enttäuschen oder zu betrügen. Und genauso viele Möglichkeiten, sich selbst und dem Partner treu zu bleiben – auf Augenhöhe, mit Bedacht und so viel Eigenverantwortung, wie uns in einer erwachsenen Beziehung zuzumuten ist.

FÜNF

# Trennung: Wie man zurückblickt – wie man nach vorn blickt

*Die Liebe ist ein seltsames Spiel,*
*sie kommt und geht von einem zum andern.*
*Sie nimmt uns alles, doch sie gibt auch viel zuviel.*
*Die Liebe ist ein seltsames Spiel.*

AUS DEM LIED »DIE LIEBE IST EIN SELTSAMES SPIEL«

# Wenn wir uns trennen, haben wir versagt

Wann gehen besser ist als bleiben und wie wir dankbar statt enttäuscht auf gemeinsame Jahre zurückblicken können

Es gibt Paare, die emotional kurz vor der Trennung stehen und trotzdem eine In-vitro-Behandlung machen. Oder sich gemeinsam eine neue Küche oder ein Ledersofa im Wert eines Mittelklassewagens kaufen (soll ja für die nächsten 20 Jahre halten). Zumindest Letztere treffen eine weitsichtige Entscheidung mit ihren Investitionen, weil Studien ergaben, dass Eigentum tatsächlich mehr als Kinder aneinanderbindet. Aber das verzweifelte Aufbäumen vor der Erkenntnis, dass da eigentlich nichts mehr ist, warum man zusammenbleiben sollte, weil man todunglücklich miteinander ist, sich seit Jahren nichts mehr zu sagen und schon lange andere Partner kennengelernt hat, mit denen die Beziehung erfüllender ist – das kennen viele. Es ist ein Riesenschritt, alles aufzugeben: die gemeinsame Wohnung oder das gemeinsame Haus. Die gemeinsamen Kredite. Das Zusammenleben als Familie. Die Freunde. Das Leben. Die gemeinsame Zukunft. »Da war doch mal so viel zwischen uns. Es war doch mal so schön. Wann ist uns die Liebe abhandengekommen? Vielleicht ist es nur eine Phase. Vielleicht sieht es nächstes Jahr ganz anders aus …« Ich habe mit Menschen zusammengearbeitet, denen über eine unglückliche Beziehung die Haare ausgefallen sind, die unerklärliche Schmerzen entwickelt haben, die einen Unfall nach dem anderen gebaut haben, bis sie sich eingestanden, dass sie ein paar grundlegende Dinge in ihrem Leben ändern müssten, wenn sie nicht an ihm zugrunde gehen wollten. Manchmal betraf das auch ihre Beziehung, die so lieblos und so hoffnungslos geworden war, dass ein Ende mit Schrecken irgendwann sinnvoller erschien als ein Schrecken ohne Ende.

Eine Beziehung zu beenden ist immer herzzerreißend. Deshalb untersuche ich mit meinen Klienten ganz genau, ob es Möglichkeiten gibt, die Beziehung zu retten. Denn oftmals ist viel Raum für Veränderungen da, der bisher nicht genutzt wurde. In vielen Fällen bedarf es einer grundlegenden Aufarbeitung der Vergangenheit, der sich eine Versöhnung und eine für beide erfüllende Gegenwart und Zukunftsvisionen anschließen können. Aber es gibt auch Beziehungen, die schon lange tot sind und aus den verschiedensten Gründen künstlich am Leben erhalten worden sind – aus Angst allein zu sein, aus finanziellen Gründen und häufig, zumindest scheint es zunächst so: zum Wohle der Kinder.

Thea und Kai sind ein attraktives Paar, das seit vierzehn Jahren zusammenlebt. Sie haben zwei Kinder und ein schönes Haus. Eigentlich könnte alles wunderbar sein, finden beide. Beide mögen sich – »wir können uns noch riechen«, wie Kai sagt –, sie fahren gern als Familie in den Urlaub, erfreuen sich an ihren Kindern, sind ein gutes Team. Aber da fehlt etwas. Beide können nicht benennen, was es ist. Beide wissen nicht, wie sie »es« wieder in ihre Beziehung holen können. Sie schlafen noch manchmal miteinander, aber eher selten, ein paar Mal im Jahr, und dann eher aus Pflicht- als aus Lustgefühl. Zärtlichkeiten im Alltag sind irgendwann auf der Strecke geblieben, aus dem früher obligatorischen Begrüßungskuss ist ein verbales »Hallo« geworden. Sie können nicht richtig gut miteinander reden, »aber so richtig schlimm ist es auch nicht«. Zur Therapie angemeldet haben sie sich wegen Kommunikationsschwierigkeiten. Aber es gibt wenige Konflikte. Es herrscht eher eine Art emotionales Schweigen – auf allen Kanälen: »Es ist ja nicht so, dass wir nicht miteinander kommunizieren würden. Aber es geht halt um Organisatorisches, wer macht was für die Kinder, wann müssen Rechnungen bezahlt werden, wer kümmert sich um Alltagskram«, erklärt Thea. Kai nickt. Sie wirken ratlos.

»Erinnern Sie sich an den Anfang – wie haben Sie sich kennengelernt, in was haben Sie sich verliebt?«, frage ich beide.

»Wissen Sie, wir hatten kaum Zeit, uns als Paar kennenzulernen, weil Thea nach ein paar Wochen schwanger geworden ist. Da wir beide Kinder haben wollten, haben wir uns entschlossen, das Wagnis miteinander einzugehen. Und es hat ja auch irgendwie geklappt. Wir haben dann zwei Jahre später noch ein Kind bekommen, diesmal geplant, weil wir kein Einzelkind wollten.« Auf weitere Nachfragen tauschen beide Nettigkeiten aus, er mochte ihr Lachen, sie seine Ausgeglichenheit. Vor mir sitzen zwei charismatische, intelligente, sehr sympathische Menschen, aber den beiden fällt nur wenig ein, in was sie sich beim anderen verliebt haben und was sie heute immer noch zusammenhalten könnte.

»Was gibt es denn für Gemeinsamkeiten?«, frage ich. Sie überlegen. Es fällt ihnen nichts ein. Ich kann es nicht glauben. »Sie sind vierzehn Jahre zusammen – was haben Sie in den letzten Jahren gemeinsam unternommen? Was macht Ihnen Spaß?« Beide zucken mit den Achseln.

»Ich gehe gerne segeln, aber das hasst Thea, weil ihr immer schlecht wird«, sagt Kai schließlich.

»Ich jogge gerne, aber beim Laufen tun Kai die Gelenke weh, also können wir das auch nicht zusammen machen. Ich mache gern Städtereisen. Kai ist das viel zu stressig.«

»Stimmt. Und meine Sport-Natur-Reisen mag Thea nicht.«

Ich höre den beiden eine Weile zu, wie sie sich in ihren Unterschieden und Gegensätzen beschreiben und muss an das Bilderbuch von dem Froschpaar denken, das in meinem Wartezimmer liegt: »Er blies am frühen Morgen schon mit vollen Backen Saxofon. Sie zupfte Harfe stundenlang, wozu sie zarte Lieder sang. Er fühlte sich am See gesund und tauchte kühn bis auf den Grund. Sie konnte keine Wellen sehn und kletterte auf Bergeshöhn. Er fuhr im Auto nur herum, die Augen stier, die Lippen stumm. Sie schwang sich lieber auf ein Rad und kannte jeden Wiesenpfad.«

Dieses Paar hat sich nicht auseinandergelebt. Es hatte von Anfang an zu wenige Gemeinsamkeiten. Was im Frosch-Bilderbuch gut ausgeht – »Und doch vertrugen sie sich gut und kamen unter einen Hut« –, hatte bei Thea und Kai immerhin ein paar Jahre geklappt, vor allem durch die gemeinsamen Kinder, die sie auf Trab gehalten hatten. Als die Kinder größer und selbstständiger wurden, wurden die fehlenden Gemeinsamkeiten des Paares immer deutlicher. Es fehlt etwas, ganz offensichtlich und spürbar, bei all den guten Dingen, die dieses Paar noch zusammenhält.

»Kann das *alles* sein? Reicht das für ein ganzes Leben?«, fragt Thea sich in einer unserer Sitzungen. Kai gibt zu, dass er sich die Frage auch immer öfter stellt. Ich bitte sie – jeder für sich – zu formulieren, wie sie sich ihre Zukunft vorstellen. Nach einer Weile lesen sie sich ihre Zukunftsvisionen vor: Kai möchte in den nächsten fünf Jahren seine Selbstständigkeit so ausgebaut haben, dass er weniger arbeiten muss und mehr reisen kann. Er möchte jeden Sommer mindestens vier Wochen freinehmen und mit seinen Jungs die Welt entdecken, in der Türkei segeln, in Schweden zelten, in Afrika auf Safari gehen. Und: »Ich möchte eine liebevolle, innige Beziehung führen, in der sich jemand für mich interessiert. Ich möchte geliebt werden, verdammt noch mal!« Plötzlich muss Kai weinen. Die Frage nach der Zukunft bringt ihn an seinen Schmerz, sich nicht geliebt zu fühlen. »Was ist denn verkehrt mit mir, dass meine eigene Frau mir nicht sagen kann, dass sie mich liebt?« Thea betrachtet ihn schweigend und beginnt auch zu weinen. »Ich weiß es nicht. Ich mag dich. Und ich liebe dich auch irgendwie. Aber – …«, sie schweigt.

»Es reicht nicht«, beendet Kai den Satz für sie. Beide blicken sich lange schweigend an. »Es reicht doch für uns beide nicht mehr, nicht wahr?«, sagt Thea. Kai nickt. Sie rückt zu ihm und legt ihren Kopf an seine Schulter. Traurigkeit liegt schwer im Raum. Sie haben so lange versucht, ihr Leben miteinander zu gestalten und ihren Kindern gute Eltern zu sein. Aber die partnerschaftliche Liebe, der Gleichklang, die Intimität, all das war nicht genug und es schien sich nicht einzustellen, so sehr sich beide dies auch gewünscht hatten, und sei es, um die Familie aufrechtzuerhalten.

Thea und Kai entschieden sich nach sorgfältigsten Überlegungen, sich in Frieden zu trennen. Sie wollten nicht mehr »gemeinsam einsam« sein, sondern sich die Chance geben, allein oder besser noch, irgendwann mit einem anderen Partner glücklicher zu werden. Ein wichtiges Thema in der trennungsbegleitenden Therapie war für beide, mit dem Gefühl des Versagens umzugehen. »Wir hatten doch alle Voraussetzungen, dass es klappt.« Das Gefühl, versagt zu haben, ging Hand in Hand mit der Traurigkeit, sich als Paar zu trennen und die Familie auseinanderzureißen. Die Dankbarkeit für die gemeinsamen Jahre, ihre Kinder – »das Wertvollste, was wir gemeinsam erschaffen haben« – und der Blick auf die Zukunft und ihre Verpflichtung als Eltern half, sich konstruktiv mit der neuen Lebenssituation zu beschäftigen. Wie bei jeder Trennung gab es viel zu klären, aber Thea und Kai fanden in ihren Gesprächen gute Lösungen für die Trennungsfragen, die sich ihnen stellten: Thea sollte in der gemeinsamen Wohnung bleiben, bis die Kinder ausziehen würden. Kai zog in eine nahe gelegene Wohnung, sodass die Kinder ihn jederzeit besuchen konnten. Sie versuchten ihren Kindern alle Fragen über die Trennung zu beantworten und ihnen die Ängste zu nehmen, obwohl sie selber Angst hatten vor den Veränderungen. Sie versuchten, ihren Kindern bestmögliche Eltern und einander bestmögliche Expartner zu sein.

Die wenigsten Beziehungen enden so friedlich wie die von Kai und Thea. Oft sind es tiefe Verletzungen, Konflikte und Affären, die zur Trennung führen, und Paare brauchen viel länger, um sich als Freunde wieder anzunähern – wenn es ihnen überhaupt jemals gelingt. Aber keine Beziehung war umsonst. Auch, wenn sich viele Paare zu lange ohne therapeutische Unterstützung quälen oder zu früh trennen, bleibt doch die Frage, ob eine in die Brüche gegangene Beziehung per se als Versagen gewertet werden muss. Als Verlust, ja. Als traurige Entwicklung. Als enttäuschte Hoffnung. Aber im *Versagen* schwingt ein Leistungsanspruch mit – was für Menschen, die wirklich alles in ihrer Macht Stehende getan haben, um eine Beziehung aufrechtzuerhalten und dennoch miteinander nicht mehr glücklich sein konnten, zusätzlich niederschmetternd ist. Paare, die sich mit Versagens- und Schuldgefühlen plagen, rege ich an, eine etwas anders gefärbte Trennungsbrille aufzusetzen und sich zu fragen: Was ist mir und uns als Paar gelungen in den Jahren unseres Zusammenseins? Worauf sind wir stolz? Wofür sind wir dankbar? Was wertschätzen wir nach wie vor am anderen und wie können wir das Gute unserer Beziehung in die Zukunft transportieren? Und nicht zuletzt: Wie können wir unseren Kindern nach wie vor gute Eltern sein?

## Wann eine Trennung gerechtfertigt ist

Ist »nicht glücklich sein« ein triftiger Grund, die Beziehung und das gemeinsame Leben aufzulösen? Anders gefragt: Wie schlimm muss eine Beziehung sein, dass man sich trennen darf? Jeder Mensch muss diese Frage für sich selbst beantworten, schließlich ist sowohl die Fähigkeit, im eigenen Leben etwas zu verändern wie auch die Leidensfähigkeit individuell ausgeprägt. Ich gebe bei dieser Frage zu bedenken, dass wir aller Voraussicht nach nur ein einziges Leben haben. Und dass wir allein die Verantwortung tragen, was wir daraus machen. Der Leitsatz: »Love it, change it or leave it«, kann hierbei eine große Hilfestellung sein.

In der amerikanischen Verfassung gibt es den besonders schönen Paragrafen mit dem »Recht auf das Streben nach Glück«. Die Amerikaner haben nicht das Recht auf Glück, aber das Recht, danach streben zu dürfen. Nicht nur US-Bürger, wir *alle* dürfen etwas dafür tun, glücklich zu sein. Im Umkehrschluss heißt das, dass wir auch Entscheidungen treffen dürfen, um weniger unglücklich zu sein. In Bezug auf eine Beziehung bedeutet das, an jeder möglichen Schraube zu drehen, damit beide Partner sich wieder wohler miteinander fühlen. Aber manchmal sind die Wände einer Beziehung schon so porös, dass alle Arbeit nichts mehr nutzt. So wie bei

Thea und Kai, die irgendwann einsahen, dass sie als Paar keinen Sinn machen, als Eltern und Freunde aber viel mehr. Es ist die Realität, dass nicht jede Beziehung bis zum Lebensende hält. Und diese Realität kann durchaus auch etwas für sich haben – wenn Sie sich an manchen Expartner erinnern. Wie wäre es beispielsweise, wenn Sie noch mit Ihrer ersten Liebe zusammen wären? Einige von Ihnen seufzen jetzt bestimmt und denken: »Ach, wäre das schön …« Andere wiederum werden antworten: »Das wäre furchtbar. Ich hätte mich nie so entwickeln können. Ich hätte nie so interessante Menschen und meinen jetzigen Partner kennengelernt.«

Und trotzdem sind Sie wahrscheinlich froh, dass es diese vorherigen Lieben gab, dass Sie mit Ihren Expartnern üben konnten, wie das geht mit der Liebe. Was Sie brauchen. Was Sie sich wünschen. Was für Sie überhaupt nicht funktioniert. Auch wenn wir manchmal wehmütig auf vergangene Beziehungen zurückblicken und uns wünschten, wir wären reifer gewesen, damit die Beziehung nicht in die Brüche gegangen wäre, die Wahrheit ist: Wir brauchten sowohl die Beziehung als auch die Trennung, um uns weiterzuentwickeln. Jede Beziehungserfahrung, ob »gut« oder »schlecht«, hat uns zu der Person und dem Partner gemacht, der wir heute sind.

Verstehen Sie mich nicht falsch, ich breche keine Lanze für eine schnelle, unüberlegte Trennung. Ich warne vielmehr davor, die Liebe zu überfordern. Von unseren Partnern zu viel zu erwarten. Denn eine Liebesbeziehung kann uns nicht alles geben. Und sie muss es auch nicht. Tatsächlich trennen sich viele Paare, weil sie unrealistische Vorstellungen von einer Beziehung haben. Sie glauben an Märchen, an ewiges Glück, an den Valentinstag und eine Beziehungsfee, die täglich oder zumindest wöchentlich magisch-romantisches Konfetti verstreut. Eine Beziehung zu führen und die vielen mittelmäßigen Tage zwischen den großartigen auszuhalten, erfordert eine gewisse Reife. Einige haben diese Reife mit 16, andere erlangen sie mit 46, wieder andere erfahren nie, wie es ist, Missverständnisse aufzuklären, Konflikte beizulegen und nach einer Krise enger als je zuvor zusammenzuwachsen. Wer dem immerwährenden Glück hinterherjagt, lebt ähnlich unerfüllt wie der, der eine glückliche Beziehung für ausgeschlossen hält und »aushalten« zu seiner Lebensmaxime gemacht hat.

Wir haben heute die Freiheit, zu wählen und unser Leben selbstbestimmt zu gestalten. Freiheit bedingt Verantwortung: Wir sind für unsere Beziehung selbst verantwortlich – wie wir sie führen, pflegen, überladen oder vernachlässigen. Und wir tragen genauso Verantwortung für unsere Trennungen. An der Weggabelung zwischen Bleiben oder Gehen zeigt sich, wie reif und liebesfähig wir wirklich sind. Es ist keine Schande, sich einzugestehen, dass eine Trennung der einzige Ausweg ist. Aber es ist gut zu wissen, vorher gekämpft zu haben, sich eingesetzt zu haben für etwas, was uns einst lieb und teuer war.

Letztlich zählt weniger die Frage, ob Sie sich trennen oder zusammenbleiben als: Wie möchten Sie leben? Wie möchten Sie Abschied nehmen – entweder von alten Gewohnheiten, die die Beziehung belastet haben oder von dem Menschen, den Sie geliebt haben, aber mit dem eine gemeinsame Zukunft nicht mehr vorstellbar ist? Gibt es eine Trennung in Würde und ein hoffnungsvolles »Danach«, in dem eine andere Form der Beziehung existieren kann als die derzeitige, die beide nicht mehr glücklich macht? Ich habe dieses Wunder oft erlebt: Nach einer ersten Phase der Verzweiflung, der Wut und der Ohnmacht kann Raum für eine gute Trennung entstehen: Eine Trennung, nach der man sich alles

Gute wünscht. Nach der man füreinander wieder da ist, wenn der andere einen braucht. In der man in Liebe – wenn auch in veränderter Form – miteinander verbunden bleibt. So wie eine Klientin, die die Trennung von ihrem Mann gemeinsam im Rahmen ihrer Silberhochzeit mit ihren Kindern und allen Freunden feierte, denn: »Wir haben unsere Beziehung mit einem Fest begonnen und wir wollten sie mit einem Fest beenden.« Sie ist bis heute mit ihrem Mann in tiefer Freundschaft verbunden: »Wir haben uns entschieden, dankbar auf unsere gemeinsamen Jahre zurückzublicken und uns auch weiterhin zu begleiten und zu unterstützen. Aber eben nicht mehr als Partner, sondern als langjährige Freunde, als gemeinsame Eltern von drei wundervollen Kindern.«

## Eine Trennung traumatisiert die Kinder

Warum »wegen der Kinder« ein schlechtes Argument für eine schlechte Beziehung ist und wie auch getrennte Eltern gute Beziehungsvorbilder sein können

Bei Ilka und Thomas fliegen regelmäßig die Fetzen. »Gestern hat Ilka mich geschlagen. Das war nicht das erste Mal«, berichtet Thomas in einer unserer Sitzungen.

»Würdest du Frau Konrad bitte sagen, warum? Weil du mich schon wieder betrogen hast! Wieder und wieder und wieder triffst du dich mit irgendwelchen Schlampen und vögelst sie.« Ilkas Stimme bebt vor Wut.

»Deine selbstgerechte Art kotzt mich an«, zischt Thomas. »Als ob du mich noch nie betrogen hättest. Du lässt doch auch nichts anbrennen.« Das einstmals glückliche Paar starrt sich hasserfüllt an. Ich fühle mich wie ein Dompteur, der zwei außer Rand und Band geratene Raubtiere im Zaum halten muss. Die beiden haben sich wegen »starker Kommunikationsschwierigkeiten« angemeldet und sie haben nicht übertrieben. Was sich in den paartherapeutischen Sitzungen abspielt ist nur die Spitze des Eisberges. Thomas betrügt Ilka, wann immer er die Gelegenheit dazu hat. Ilka spioniert ihm voller Misstrauen hinterher und macht ihm stundenlange, tagelange, wochenlange Szenen. Nach einer Weile sind beide so matt, müde, zermürbt vom ewigen Streit, dass sie sich entscheiden, es noch einmal mithilfe einer Therapie miteinander zu versuchen. Eine Trennung, so versichern mir beide, komme für sie nicht infrage. »Warum?«, frage ich sie, nachdem ich zum wiederholten Male Zeugin ihres destruktiven Katz- und Mausspiels geworden bin.

»Wegen der Kinder!«, antworten beide bestimmt.

»Wegen der Kinder«, wiederhole ich. »Sie betrügen sich, schreien sich an, schlagen sich und schweigen sich tagelang an – und das alles wegen der Kinder?«

Thomas und Ilka stammen beide aus geschiedenen Elternhäusern. »Wir haben uns geschworen, dass unsere Kinder nicht als Scheidungskinder aufwachsen. Sie sollen es besser haben als wir früher.« In diesem Punkt ist das Ehepaar sich einig.

Es ist paradox: Kinder, deren Eltern sich getrennt haben, wünschen sich nichts mehr, als ihren eigenen Kindern ein stabileres Elternhaus zu ermöglichen, scheitern aber besonders häufig dabei. Weil sie nicht gelernt haben, wie eine vertrauensvolle, liebevolle Beziehung funktioniert und wie man

Konflikte konstruktiv austrägt, wiederholen Kinder aus dysfunktionalen Familien das Beziehungselend ihrer Eltern oft in ihrem eigenen Erwachsenenleben. So wie Ilka und Thomas. Ilka weiß, wie es ist, wenn Affären eine Ehe zerstören. Ihre Mutter hat es ihr oft genug erzählt in den Nächten, in denen der Vater nicht nach Hause kam. Ihre Eltern ließen sich nach jahrelangen Streitereien schließlich scheiden. Ilka war damals acht Jahre alt und erinnert sich daran, »die unglücklichste Grundschülerin der Welt« gewesen zu sein. Sie sah ihren Vater nur noch selten und wenn, musste sie ihn mit fremden Frauen teilen. Ihre Mutter ließ kein gutes Haar an ihm und irgendwann schlief der Kontakt zu ihrem Vater ein – »Letztlich war es einfacher so für mich. Und für ihn natürlich auch. Er hat mich einfach so abgeschrieben, als ob ich nie existiert hätte«, erinnert sich Ilka.

Thomas kennt seinen leiblichen Vater nicht, wohl aber wechselnde Stiefväter, mit denen er sich mehr oder minder gut verstanden hat. »Meine Mutter war nicht so richtig gut mit langen Beziehungen. Wenn ihr etwas an ihren Männern nicht passte, hat sie sie rausgeworfen. Bis der Nächste kam. Und der Nächste. Sie können sich vorstellen, dass das für mich als Kind nicht gerade einfach war, mich immer wieder auf neue Stiefväter einzulassen, zumal meine Mutter mir nach einer Trennung immer verbot, den Kontakt zu ihnen zu halten.«

Ilka und Thomas haben beide die Erfahrung gemacht, dass elterliche Beziehungen nicht haltbar sind. Heute versuchen sie deshalb alles, was in ihrer Macht steht, um ihre Beziehung nicht auseinanderbrechen zu lassen. Es ist, als würden sie Stahlmauern und Betonwände um ihre Beziehung bauen, während sie im Inneren alles verwüsten. Egal, wie schlimm es innen aussieht, das Gerüst, die Fassade steht bombenfest.

»Wegen der Kinder« kann ein bemerkenswerter Klebstoff für eine Paarbeziehung sein.

## Die Wünsche der Kinder

Natürlich wünschen sich Kinder, dass die Eltern einander lieben und für immer zusammenbleiben. Kinder möchten mit beiden Eltern zusammenleben. Kinder möchten eine heile Welt. Aber was, wenn es diese heile Welt nicht gibt in der elterlichen Beziehung? Wenn die Beziehung der Eltern lieblos, kalt oder gar grausam geworden ist? Wenn beide Eltern todunglücklich miteinander sind und keinen Ausweg aus ihrem Beziehungsdilemma finden, weil sie sich geschworen haben, »wegen der Kinder« zusammenzubleiben? Dann sind Kinder gezwungen, jahrelang Zeugen des elterlichen, ehelichen Schlachtfeldes zu werden, auf dem sich gestritten, verletzt, betrogen oder Unglück stoisch ausgehalten wird. Und sie erhalten ein fragwürdiges, aber stabiles Modell einer Liebesbeziehung. Die Autorin Laura Kipnis warnt: »Leider produziert die Wendung ›wegen der Kinder‹ ein generationenübergreifendes Ausbildungslager, in dem gesenkte Erwartungen als affektive Norm eingeübt werden, in dem ›so ist es nun mal‹ als Lebensrichtlinie gilt, in dem die Vorstellung befördert wird, Veränderung beschwöre Katastrophen und Traumata herauf, und mehr zu wollen sei einfach lächerlich.«

Eine Trennung sollte nicht leichtfertig erwogen werden – besonders, wenn Kinder im Spiel sind. Für alle Beteiligten ändert sich viel: Meist sind es die Väter, die auf das Zusammenleben mit ihren Kindern verzichten müssen und sie nur jedes zweite Wochenende und vielleicht einen Abend in der Woche sehen. Die Mütter müssen oft den Großteil des Alltags mit den Kindern allein bewältigen. Die finanzielle Situation spitzt sich in vielen Familien zu, wenn statt einer Wohnung nun zwei bezahlt werden müssen und die Frau gemäß neuer Rechtslage Unterhalt für sich selbst nur so lange bekommt, bis ihr Kind drei Jahre alt ist. Und das Kind vermisst den jeweils abwesenden Elternteil, wird oft genug in Loyalitätskonflikte verstrickt und versucht, mit den oft auftretenden Schuldgefühlen über die elterliche Trennung umzugehen. Aber: Eine gute Trennung ist für Kinder definitiv besser, als eine dauerhaft schlechte Beziehung der Eltern. Kinder leiden unsäglich, wenn die Eltern miteinander im Dauerstreit sind. So wie Constanze, die bis heute nicht verstehen kann, warum ihre Eltern ihre Ehe nicht viel früher beendet haben. »Sie hätten sich – und mir – viel erspart. Die angespannte Stimmung zu Hause, der chronische Streit, die furchtbaren Urlaube, in denen drei Menschen einander auf Gedeih und Verderb ausgeliefert waren. Ich habe eigentlich nur schreckliche Erinnerungen an meine Kindheit. Ich habe auf meinen Auszug regelrecht hingefiebert und war einfach nur erleichtert, als meine Eltern mir ein paar Monate später mitteilten, dass sie sich endlich getrennt haben.«[1]

---

1 »Vergleicht man Scheidungskinder zum einen mit jenen Kindern, die in einer konfliktbelasteten Kernfamilie mit disharmonischer Beziehung zwischen den Eltern leben, und zum anderen mit denjenigen, die bei einem harmonischen Elternpaar aufwachsen, so relativieren sich die Nachteile von Scheidungskindern«, fand die Pädagogik-Professorin Sabine Walper in einem umfassenden Studienvergleich über Trennungskinder heraus. »In entsprechenden Studien zeigen sich zwar durchaus vermehrte Belastungssymptome bei Trennungskindern, allerdings nur im Vergleich zu Kindern aus harmonischen Kernfamilien, nicht gegenüber Kindern aus Kernfamilien mit geringer Partnerschaftsqualität der Eltern.« Sie fasst zusammen: »Die Qualität der Familienbeziehungen spielt eine deutlich wichtigere Rolle für das Kindeswohl als Merkmale der Familienstruktur.«

Es ist nicht meine Aufgabe als Paartherapeutin, Klienten zur Trennung zu ermuntern, im Gegenteil, ich versuche an jedem sich bietenden Strang zu ziehen, um ein Paar an ihre liebevollen Gefühle füreinander zu erinnern und versuche, mit ihnen gemeinsam einen Weg zu finden, wie sie ihre Beziehung wieder glücklicher miteinander gestalten können.

Aber wenn Paare sich ohne jedwede Hoffnung oder den Wunsch auf Wiederannäherung auseinandergelebt haben, wenn es ihnen seit Jahren nicht gelingt, ihre Beziehung zu verbessern und sie sich gleichzeitig aus falsch verstandener Rücksichtnahme auf die Kinder eine Trennung verbieten, stelle ich ihnen eine wichtige Frage: »Welches Vorbild geben Sie Ihren Kindern, wenn Sie so zusammenbleiben?«

»Wegen der Kinder« steht in vielen Fällen für die Abwehr der eigenen Ängste, sich mit einer realen Trennung auseinanderzusetzen. Denn egal, wie lange wir darüber nachdenken und wieder zurückschrecken, die Trennung vertagen – wenn die Kinder in die Schule kommen, wenn die Kinder die Schule beendet haben, wenn sie schließlich ausgezogen sind –, es gibt nie den richtigen Zeitpunkt für eine Trennung. Es ist immer schmerzhaft. Nicht nur für die Kinder. Auch für die Erwachsenen, die sich eingestehen müssen, dass sie ihr Versprechen und ihre Hoffnungen miteinander nicht einlösen konnten. Zu viele Verletzungen, zu viele Enttäuschungen und vielleicht sogar ein anderer Mann oder eine andere Frau haben sich in die einstmals glückliche Liebesbeziehung eingeschlichen. Fakt ist: Niemand bleibt nur wegen der Kinder zusammen. Hinter der moralisch einwandfreien Aussage »Wegen der Kinder« stecken oft vielschichtige andere Gründe. Die Angst vor dem Trennungsschmerz. Die Angst vor dem Alleinsein. Die Angst, vor finanziellen Verlusten und sozialem Abstieg, vor der Herausforderung, die Kinder zum Großteil alleine zu erziehen. Die Angst vor der gesellschaftlichen Reaktion – was denken die Nachbarn, die Kollegen, der Chef? Verheiratet oder liiert zu sein ist ein Schutzschild gegen unangenehme Fragen und Unterstellungen – und gegen eine ungewisse Zukunft. Und so halten viele Menschen eher an ihrem gewohnten Unglück fest, statt sich auf eine ungewisse Zukunft einzulassen.

Nicht immer sind es die Streithähne, oft sind es auch die nach außen hin harmonischen, aber innerlich unglücklichen Paare, die wie Thea und Kai ein gutes Team, aber kein Liebespaar mehr sind und die sich fragen: »Dürfen wir unseren Kindern eine Trennung antun? Dürfen wir unser Glück über ihr Glück stellen? Ist es das wert – einen Neuanfang auf dem Rücken unserer Kinder auszutragen?«

Die Antwort muss jeder für sich selbst finden. Vielleicht hilft es, sich darüber bewusst zu sein: In allem, was wir tun, sind wir unseren Kindern ein Vorbild. In der Art, wie wir unsere Beziehung führen. Wie wir unsere Konflikte lösen. Wie wir unser Leben wertschätzen. Und auch, wie wir in schwierigen Zeiten für uns selbst und für andere sorgen.

## Eltern bleiben Eltern

Eine Trennung ist immer schmerzhaft, machen wir uns nichts vor. Aber eine Trennung muss für ein Kind nicht traumatisch sein. Es gibt einiges, was Eltern tun können, um ihren Kindern unnötigen Kummer zu ersparen. Klären Sie so viel wie möglich gemeinsam mit Ihrem Partner, bevor Sie Ihren Kindern die Trennung mitteilen. Besonders die Themen Unterhalt und Umgang sollten nicht miteinander vermischt und vor dem Kind ausgetragen werden.

Setzen Sie sich als Eltern gemeinsam mit Ihren Kindern hin und teilen Sie ihnen schonend, aber klar mit, dass Sie sich entschieden haben, kein Paar mehr zu sein. Viele Kinder reagieren ängstlich, weil sie nicht wissen, was eine Trennung für sie bedeutet und was nun auf sie zukommt. Idealerweise haben Sie als Eltern eine Lösung gefunden, die für die Kinder so wenige Veränderungen wie möglich mit sich bringt. Stabilität ist in einer Trennungssituation das Wichtigste für Kinder – optimal ist es, wenn sie in ihrem gewohnten Umfeld wohnen bleiben können. Versichern Sie Ihrem Kind, dass Sie ungeachtet der Trennung, für immer seine Eltern bleiben werden. Ermutigen Sie Ihr Kind, Fragen zu stellen, damit es sich nicht in Horrorszenarien und Ängsten verrennt.

Finden Sie altersangemessene Erklärungen auf die typische Frage der Kinder: »Warum trennt ihr euch?« Eine mögliche Antwort wäre: »Weil wir uns nicht mehr so gut verstehen und wir glauben, dass es für uns alle besser ist, wenn wir Erwachsenen uns nicht mehr so oft sehen. Du darfst Mama/ Papa aber ganz oft sehen, dich betrifft unser Streit nicht. Wir haben dich beide sehr lieb und du darfst uns auch beide weiterhin lieb haben.«

Wenn Sie kleine Kinder haben, teilen Sie ihnen mit, wie der elterliche Umgang geregelt wird, also wo sie wohnen und wie oft sie den abwesenden Elternteil besuchen können. Je klarer und verbindlicher die Umgangsregelung ist, desto besser für das Kind, solange es noch die Möglichkeit hat, den Kontakt zu dem abwesenden Elternteil zu intensivieren.

Unterstützen Sie den Kontakt zum Expartner, egal, was Sie von ihm/ihr halten: Es wird für immer der Vater/die Mutter Ihres Kindes bleiben. Wenn Sie möchten, dass Ihr Kind die Trennung möglichst unbeschadet übersteht, dann lassen Sie ihm den regelmäßigen Kontakt zum anderen Elternteil.

Ein Kind sollte sich nie zwischen seinen Eltern entscheiden müssen. Die Frage: »Willst du lieber zu Mama oder zu Papa?«, mag kurzfristig die Eitelkeit oder die Ängste der Eltern besänftigen, bringt ein Kind aber in einen furchtbaren Loyalitätskonflikt.

Sprechen Sie nicht schlecht über Ihren Expartner vor Ihrem Kind. Ermöglichen Sie Ihrem Kind, eigene Erfahrungen mit dem anderen Elternteil zu machen, die nicht gefärbt sind durch Ihre schlechten Erfahrungen. Ein schlechter Partner muss kein schlechter Elternteil sein.

Sich zu trennen gehört zu den traurigsten, schwierigsten Phasen im Leben und es ist viel verlangt, aber: Je erwachsener Eltern mit der Trennung umgehen, desto weniger belastend wird sie von Kindern erlebt.

## »Liebeskummer lohnt sich nicht, my Darling«

Welche Phasen eine Trennung mit sich bringt und warum es gesund ist, ausgiebig zu wüten und zu trauern

Als ich anfing zu studieren, musste ich – eine erklärte Hundefreundin – eine junge, traumatisierte Katze aufnehmen, die der Bauer, bei dem ich gern meine Eier holte, sonst »ein für alle Mal erschlagen« hätte. Die ersten Wochen versteckte sie sich unter meinem Sofa, jeder Versuch, mich ihr zu nähern, endete in wütendem Fauchen und Kratzen. Nach ein paar Monaten hatten wir eine (meiner Meinung nach) nicht gerade gerechte Koexistenz herstellen können: Ich gab ihr regelmäßig Futter – sie würdigte mich keines Blickes oder stürzte sich aus dem Hinterhalt auf mich und zerkratzte mir die Füße, wenn ich (in ihren Augen vielleicht wie ein riesengroßes Wollknäuel) durch meine eigene Wohnung ging. Noch ein Jahr später war sie annähernd gezähmt. Sie sprang mir auf den Schoß, setzte sich mit Vorliebe auf meinen Computer oder mein Buch, während ich gerade schrieb oder las. Sie fing an, meine Streicheleinheiten zu genießen und sie aktiv einzufordern. Ich war froh über jede »normale« Reaktion von ihr und hatte das Gefühl, dass unsere Beziehung auf einem guten Weg war. Bis auf eine Sache: Kraulte ich sie, schnurrte sie und zeigte mir, welche Berührungen sie mochte und welche nicht. Hörte ich jedoch auf zu kraulen – ich hatte bestimmt dann und wann gute Gründe –, biss sie mich sofort.

Bis vor einer Weile war ich mir sicher, dass meine mittlerweile verstorbene Katze unter aggressiven Impulsdurchbrüchen litt, die ich auf ihre frühkindliche Traumatisierung wegen des überlebten Mordanschlags zurückführte. Aber dann las ich kürzlich, dass Frustbeißen bei Katzen eine normale Reaktion sei. Ein wissenschaftliches Experiment ergab, dass Katzen deutliches Wohlbefinden zeigen, solange man die Belohnungsschaltkreise in ihrem Gehirn reizt. Sobald die Stimulation aufhört, beißen sie zu. Der Frust über die nicht erfüllte Erwartung wird nicht großmütig hingenommen, sondern schlägt sofort in Wut um.[2] Ähnlich verhält es sich oft auch bei Menschen während der Trennung von einem einstmals geliebten Partner. Aus Liebe wird durch die Kränkung der Zurückweisung übergangslos Frust, der sich blitzschnell in Wut umwandeln kann – die sogenannte Trennungswut.

---

2 Dieses Phänomen ist als Frustrations-Aggressions-Theorie bekannt.

## Trennungswut und Rosenkrieg

Während einer Trennung durchlaufen wir grob gesehen zwei Phasen: Protest und Resignation. In der Protestphase werden wir von Dopamin überschwemmt, sind voller Leidenschaft und Wut, versuchen alles in unserer Macht Stehende, unseren Partner zurückzugewinnen. So wie Eva, die in unseren Sitzungen oft darüber gesprochen hatte, dass ihre Gefühle für ihren Freund immer schwächer würden und sie eine Trennung erwäge. Vor ein paar Tagen teilte er ihr überraschend mit, dass er sich zu einer Kollegin hingezogen fühle und seinerseits nun über die Trennung nachdenke. Und plötzlich ist alles anders: »Ich will ihn unbedingt behalten!« Eva fährt aufgebracht fort: »Das ist doch verrückt, die ganze Zeit mache ich mir Gedanken, wie ich mich am besten aus der Beziehung verabschiede und jetzt finde ich ihn so attraktiv, dass ich mir ein Leben ohne ihn nicht vorstellen kann.« Eva erlebt eine typische emotionale Reaktion nach einer Zurückweisung: Unsere Trennungsängste werden aktiviert, Stresshormone überfluten uns und paradoxerweise verstärkt sich die Wirkung jener körpereigenen chemischen Substanzen, die romantische Liebesgefühle fördern, obwohl wir doch das Gegenteil – eine Abkühlung – bräuchten.

Als Evas Freund sich ein paar Wochen später von ihr trennt, klammert sie sich an ihn: »Bitte verlass mich nicht.« Als er sich von ihr losmacht und zur Tür geht, stürzt sie hinter ihm her: »Ich hab ihn angeschrien wie eine Irre, ich wusste gar nicht, dass ich so viele Schimpfworte kenne. Es war, als ob in mir ein Schalter umgelegt wurde, aus totaler Liebe wurde plötzlich abgrundtiefer Hass. Ich war völlig außer mir – in dem Moment konnte ich mir vorstellen, dass man jemanden umbringen kann.«

Tatsächlich gibt es eine neuronale Verknüpfung zwischen Liebe und Hass, was sich nicht zuletzt in dem erhöhten Aufkommen von Gewalttaten im Trennungsgeschehen niederschlägt.[3] Glücklicherweise wird nicht jede Trennungswut ungefiltert ausgelebt und mündet in ein Verbrechen: Die empfundene Wut wird entweder kontrolliert oder umgeleitet – man tritt gegen einen Stuhl, schlägt gegen die Wand oder streitet sich mit der besten Freundin. Solange Wut nicht destruktiv ausgelebt wird, ist sie ein wichtiges Hilfsmittel, Abstand vom Partner zu bekommen und sich nachhaltig zu trennen.

Während die Wut uns einerseits helfen kann, uns vom Partner zu lösen, kann sie andererseits auch so hartnäckig und zäh bleiben, dass sie uns auf eine destruktive Art für lange Zeit an den Expartner bindet. Wem es nicht gelingt, Abschied zu nehmen, der verstrickt sich oft in negativer Leidenschaft und so machen es sich manche Menschen zur Lebensaufgabe, den anderen zu vernichten: Du hast mich verlassen, jetzt mach ich dich fertig. Sie waschen schmutzige Wäsche in der Öffentlichkeit, zeigen den anderen beim Finanzamt an, instrumentalisieren das eigene Kind bis hin zu Misshandlungs- und Missbrauchsvorwürfen, um den Ruf des anderen zu zerstören und das letzte bisschen Macht

---

3 Annähernd jeder zweite Frauenmord in Deutschland ist eine sogenannte Beziehungstat – die Täter sind Partner oder Expartner der Frauen. Das Tatmotiv ist in den meisten Fällen Eifersucht aus verschmähter Liebe. Die weibliche Version von verschmähter Liebe mündet nur selten in Gewalt gegen den Partner, aber umso öfter in Selbstabwertung, Autoaggressionen, Depressionen und sogar in Suizidversuche.

über das wichtigste gemeinsame Gut – das Kind – zu behalten.[4]

Selbst wenn alle diese Verhaltensweisen neurologisch zu erklären sind, heißt dies natürlich weder, dass jeder seiner Wut Taten folgen lassen könnte, noch dass diese dann sogleich entschuldigt wären. Weder Gene noch neurologische Prozesse sind abgelöst von der Persönlichkeit und der Eigenverantwortung jedes Menschen zu betrachten – wir haben eine Wahl, wie wir mit unseren Gefühlen umgehen und welches Handeln ihnen folgt.

## Getrennt – das überlebe ich nicht

Nachdem der erste Schock über eine Trennung verdaut und die stärkste Wut verpufft ist, gelangen die meisten Menschen schließlich in die zweite Trennungsphase, in der Erschöpfung und Resignation überwiegen. Die Dopaminausschüttung geht rapide zurück, wir fühlen uns müde und gelähmt. Viele verkriechen sich in dieser Phase in ihrer Wohnung, verlieren ihre Lebensfreude und vegetieren eine Weile vor sich hin. Alles erscheint sinnlos, wir haben wenig Hoffnung, dass unser Leben wieder schöner wird oder dass wir uns gar wieder in jemanden verlieben könnten.

»Es tut so weh!« Carmen sitzt vor mir und umarmt schützend ihren Oberkörper. Die Tränen laufen ihr übers Gesicht. Sie schluchzt und weint und wiederholt immer wieder: »Es tut so weh, ich schaffe das nicht.« In manchen Momenten scheint der Schmerz sie zu zerreißen, ein außen-

---

4 Der berühmte Hollywood-Film *Rosenkrieg* von 1989 dokumentiert die Spirale des Hasses, die einstmals Liebende zu Gegnern auf Leben und Tod macht.

stehender Beobachter wäre versucht, einen Krankenwagen zu rufen. Aber Carmen hat keine Magenschmerzen, keinen entzündeten Blinddarm und auch keinen komplizierten Knochenbruch. Sie wurde verlassen. »Wir wollten doch heiraten und Kinder kriegen. Ich hab seinetwegen meinen Job in München aufgegeben und bin zu ihm nach Hamburg gezogen. Und jetzt schmeißt er alles hin! Ich verstehe das nicht.« Wieder strömen die Tränen. Ich stehe auf und wickele eine Decke um sie. Dann höre ich ihr weiter zu und halte mit ihr den Schmerz aus, den sie gerade erlebt. Zurückweisung aktiviert ähnliche Hirnareale wie körperlicher Schmerz, was erklärt, warum Verlassene den psychischen Schmerz auch körperlich spüren.

»Trennung ist alles, was wir von der Hölle wissen müssen«, schrieb die Lyrikerin Emily Dickinson und meine Klientin Carmen kann dem nur zustimmen. »Es fühlt sich an, als ob ich sterben muss. Ich fühle mich wie gelähmt. Ich glaube, es ging mir noch nie so schlecht. Es fühlt sich an, als ob ich keine Luft mehr bekomme.«

Jeder, der schon einmal eine Trennung von einem Partner erlebt hat, weiß, wie elend und verzweifelt man sich fühlt – wenn Angst, Ohnmacht und Hoffnungslosigkeit uns überschwemmen. Fast die Hälfte aller Menschen erlebt während einer Trennung sogar Phasen einer Depression, bei jedem zehnten der Betroffenen erreicht die Krankheit mittlere bis schwere Ausmaße. Studien über Stress belegen, dass eine Trennung oder Scheidung ähnlich aufwühlend sein kann wie der Tod des Partners. Bei einigen wenigen – vor allem älteren Frauen – kann eine Trennung tatsächlich zu einem »gebrochenen Herzen« führen – beim »Broken-Heart-Syndrome« kann starker psychischer Stress einen Herzinfarkt oder einen Schlaganfall auslösen. Männer flüchten sich nach einer Trennung häufig in selbstzerstörerisches Verhalten wie Alkohol- oder Drogenkonsum und sind viermal so gefährdet wie Frauen, Suizid zu begehen.

Was vielen nicht bewusst ist – jede schmerzhafte Trennung reaktiviert auch alte Erfahrungen: schon längst vergangenen Liebeskummer, kindliche Trennungsängste und unsere Urangst, verlassen zu werden. Denn als Kind verlassen zu werden, heißt zu sterben. Wenn Babys nicht ausreichend gut versorgt werden, entwickeln sie extremen emotionalen Stress und das Stresshormon Cortisol wird in großen Mengen ausgeschüttet. Ein Baby kann seine Gefühle noch nicht selbst regulieren, es braucht einen Erwachsenen, der es beruhigt und somit den Cortisolhaushalt wieder auf ein angemessenes Maß reduziert. Bleibt eine prompte und feinfühlige Versorgung der kindlichen Bedürfnisse immer wieder aus, steigt das Cortisollevel dauerhaft auf ein ungesund hohes Niveau an. Menschen mit einem gestörten Cortisolhaushalt haben auch im Erwachsenenleben Schwierigkeiten, mit Stress umzugehen und sich selbst zu beruhigen. Demgegenüber haben Menschen, die in der Kindheit weniger emotionalem Stress ausgesetzt waren, nachweislich bessere neurologische Strukturen gebildet, die dafür sorgen, dass weniger Cortisol ausgeschüttet oder besser verarbeitet wird. Einfacher ausgedrückt: Je besser unsere Eltern uns versorgt haben und je weniger emotionalen Stress wir in der (frühen) Kindheit empfunden haben, desto leichter fällt es uns auch im Erwachsenenleben, uns selbst zu beruhigen und mit Stress umzugehen. Und so finden diejenigen, die früh den Zaubertrank der sicheren Bindung gekostet haben, schneller wieder festen Boden unter sich und können auch nach einer sehr schmerzhaften Trennung wieder vertrauens- und hoffnungsvoll in die Zukunft blicken. Ihre positiven inneren Annahmen stützen sie und helfen ihnen, diese schwierige Zeit zu überstehen. Trotzdem: Eine Trennung von einem (einstmals) geliebten Menschen bedeutet für jeden Erwachsenen Stress und kann den stärksten Mann und die stärkste Frau, auch die sicher gebundensten Menschen unter uns umwerfen.

Trennungsschmerz ist eine normale Reaktion auf eine furchtbare Erfahrung und geht oftmals einher mit Appetitverlust, Schlaflosigkeit, Konzentrationsschwierigkeiten, Grübeln, tiefer Traurigkeit – all das können Anzeichen einer Depression sein oder Ausdruck von »ganz normaler« Trauer über das Ende einer Beziehung.

Wenn der Partner stirbt, ist uns das Mitleid unserer Umwelt sicher. Früher trugen Witwen ein Jahr schwarze Kleidung und sie wurden misstrauisch beäugt, wenn sie sich schneller vom Tod ihres Partners erholten. Bei einer Trennung jedoch wird häufig erwartet, dass wir uns bald wieder »zusammenreißen«.

Aber wie geht das, wenn uns elend zumute ist und wir die Trennung noch kein bisschen verarbeitet haben? Wenn wir jede Nacht von unserem Ex träumen und morgens vor Verzweiflung am liebsten sofort wieder einschlafen würden, weil wir glauben, den Alltag nicht überstehen zu können? Wenn er mit einer Neuen schon wieder glücklich ist, während wir uns nicht vorstellen können, uns je wieder zu verlieben? Wenn es Kinder gibt, die genauso traurig sind wie wir und die von einer vernünftigen, reifen Erwachsenen versorgt werden wollen, obwohl wir uns selbst ganz klein und unfähig fühlen? Eine Trennung vom Partner beinhaltet unzählige Verluste und Veränderungen, die oft mit Angst besetzt sind. Es dauert eine Weile, bis wir uns an die neue Lebenssituation gewöhnt haben. Bis die Trauer nachlässt. Bis wir einen klareren Blick auf die Vergangenheit und die Zukunft werfen können. »Ich fühle mich wie amputiert«, sagt Carmen mir vier Monate nach der Trennung. »Ich kann alles noch fühlen, wie es war und wie es hätte werden sollen. Ich weiß, dass er nicht mehr zu mir gehört. Ich weiß, dass ich auch ohne ihn leben kann. Aber der Schmerz ist immer noch da. Nicht mehr ganz so schlimm, wie am Anfang. Aber es tut immer noch weh.«

»Zeit heilt alle Wunden« – diesen Satz glaubt kein Frischgetrennter und doch machen wir die Erfahrung, dass der Schmerz irgendwann nachlässt. Die tiefsten Täler sind irgendwann durchschritten, unsere Lebenslust kehrt – langsam aber sicher – zurück und irgendwann treffen wir wieder Menschen, die wir interessant finden, vielleicht sogar einen besonderen Menschen, den wir besonders interessant finden. Wie wir aus unserem Liebeskummer herausfinden, dafür gibt es verschiedenste Strategien und letztlich muss jeder seinen eigenen Weg gehen. Aber es gibt ein paar Möglichkeiten, die den Prozess ein wenig erleichtern und sogar abkürzen können.

**Liebeskummer loslassen**

»Ich habe noch ein T-Shirt bei ihm«, sagt Eva, deren Freund sie vor drei Wochen endgültig verlassen hat.

»Und weil Sie sonst nichts zum Anziehen haben, müssen Sie dieses T-Shirt nun bei ihm abholen, nicht wahr?« Wir lachen beide. »Aber es ist mein Lieblings-T-Shirt!«, versucht sie mich zu überzeugen.

Nach einer Trennung wird uns plötzlich bewusst, wie viele wichtige Dinge unser Ex noch von uns besitzt. Eine Bürste, ein paar Bücher, Quittungen für die Steuererklärung, den besonders weichen Kissenbezug, ohne den wir nicht mehr schlafen können – und wir wollen das alles unbedingt zurück. Natürlich wissen wir tief in uns, dass wir auch ohne diese ganzen Dinge überleben können, aber es geht ja gar nicht um etwas Materielles oder auch Ideelles – es geht um unser Herz. Und die Sucht, die uns veranlasst, sich den Ex in welchen Dosen auch immer wieder zuzuführen. Eva fährt fast täglich an der Wohnung ihres Exfreundes vorbei. »Ich habe jedes Mal solches Herzklopfen. Ein Teil von mir wünscht sich, ihn zu sehen, der andere Teil stirbt fast vor Angst. Ich bin verrückt, oder?« Eva ist nicht verrückt. Aber sie ist noch liebeskrank. Ihr Exfreund ist wie eine Droge für sie und sie muss sich irgendwann entscheiden, auf Entzug zu gehen, clean zu werden.

Carmen, die mit ihrem Freund bis zur Trennung zusammengewohnt hat, geht anders vor. Nach ein paar Wochen des furchtbaren Leidens wachte sie eines Morgens auf und entschied, alle seine Sachen in Kartons zu packen. Sie nahm sich eine Woche Zeit, sich von allem, was ihm gehörte, zu verabschieden. Die ersten Tage halfen ihr Freundinnen, die letzten Kisten packte sie allein. Dann schrieb sie ihm eine E-Mail, dass er die Kartons an einem Vormittag abholen solle, an dem sie nicht in der Wohnung war. »Ich wollte alles ausmisten, klar Schiff machen. Er hat sich entschieden, unsere Beziehung zu beenden, dann muss ich das auch irgendwann tun. Ich hatte keine Lust mehr, in einem Museum zu leben. Und obwohl es am Anfang mein Herz zerrissen hat, alles von ihm in dunkle Kartons zu packen, hat es mich nach einer Weile total erleichtert. Als er seine Sachen endlich abgeholt hatte, konnte ich zum ersten Mal wieder richtig durchatmen.«

Was sich rigoros anhört, ist eine wirksame Strategie, sich zu lösen. Denn: Je weniger Kontakt wir nach einer akuten

Trennung zu unserem Ex haben, desto leichter können wir wirklich Abstand gewinnen. Auf der anderen Seite kann schon ein kurzer Kontakt mit ihm dazu führen, dass die neuronalen Schaltkreise für schwärmerische Verliebtheit wieder anspringen. »Er sieht so gut aus«, seufzt Eva, die sich wider besseres Wissen ihr Lieblings-T-Shirt abgeholt hat. Das kurze Treffen mit ihrem Ex kostet sie weitere quälende Wochen in ihrem Liebeskummer-Genesungsprozess, der nun wieder von vorn angefangen hat.

Jedes Treffen kann für den Entzug kontraproduktiv sein und ihn verlängern.[5]

In einer schwierigen Lage sind Paare, die gemeinsame Kinder haben und die sich nicht im gegenseitigen Einverständnis getrennt haben. Für die Verlassenen bedeutet es oft eine unmenschliche Kraftanstrengung, zum Wohl der Kinder bei Begegnungen mit dem Ex sachlich zu bleiben. In der akuten Trennungsphase kann es hilfreich sein, Freunde um sich zu haben, wenn der Partner die Kinder abholt oder bringt. Überhaupt ist es gut, nicht zu viel allein zu sein nach einer Trennung. Lenken Sie sich ab. Pflegen Sie Ihre Hobbys. Treiben Sie Sport. Natürlich gibt es nach einer Trennung immer wieder Momente, in denen wir uns am liebsten verkriechen und nur für uns allein bleiben möchten. Aber es ist wichtig, nach einer Trauerphase irgendwann wieder am Leben teilzunehmen. Bleiben Sie körperlich und geistig in Be-

5 Nicht nur ein reales Treffen mit dem Ex, auch virtueller Kontakt, wie beispielsweise über Facebook, verzögert die Ablösung und verlängert den Trennungsschmerz, wie die englische Psychologin Tara Marshall in einer Studie mit 464 frisch Getrennten herausfand. Etwa ein Drittel der Befragten neigte dazu, ihre Expartner über Facebook auszuspionieren und regelrecht zu stalken, während das eigene Leben und die eigene Entwicklung stillstand.

wegung, nicht zuletzt, um ihren Dopamin- und Serotoninspiegel wieder ins Lot zu bringen und nicht eine der Unglücklichen zu werden, die neben dem normalen Trennungsschmerz auch noch eine Depression ausbildet. Wenn es Ihnen gelingt, halten Sie es wie Elizabeth Taylor (fünfmal geschieden): »Pour yourself a drink, put on some lipstick. And pull yourself together.«

## Beim nächsten Mann wird alles anders

Warum die nächste Beziehung nur zur Hälfte vom nächsten Mann abhängt und wie hilfreich ein (kleines) bisschen Vernunft und Verantwortung sein kann

Nach dem Spiel ist vor dem Spiel und so ist es glücklicherweise auch mit Beziehungen. Irgendwann haben wir uns von der alten Beziehung und der Trennung erholt und sind wieder bereit, uns auf den Markt zu schmeißen. Und vielleicht finden wir ja diesmal den Richtigen, mit dem alles viel besser klappt, der uns glücklich macht, mit dem wir nie streiten und dauernd großartigen Sex haben, der uns ohne Worte versteht und uns die Wünsche von den Augen abliest. Wer das Buch bis hierhin gelesen hat weiß, dass ich Spaß mache. Wenn wir wollen, dass unsere nächste Beziehung anders verläuft als die letzte(n), müssen wir genau überlegen, was bisher schiefgelaufen ist. Und zwar bei uns. Es geht mir nicht um eine märtyrerhafte Schuldübernahme am Scheitern der Beziehung oder selbstwertschädigende Überzeugungen à la »Ich bin schon immer ein Versager in der Liebe gewesen«. Es geht mir um Verantwortung. Um eine bewusste Reflektion, wie ich selbst als Beziehungspartner bin. Darum, die eigenen Anteile zu erkennen und ihre Auswirkungen zu verstehen. Zwischen »Ich gerate immer an die Falschen« und »Ich suche mir immer die Falschen« besteht ein gravierender Unterschied. »Nach einer Weile behandeln mich meine Partner immer schlecht«, ist eine andere Aussage als »Ich lasse mich nach einer Weile immer schlecht behandeln«. Wenn ich mich als Spielball des Schicksals verstehe, verneine ich meine Verantwortung, mein Leben selbst zu steuern. Natürlich können wir nicht alles beeinflussen, aber wir sitzen immer am Steuer. Mal ist es stürmischer, mal ruhiger, mal sehen wir klarer, mal sind wir unschlüssig oder steuern durch dichten Nebel, aber letztlich haben wir viel mehr in der Hand, als uns auf den ersten Blick bewusst ist.

»Ich habe lange geglaubt, dass das Scheitern unserer Ehe nur meinem Mann anzulasten ist«, sagt Sophie. »Aber als ich dann mit meinem nächsten Partner wieder an die gleichen neuralgischen Punkte gekommen bin, wusste ich, dass ich es mir ein bisschen zu einfach gemacht hatte. Zwei absolut verschiedene Männer, mit denen ich über die gleichen Dinge streite – das muss auch etwas mit mir zu tun haben.« Als sie ihre Beziehungen verglich, stellte sie fest, dass sie sich von beiden Partnern aus unglücklichen Lebenssituationen hatte retten lassen und anschließend mit beiden um Gleichberechtigung gekämpft hatte. »Meine Beziehungen glichen Machtkämpfen. Und ich hab mich immer nur ohnmächtig gefühlt. Eigentlich ist das schon immer mein Lebensgefühl gewesen. Meine Eltern haben mich nie ernst genommen. Meine Brüder wurden unterstützt und gefördert und bei mir hieß es immer nur: ›Das schaffst du nicht, leg die Latte mal nicht so hoch, bilde dir bloß nicht zu viel ein.‹«

Wir alle versuchen in unseren Erwachsenenbeziehungen

alte Kindheitskonflikte zu lösen und oft scheitern wir dabei, weil wir uns unbewusst Partner suchen, die unseren Eltern ähneln, und weil wir uns gleichzeitig auf kindliche Überlebensstrategien stützen, die nicht zielführend sind. Sophie wollte von ihren Partnern ernst genommen werden, aber sie nahm sich selbst nicht ernst genug, sie vertraute nicht genug auf ihre eigene Stärke.

Anstatt innerhalb der Beziehung für ein anderes Gleichgewicht zu sorgen, entzog sie sich und wandte sich anderen Männern zu, von denen sie aus ihrer Situation gerettet werden wollte. »Ich dachte, irgendwann kommt jemand, der an mich glaubt und mit dem ich wachsen kann.« Aber ein Held fühlt sich überflüssig, wenn die Herzensdame keine Hilfe mehr braucht. Sophies Männer fühlten sich bedroht, als sie unabhängiger und stärker wurde und versuchten, sie klein zu halten. So wiederholte sich Sophies Kindheitsgeschichte in ihren Partnerschaften wieder und wieder, bis sie die Zusammenhänge entdeckte und ihre eigenen Anteile am Geschehen reflektierte.

»Mir ist klar geworden, dass ich erst mal selbst auf eigenen Füßen stehen muss, bevor ich wieder eine Partnerschaft eingehe. Ich will meinem nächsten Partner auf Augenhöhe begegnen. Das geht natürlich nur, wenn ich diese Augenhöhe selbst mitbringe. Solange ich am Anfang immer das kleine Hascherl bin, ziehe ich Männer an, die kleine Hascherl brauchen.«

Manchmal müssen wir einen Konflikt so oft wiederholen, bis uns die Wiederholung klar wird oder bis sie so schmerzhafte Auswirkungen hat, dass wir nicht mehr wegsehen können. Wenn wir nun die Verantwortung für das Gelingen und Scheitern der Beziehung ausschließlich unseren Partnern zuschieben, können wir nichts aus unseren Beziehungen lernen. Dabei liegt in der Rückschau auf vergangene Beziehungen der größte Schatz auf dem Weg zu uns selbst. Denn erst, wenn wir unseren eigenen Anteil am Scheitern einer Beziehung anerkannt haben, können wir in unseren zukünftigen Beziehungen die Weichen anders stellen. Die Phase nach einer Trennung ist ein guter Moment, um innezuhalten und mit folgenden Fragen sowohl zurück als auch in die Zukunft zu blicken:

Was habe ich in dieser Beziehung und während der Trennung über mich selbst erfahren? Hat diese Beziehung oder dieser Partner neue Seiten in mir anklingen lassen oder war ich so, wie in anderen Beziehungen auch?

Gibt es Konflikte, die sich in dieser und vielleicht auch in vorherigen Beziehungen immer wiederholen? Was haben diese Konflikte mit mir zu tun? An wen erinnert mich mein Partner in solch einer Konfliktsituation und wie erwachsen fühle und verhalte ich mich?

Welche Rolle nehme ich in Partnerschaften ein und welche Rolle haben meine Partner? Ändern sich diese Rollen oder bleiben sie immer gleich? Welche Rolle wäre mir in der nächsten Beziehung lieber?

Welche persönlichen Entwicklungen wurden mir in der letzten Beziehung ermöglicht und welche wurden verhindert?

Welche meiner Defizite konnten durch den Expartner kompensiert werden?

Habe ich Sehnsüchte, die niemand erfüllen kann oder suche ich mir für meine Bedürfnisse unpassende Partner aus?

Was vermisse ich aus meiner letzten Beziehung und was möchte ich ähnlich wieder erleben? Was soll sich in meiner nächsten Beziehung auf gar keinen Fall wiederholen? Was kann ich dazu beitragen, dass meine nächste Beziehung glücklich(er) verläuft?

Sie können sich diese und tausend andere Fragen allein stellen und die Antworten aufschreiben. Sie können sie gemeinsam mit einer guten Freundin beantworten, die Ihnen beim Reflektieren hilft. Oder Sie machen es so wie Klaas, der lange unter der Trennung von seiner Frau gelitten hatte: Er traf sich ein paar Monate nach der Scheidung mit seiner Exfrau und fragte sie: »Warum hast du dich wirklich von mir getrennt? Ich bin bereit, dir ruhig zuzuhören und es ist mir sehr wichtig, deine Sicht der Dinge zu erfahren. Was waren deiner Meinung nach meine Anteile am Scheitern unserer Beziehung?«

Klaas' Exfrau versuchte, schonend, aber ehrlich zu antworten: In ihren Augen sei Klaas nicht männlich und nicht souverän genug gewesen. Weder als Vater, noch als Mann. Er habe sich ihr zu sehr untergeordnet und ihr somit zu viel Verantwortung übertragen. Er sei zu klammernd gewesen und habe sie nicht atmen lassen. Klaas war zwar verletzt, aber er konnte mit der Beschreibung seiner selbst durchaus etwas anfangen.

»Ich möchte mich ändern«, sagt er mir in unserer darauffolgenden Sitzung. »Ich möchte in meiner nächsten Beziehung mehr Mann sein.« Er blickt mich an. »Wie geht das, wie ändere ich mich? Wie werde ich ein besserer Partner?«

Für mich stellte sich weniger die Frage, wie er sich verändert, sondern wie er *er selbst* wird. Es ging nicht darum, »männlicher« zu werden – was ist das schon –, sondern dass er zu seiner *eigenen* Männlichkeit fand, dass er seine männliche Identität entdecken und leben konnte. Es ging nicht darum, nach außen hin souveräner zu wirken, sondern innerlich authentischer zu werden. Zu sich selbst zu finden. Zu sich selbst zu stehen.

Im Verlauf der Therapie lernte Klaas sich selbst besser

kennen – seine Sehnsüchte und Vorlieben, aber auch seine Abneigungen und seine Grenzen. Er erkannte, dass er jahrzehntelang seine Kraft unterdrückt hatte, um seinem autoritären Vater nicht ähnlich zu werden, unter dem er sehr gelitten hatte. Stattdessen hatte er vor allem seine sanften, passiven Seiten gezeigt und war seiner Frau gegenüber in eine unterwürfige Rolle geschlüpft, während sie in ihrer Paarkonstellation die Rolle des autoritären, strafenden Vaters einnahm. Natürlich hatte auch seine Exfrau einen Anteil an der Paardynamik: Sie hatte in ihrer Kindheit zu viel Verantwortung übernehmen müssen und sich zeit ihres Lebens einen Macher an ihrer Seite gewünscht, allerdings unbewusst immer wieder Partner gewählt, denen sie überlegen war und die sie dominieren konnte. Sowohl Klaas als auch seine Frau steckten während ihrer Beziehung in ihren kindlichen Rollen fest. Anstatt die individuellen und gemeinsamen Entwicklungsmöglichkeiten auszuschöpfen, waren sie ihnen ausgewichen und hatten zugelassen, dass sich ihre jeweiligen Rollen weiter polarisierten, was schließlich zum Zusammenbruch der Beziehung geführt hatte.

Klaas trauerte um das Scheitern seiner Ehe, aber auch um die Jahre, in denen er sich selbst nicht treu gewesen war. »Ich habe so viel unterdrückt. Ich habe so vieles nicht gelebt. Ich habe so vieles nicht mal bemerkt und gefühlt.« Klaas wuchs letztlich an der Trennung. Sie zwang ihn, sich selbst zu betrachten und sich mit seinen Gefühlen ernsthaft auseinanderzusetzen. Er nahm die größte Krise seines Lebens als Chance an, nicht so weiterzumachen wie bisher und die Entwicklungsschritte zu gehen, die ihn authentischer und beziehungsfähiger werden ließen.

Wir alle können das Ende einer Beziehung nutzen, um die Zukunft anders zu gestalten. Dazu gehört, dass wir unsere

Gefühle und unsere Verantwortung für unser Leben und unsere Beziehungen nicht weiter verleugnen. Dass wir in die Kammern unserer Seele blicken, die wir gern verschlossen halten, weil wir Angst vor den unangenehmen Gefühlen haben, die wir dort verstaut haben. In dieser intensiven Auseinandersetzung mit dem, was *wirklich ist*, begegnen wir uns selbst und werden echter, stärker und greifbarer. Und dann kann in der nächsten Beziehung mit dem nächsten Partner wirklich einiges anders werden.

# SECHS

## The (happy) End …

*How do you spell love?*
*You don't spell it, you feel it.*

PU DER BÄR

## Liebe ist … das alles und noch viel mehr

Wie es uns gelingt, uns auf die Liebe und ihre Wellenbewegungen einzulassen, statt sie zu überfordern

Vor ein paar Jahren führte ich mit einer Journalistin ein Interview zum Thema Liebe. Die erste Frage, die sie mir stellte, lautete: »Was ist Liebe?«

»Ist die Frage Ihr Ernst?«, fragte ich sie und sah meine Mittagspause dahinschwinden. »Also: Man kann sich der Liebe philosophisch, soziologisch, psychologisch oder ganz persönlich nähern. Ich könnte Ihnen auch mein Lieblings-Liebesgedicht aufsagen. Sie können 200 Menschen diese Frage stellen und Sie werden 200 verschiedene Antworten bekommen«, erklärte ich. Sie lachte und wir einigten uns darauf, dass sie mir konkretere Fragen stellte, die ich aus psychologischer Sicht eindeutiger beantworten konnte.

Nach dem Interview ging ich mit meinem Hund spazieren. Mein Weg zum Elbstrand führt über einen Friedhof und manchmal bleibe ich stehen und lese die Inschriften auf den Grabsteinen. An diesem Tag fiel mir im Vorbeigehen ein großer heller Stein auf, auf dem stand: »Hans und Ellie – Die Liebe überdauert alles.« Ellie war fast 20 Jahre nach Hans gestorben. Hatten sie den Spruch gemeinsam ausgesucht, kurz vor seinem Tod? War die Inschrift sein oder ihr letzter Wille gewesen? Jede Antwort rührte mich. Ich dachte an eine Großtante meines Mannes, die sich bis zu ihrem Tod im Jahre 2010 geweigert hatte, ihren Ehemann, der aus dem

Zweiten Weltkrieg nicht zurückgekommen war, für tot erklären zu lassen, »weil es so wenigstens noch Hoffnung gibt«. Ich dachte an meine Großmutter, deren erste große Liebe im Krieg gestorben war und die ab und an ein bisschen wehmütig sein Foto betrachtet hatte. Ich dachte an eine meiner Freundinnen, die gerade eine sehr schmerzhafte Trennung von ihrem Mann durchlebte. Und an meine eigenen glücklichen und unglücklichen Liebeserfahrungen, wie ich mich durch sie verändert, und was ich aus ihnen gelernt hatte.

»Liebe ist das Schönste und das Schmerzlichste«, schrieb Euripides vor mehr als 2000 Jahren. Liebe macht uns verletzlich und stark zugleich. Sie beschwingt uns, kann uns aber auch traurig machen oder zur Verzweiflung bringen. Für Hirnforscher ist die Liebe eine Ansammlung von Hormonen, für Psychoanalytiker Projektion, Übertragung und Wiederholung, für Soziologen eine unordentliche, schmerzhafte Notwendigkeit, die kurz vor dem Aussterben steht. Die meisten Menschen können Liebe zwar nicht theoretisch erklären, aber wir alle wissen, was Liebe ist, wenn wir sie fühlen. »Ich liebe dich« ist ein universeller Satz. Jeder versteht ihn. Er lässt sich in jeder Sprache sagen. Aber wir verstehen nicht alle das Gleiche darunter. Allzu oft wird Leidenschaft mit Verliebtheit und Verliebtheit mit Liebe verwechselt. Und auch das Gefühl der Liebe ist kein Garant für eine stabile, sichere Bindung, die die Stürme des Lebens übersteht.

Um Ordnung in das Liebeschaos zu bringen, erfand der US-amerikanische Psychologe Robert Sternberg in den 1980er-Jahren die sogenannte Dreieckstheorie der Liebe. Sternbergs bis heute anerkannte Liebesformel teilt Liebe in drei Grundkomponenten ein: Intimität, Leidenschaft und Verbindlichkeit. Fehlt eine der drei Komponenten, handelt es sich laut Sternberg nicht um wahre Liebe. Leidenschaft allein ist bei Verliebten zu finden, sie beinhaltet keine Tiefe und kein Versprechen. Verpflichtung ohne Intimität und Leidenschaft führt zu leerer Liebe und Intimität ohne Verpflichtung und Leidenschaft ist auch in einer (platonischen) Freundschaft zu finden.

Sternberg fand heraus, dass Paare umso glücklicher sind, je ähnlicher die Gewichtung der einzelnen Facetten ist und je stärker diese empfunden werden. Tatsächlich sehnen wir uns alle instinktiv nach einem möglichst gleichschenkligen Dreieck, das uns in Leidenschaft, Verbindlichkeit und Intimität aneinanderbindet. Aber diese vollkommene Liebe kann kein Dauerzustand sein, denn: zumindest Leidenschaft ist keine stabile Komponente. Dennoch schweißen unterschiedlich gewichtete und ausgeprägte Liebesgefühle zwei Menschen auf unbestimmte Zeit zusammen.

Im Idealfall ist Liebe beständig, aber sie kann auch vergehen. »Was ist, wenn die Liebe weg ist?«, werde ich oft gefragt. »Können wir unsere Beziehung dann noch retten?«

»Die Liebe kommt, die Liebe geht«, erwidere ich dann. Und fahre fort: »Die Liebe kommt, die Liebe geht, die Liebe kommt – wie eine Wellenbewegung, wie Ebbe und Flut.« Ich glaube an Liebe als ein Gefühl, das vielen Strömungen, vielen Irrungen und Wirrungen ausgesetzt ist. Vom ersten Kennenlernen und romantischen Blitzeinschlägen bis zu der ernüchternden Erkenntnis, dass der andere doch kein Traumprinz/keine Traumprinzessin ist, vom bewussten Entscheiden füreinander beim Zusammenziehen, bei der Hochzeit, beim Kinderkriegen bis zu den ersten schweren Konflikten, die alles, was man sich miteinander aufgebaut hat, in Zweifel ziehen. Vom stoischen Durchhalten, bis zum Wiederaufkeimen der Liebe, wenn man eine Krise gemeistert hat. Von den Alltagsspannungen und der damit einhergehenden sinkenden Leidenschaft bis zum tiefen Vertrauen ineinander. Vom aneinander Festhalten, nachdem die Kinder aus dem Haus sind, bis zur Entdeckung neuer Gemeinsamkeiten und Abenteuer. Liebe ist mal heiß und innig, mal leicht, mal verrückt und mal absolut langweilig. Liebe ist auch Aushalten und Vertrauen, dass gute Zeiten auf schlechte folgen. Der deutsche Philosoph Wilhelm Schmid plädiert ganz in meinem Sinne für eine »pragmatische Romantik« und spricht davon, »die Liebe atmen zu lassen. Immer nur tolle Gefühle, das wäre so, als atmeten wir immer nur ein«. Wer Vertrauen in die Wellenbewegungen der Liebe hat, wer sich dem Zyklus von Einatmen und Ausatmen hingibt, wird nicht immer auf der höchsten Welle der Liebe surfen, aber im Einlassen auf das, was wirklich ist, werden wir zur Liebe fähig und ihrer würdig werden.

## Die Überforderung eines Gefühls

Als ich vor einer Weile einem Freund erzählte, dass ich ein Buch darüber schreibe, wie die Liebe oft missverstanden und überfordert wird, mailte er mir einen Cartoon, in dem eine Fee heranschwebt und einem Mann zuruft: »Heute ist Ihr Glückstag. Ich habe noch einen Wunsch zu vergeben. Für Schnellentschlossene.« Der Mann antwortet ohne lang zu überlegen: »Dann möchte ich endlich wahre, reine, aufrichtige, immerwährende, unendliche, tiefe, leidenschaftliche, bedingungslose Liebe finden.« Im letzten Bild sieht man einen kleinen Hund, der sich hingebungsvoll an das Bein des Mannes klammert.

In diesem Cartoon findet sich die Quintessenz all dessen, was Sie über die Liebe wissen müssen: Das, was wir uns alle wünschen, gibt es nicht. Jedenfalls nicht zwischen zwei Menschen. Das heißt nicht, dass es keine Liebe gibt oder dass Liebe nicht absolut wundervoll, aufrichtig, tief oder leidenschaftlich sein kann. Ganz im Gegenteil – es gibt sie, die große, die wahre, ja sogar die andauernde Liebe. Aber sie ist nicht perfekt. Sie ist nicht immer himmelhochjauchzend. Sie ist kein Rausch wie die Verliebtheit, sondern ein nüchterneres, dafür aber umso stärkeres Band. Allerdings kommt die Liebe ohne Garantie: Wir können sie willkommen heißen, sie aber nicht verpflichten, zu bleiben. Sie ist ein Gast, der gut behandelt werden möchte, auch wenn die christliche Bibel sie hoffnungsvoll, aber leider fälschlicherweise jenseits aller menschlichen Fähigkeiten preist: »Die Liebe verträgt alles, sie glaubt alles, sie hofft alles, sie duldet alles.«

Solange die partnerschaftliche Liebe nur ein Ideal ist, werden wir von ihr träumen, sie aber nicht erfahren. Auf einem Podest bleibt sie unerreichbar und wir werden von der Realität zwangsläufig enttäuscht sein und der Liebe entweder zu viel zumuten oder an der wahren Liebe scheitern. Die Liebe, das höchste der Gefühle, kann nur erfahren werden, wenn sie auch gelebt wird – mit ihren Höhen und Tiefen.

Liebe allein macht jedoch noch keine Beziehung aus. Wir alle werden zwar mit der Fähigkeit geboren, zu lieben und uns zu binden, aber wie wir unsere Beziehungen schließlich gestalten und wie glücklich wir in ihnen sind, hängt vor allem davon ab, was wir in der Kindheit und Jugend erfahren haben. Hollywood und unsere Eltern prägen uns und unsere Sicht auf die Liebe gleichermaßen. Unsere Eltern, weil sie unsere ersten Bindungspartner sind. Hollywood, weil von dort die Bilder kommen, wie Liebe funktioniert. Und so stehen unsere alten, unerfüllten Bedürfnisse und die immer wieder angefachten Sehnsüchte (Romantik! Herzklopfen!

Leidenschaft!) in einem ständigen Spannungsfeld, das wir nur auflösen können, wenn wir anerkennen, dass jeder Liebe auch ein Mangel innewohnt.

Viele Menschen bringen wichtige Fähigkeiten mit, die ihnen in Beziehungen nützlich sein können. Dazu gehören Bindungssicherheit und Konfliktfähigkeit, Humor und psychische Stabilität. Dann brauchen wir noch das Glück, einen Partner zu finden, der ähnliche Werte und Zukunftsvisionen hat wie wir. Der Rest ist Arbeit. Denn eine Beziehung läuft leider nicht von alleine – sie wird von zwei Partnern gestaltet, durch Achtsamkeit, Offenheit, Verbindlichkeit und dem Wunsch, sich immer wieder aufeinander einzulassen. Jedes Paar tanzt einen ganz speziellen Tanz miteinander und tariert Nähe- und Distanzbedürfnisse aus, findet sein Gleichgewicht und seinen Rhythmus.

Eine Liebesbeziehung fordert uns immer wieder heraus, aber gerade in den immer wieder auftretenden Konflikten und Krisen liegen enorme Wachstumschancen.

Erfolgreiche Liebespaare suchen nicht nach Perfektion. Sie vertrauen einander und den Wellenbewegungen, die sie mal voneinander weg- und dann wieder zueinander hinbewegen. Sie lassen sich ein auf das, was ist und hören trotzdem nicht auf, sich nach dem zu sehnen, was sein könnte. Sie begegnen sich offen mit ihren Wünschen. Sie streiten sich. Sie vertragen sich. Sie verhandeln über ihre Bedürfnisse in dem Wissen, dass der Partner sie nicht vollends erfüllen kann. Sie enttäuschen sich und verlieren trotzdem nicht das Vertrauen ineinander. Sie passen Beziehungsregeln immer wieder an und halten ihre Beziehung somit lebendig. Sie zehren in schwierigen Phasen von der Vergangenheit und glauben an eine bessere Zukunft. Sie atmen ein und aus. Sie halten durch. Sie wachsen durch die Liebe des anderen in sich selbst hinein und entfalten ihr individuelles und gemeinsames Potenzial. So gelingt es ihnen, sich selbst und der Beziehung treu zu bleiben. Stabile, zufriedene Paare leben ihr Leben und ihre Liebe, aber sie überfordern sie nicht. Und sie hören trotzdem nicht auf, miteinander zu träumen.

# Dank

- an meine Klientinnen und Klienten, die mich immer wieder inspirieren: Ein herzliches Dankeschön für Ihr Vertrauen und die Erlaubnis, Ihre Geschichten (natürlich in anonymisierter und verfremdeter Form) zu erzählen
- an meine Agentin Gila Keplin von der Literarischen Agentur Simon: Danke, dass du meine verschiedenen Buchideen so geduldig mit mir sortiert und auch dieses Projekt wieder ganz wunderbar begleitet hast
- an das gesamte Piper-Team, an den Verleger Marcel Hartges und vor allem an mein Lektorinnen-Duo Maren Wetcke und Katharina Wulffius: Danke, liebe Maren, für deine großartige Unterstützung von A bis Z und die vielen konzentrierten Telefongespräche, die mich und das Buch jedes Mal ein Stück weiter gebracht haben; liebe Katharina, dir möchte ich herzlich für dein gründliches und achtsames Lektorat danken, es hat mir richtig Spaß gemacht, deine klugen Anregungen einzuarbeiten – und über James Bond habe ich auch noch etwas gelernt
- an meine jungen (und jung gebliebenen) Testleserinnen Friederike Kömmel, Meike Thea Lorenzen, Kirstin Meyer: Danke für eure hilfreichen Anmerkungen, auch wenn ich am Ende nicht jede meiner Frechheiten gestrichen habe
- an meine Chef-Testleserin Sabine Bohn: Tausend Dank, dass du mir seit Jahren immer wieder deine Zeit schenkst und meine Manuskripte kritisch und klug kommentierst; es ist sehr beruhigend, dich an meiner Seite zu wissen

- an meine Mutter: Danke für dein überschwängliches »okay« und dass du bei der telefonischen Hörbuchversion an den richtigen Stellen gelacht hast
- an meine Schwiegermutter Helga: Herzlichen Dank, dass du alle Grammatik- und Kommafehler aufgespürt hast und dich durch mein Manuskript gelesen hast, obwohl du nach 40 Jahren Ehe schon alles über die Liebe weißt
- an Andreas von Borstel von Phound Design: Danke, dass du immer die Geduld behältst und eine Lösung findest, wenn mein Computer oder das Internet mal wieder Spielchen mit mir treiben
- an meine Freundinnen: »Außer vom Gespräch der Frauen wird die Welt von den Träumen in ihrer Umlaufbahn gehalten« (José Saramago, *Das Memorial*). Danke fürs Zuhören und Dasein, für euer Vertrauen, eure Ehrlichkeit und euren Humor und nicht zuletzt für eure Liebesgeschichten, an denen ihr mich (hoffentlich weiterhin) teilhaben lasst
- an Patrick: Sonst sagen immer Männer, dass ihre Frauen ihnen den Rücken freihalten, aber bei uns gilt das eindeutig umgekehrt – danke für deine Unterstützung im Alltag, dass du in unseren Urlauben viele Stunden auf mich verzichtest und es mir nicht übel nimmst, wenn ich in jeden Buchladen muss oder an den schönsten Plätzen der Welt »nur noch einen Satz« schreibe. Vor allem danke ich dir, dass du mein größter Fan bist, obwohl du noch keines meiner Bücher gelesen hast.

# Quellennachweise

*Alle Zitate, die nicht auf Deutsch vorliegen, wurden von der Autorin selbst übersetzt.*

## Vorwort – Über die Liebe und dieses Buch

S. 14 *»Es gibt kaum eine Aktivität, kaum ein Unterfangen …«* Fromm, Erich: Die Kunst des Liebens, Frankfurt a. M./Berlin/Wien 1972.

## EINS – Woran wir glauben – was wir wissen – wovon wir träumen

### Die Geschichte von Sue und Frank

S. 20 *Laut Schätzungen des Statistischen Bundesamtes werden etwa 36 Prozent …* Pressemitteilung Nr. 258, 22. 07. 2014.

## ZWEI – Sich verlieben: Vom Suchen und Finden

### Von Traummännern und Traumfrauen

S. 29 *Aus der anfänglichen Attraktion wird eine fatale Attraktion …* Felmlee, Diane: Fatal attraction, in: The Dark Side of Close Relationships, Lawrence Erlbaum Associates, 1998.

S. 30 *»Wer in der Kindheit auch negative Züge in das Bild der Mutter …«* Person, Ethel: Lust auf Liebe, Reinbek 1990.

S. 30 *Wenn es uns gelingt, die Enttäuschung als sinnvolle Fortführung und Ergänzung des Verliebtseins zu verstehen …* Willi, Jürg: Die Psychologie der Liebe, Reinbek 2004.

### Jeder Topf findet einen Deckel

S. 33 *Ein Grund dafür, dass hoch qualifizierte Frauen über 40 in Deutschland zu den am schwersten vermittelbaren Singles gehö-*

*ren* … Hassebrauck, Manfred; Küpper, Beate: Warum wir aufeinander fliegen, Reinbek 2003.

S. 33 *Sie beschreiben ihre ideale Partnerin mit durchschnittlich 40 Prozent weniger Eigenschaften als Frauen* … Hantel-Quitmann, Wolfgang: Der Geheimplan der Liebe, Freiburg 2007.

S. 37 *Übrigens: Entgegen dem weitverbreiteten Mythos, dass Alleinstehende per se* … https://www.elitepartner.de/presse/wp-content/uploads/2013/08/ElitePartner-Studie-Juni-2013.pdf.

**Der »richtige« Partner**

S. 39 *Dass das Finden des Liebesobjektes immer auch eine Wiederfindung* … Freud, Sigmund: Drei Abhandlungen zur Sexualtheorie, 1905.

S. 43 *Und so fühlen wir uns zu jenen hingezogen* … Hendrix, Harville: So viel Liebe, wie du brauchst. Der Wegbegleiter für eine erfüllte Beziehung, Dörfles, 2009.

S. 44 *Auch wenn der Partner uns auf den ersten Blick komplettiert* – … Willi, Jürg: Die Zweierbeziehung, Reinbek 1990.

S. 44 f. *»Sie macht die noch immer nachwirkenden Demütigungen der frühen Kindheit gut* …« Person, Ethel: Lust auf Liebe, Reinbek 1990.

S. 45 *Studien belegen, dass Partner vor ihrem Kennenlernen* … Hassebrauck, Manfred; Küpper, Beate: Warum wir aufeinander fliegen, Reinbek 2003.

S. 50 *Zudem gilt die anfängliche Verliebtheit in langjährigen Partnerschaften*… Willi, Jürg: The significance of romantic love for marriage, in: *Family Process*, 36, 1997.

Riehl-Emde, Astrid; Willi, Jürg: Sich verlieben und die große Liebe. Eine Fragebogenaktion und Überlegungen aus paartherapeutischer Sicht, in: *Psychotherapeut*, 42, 1997.

Willi, Jürg: Die Zweierbeziehung (überarbeitete und erweiterte Neuausgabe), Reinbek 2011.

**Wir sind seelenverwandt**

S. 51 *Aber vorher mache ich noch schnell den Online-Test* … http://www.jolie.de/psychotest/sind-sie-und-ihr-partner-seelenverwandt-3012.html.

S. 53 *Denn laut griechischer Mythologie …* Platon: Symposion, in: Sämtliche Werke, Band 2, Reinbek 1986.

S. 54 *»Man liebt sich selbst im anderen.«* Hantel-Quitmann, Wolfgang: Der Geheimplan der Liebe, Freiburg 2007. Freud, Sigmund: Zur Einführung des Narzissmus, in: Gesammelte Werke, Band X, London/Frankfurt a. M. 1946.

**Das schönste Gefühl der Welt**

S. 63 f. *Hirnscans von Verliebten ähneln Personen …* Bartels, Andreas; Zeki, Semir: The neural basis of romantic love, in: *NeuroReport*, 11, 2000.

S. 64 *Und der Serotoninlevel sinkt auf Werte …* Marazziti, Donatella; Akiskal, H. S.; Rossi, A.; Cassano, G. B.: Alteration of the platelet serotonin transporter in romantic love, in: *Psychological Medicine*, 29, 1999.

S. 64 *Er bezog sich damit auf das berühmte »Brückenexperiment« …* Dutton, Donald; Aron, Arthur: Some evidence for heightened sexual attraction under conditions of high anxiety, in: *Journal of Personality and Social Psychology*, 30, 1974.

S. 64 *Ein gewisses Maß an Angst, Aufregung und körperlicher Anstrengung …* Hatfield, Elaine; Sprecher, Susan: Mirror, Mirror. The Importance of Looks in Everyday Life, New York 1986. Aron, A.; Dutton, D.; Aron, E.; Iverson, A.: Experiences of falling in love, in: *Journal of Social and Personal Relationships*, 6, 1989.

S. 65 *»Aber nur, wenn eine gewisse Grundsympathie beidseitig vorhanden ist …«* White, G.; Fishbein, S.; Rutstein, J.: Passionate Love and the Misattribution of Arousal, in: *Journal of Personality and Social Psychology*, 41(1), 1981.

S. 65 *»Liebe ist kein Hormoncocktail« …* Precht, Richard David: Liebe. Ein unordentliches Gefühl, München 2009.

**… and they lived happily ever after**

S. 67 *»Die Ehe war zum jrößten Teile …«* Tucholsky, Kurt: Danach, in: *Die Weltbühne*, 1. April 1930.

S. 68 *Nach vier Jahren ist der gemeinsam gezeugte Nachwuchs …* Buss, David M.; Schmitt, David P.: Sexual strategies theory: An evolutionary perspective on human mating, in: *Psychological Review*, 100, 1993.

## DREI – Mittendrin: Liebesleben und Beziehungsglück

**»Liebe dich selbst und es ist egal, wen du heiratest«**

S. 79 *Es ist das Verdienst von aufmerksamen Psychologen ...* Bowlby, John: The nature of the child's tie to his mother, in: *International Journal of Psychoanalysis*, 39, 1958.

Ders.: Bindung – Eine Analyse der Mutter-Kind-Beziehung, München 1982.

Ders.: Frühe Bindung und kindliche Entwicklung, München 2001.

Ders.: Bindung und Verlust. Mutterliebe und kindliche Entwicklung, München/Basel 2006.

Spitz, René: Vom Säugling zum Kleinkind. Naturgeschichte der Mutter-Kind-Beziehungen im ersten Lebensjahr, Stuttgart 1996.

Winnicott, Donald: Von der Kinderheilkunde zur Psychoanalyse, Gießen 2008.

Ders.: Vom Spiel zur Kreativität (Playing and Reality), Stuttgart 2006.

Ders.: Reifungsprozesse und fördernde Umwelt. Studien zur Theorie der emotionalen Entwicklung, Gießen 2002.

Ders.: Die menschliche Natur (Human Nature), Stuttgart 1994.

Ders.: Kind, Familie und Umwelt, München/Basel 1992.

Ders.: Babys und ihre Mütter, Stuttgart 1990.

Ders.: Familie und individuelle Entwicklung (The Family and Individual Development), München 1978.

S. 80 *»Nach kurzer Zeit fordert es diese Beschäftigung mit ihm als ein Recht ...«* Haarer, Johanna: Die deutsche Mutter und ihr Kind, München 1934.

S. 90 *Menschen mit einem unsicheren Bindungsstil können im Rahmen einer Partnerschaft ...* Finn, Christine et al.: Recent decreases in specific interpretation biases predict decreases in neuroticism: Evidence from a longitudinal study with young adult couples, in: *Journal of Personality*, 2014.

S. 91 *Die Psychologin Emmy Werner führte auf der hawaiianischen Insel Kauai eine Langzeitstudie durch ...* Werner, Emmy: The children of Kauai: a longitudinal study from the prenatal period to age ten, Honolulu 1971.

S. 92 *»Wer mich liebt, mit dem stimmt was nicht.«* Watzlawick, Paul: Anleitung zum Unglücklichsein, München 2005.

S. 93 *Bindung ist ein Prozess, der sich von der Wiege ...* Bowlby, John: Mutterliebe und kindliche Entwicklung, München/Basel 1972.

Brisch, K. H.: Bindungsstörungen, Stuttgart 1999.

Ders.: Bindung und frühe Störung der Entwicklung, Stuttgart 2012.

**Liebe macht blind**

S. 100 *Auch wenn die Konstellation von klammernder Frau und vermeidendem Mann ...* Bierhoff, Hans-Werner; Rohmann, Elke: Bindung in Partnerschaften, unter www.familienhandbuch.de, 28. März 2003.

S. 100 *Studien ergaben, dass Beziehungen zwischen ängstlichen Frauen und vermeidenden Männern ...* Kirkpatrick, L.; Davis, K.: Attachement style, gender, and relationship stability: A longitudinal analysis, in: *Journal of Personality and Social Psychology*, 66, 1994.

Von Sydow, Kirsten; Ullmeyer, Matthias: Paarbeziehung und Bindung. Eine Meta-Inhalts-Analyse von 63 Studien, publiziert zwischen 1987 und 1997, Stuttgart/New York 2001.

**Er wird sich noch ändern (oder ich ihn)**

S. 112 *»Das Geliebtwerden heilt unsere wunden Punkte und ...«* Person, Ethel: Lust auf Liebe, Reinbek 1990.

S. 116 *»I just told you both sides of the story!«* www.susanforward.com/mediaclips.htm.

S. 120 *»Weil das Gute ja immer da sein wird und immer toll sein ...«* Gilbert, Elizabeth: Das Ja-Wort, Berlin 2010.

S. 120 *»Vielleicht ist Transzendenz nicht nur auf einsamen Berggipfeln …«* Ebd.

**Wenn er mich liebt, liest er mir jeden Wunsch von den Augen ab**

S. 134 *Der US-amerikanische Paartherapeut Gary Chapman erkannte …* Chapman, Gary: Die fünf Sprachen der Liebe, Marburg 2001.

S. 140 *»Manchmal allerdings erhasche ich aus dem Augenwinkel einen Blick auf die Intimität selbst …«* Gilbert, Elizabeth: Das Ja-Wort, Berlin 2010.

S. 141 *»Dich«* Fried, Erich: Dich, aus: Als ich mich nach dir verzehrte. Gedichte von der Liebe, Berlin 1990.

*Dich*
*dich sein lassen*
*ganz dich*

*Sehen*
*daß du nur du bist*
*wenn du alles bis*
*was du bist*
*das Zarte*
*und das Wilde*
*das was sich losreißen*
*und das was sich anschmiegen will*

*Wer nur die Hälfte liebt*
*der liebt dich nicht halb*
*sondern gar nicht*
*der will dich zurechtschneiden*
*amputieren*
*verstümmeln*

*Dich dich sein lassen*
*ob das schwer oder leicht ist?*
*Es kommt nicht darauf an mit wieviel*
*Vorbedacht und Verstand*
*sondern mit wieviel Liebe und mit wieviel*

*offener Sehnsucht nach allem –*
*nach allem*
*was du ist*

*Nach der Wärme*
*und nach der Kälte*
*nach der Güte*
*und nach dem Starrsinn*
*nach deinem Willen*
*und Unwillen*
*nach jeder deiner Gebärden*
*nach deiner Ungebärdigkeit*
*Unstetigkeit*
*Stetigkeit*

*Dann*
*ist dieses*
*dich dich sein lassen*
*vielleicht*
*gar nicht so schwer*

S. 142 *»Ich bemühe mich, ihn zu verstehen und er versteht, dass ich ihn nicht verstehe …«* Berger, Senta: »Das Wir-Gefühl«, aufgezeichnet von Christina Berr, in: *Spiegel Wissen* 2, 2012.

**Bloß keinen Streit**

S. 146 *Laut Studien sprechen glückliche Paare zwar mehr miteinander als unglückliche Paare …* Holley, S. R.; Haase, C. M.; Levenson, R. W: Age-related changes in demand–withdraw communication behaviors, in: *Journal of Marriage and Family*, 75(4), 2013.

Gottman, John: Die 7 Geheimnisse der glücklichen Ehe, München 2002.

**Männer wollen Sex, Frauen wollen reden**

S. 154 *Der englische Gynäkologe und Sexualforscher William Acton schrieb 1875 …* Ryan, Christopher; Jethá, Cacilda: Sex at

Dawn. How we mate, why we stray and what it means for modern relationships, New York 2011.

S. 154 *»Jedenfalls sind der Mann, der das Weib flieht …«* Krafft-Ebing, Richard von: Psychopathia sexualis, München 1997, zitiert nach Fieseler, Klaus: Sex-Mythen. Zwischen Illusion und Realität, Berlin 2007.

S. 154 *Und 1975, vor gerade mal 40 Jahren, schrieb der US-amerikanische Psychologe Donald Symons …* Symons, Donald, zitiert nach Ryan, Christopher; Jethá, Cacilda: Sex at Dawn. How we mate, why we stray and what it means for modern relationships, New York 2011.

S. 154 *»Die sexuell unersättliche Frau ist höchstens in der Ideologie des Feminismus …«* Ebd.

S. 155 *Und das alles für beziehungsweise gegen die Handvoll Frauen, …* Maines, Rachel: The technology of orgasm. »Hysteria«, the Vibrator, and Women's Sexual Satisfaction, Baltimore 1999.

S. 155 *»Wofür braucht es einen elektrisch geladenen Hochsicherheits-Stacheldraht-Zaun …«* Ryan, Christopher; Jethá, Cacilda: Sex at Dawn. How we mate, why we stray and what it means for modern relationships, New York 2011.

S. 156 *Auch erotische Phantasien und vaginale Lubrikation sollen …* Maines, Rachel: The technology of orgasm. »Hysteria«, the Vibrator, and Women's Sexual Satisfaction, Baltimore 1999.

S. 158 *»Offensichtlich hat Kinsey diese Neurotikerinnen auch noch beruhigt.«* Bergler, Edmund; Kroger, William S., zitiert nach Maines, Rachel: The technology of orgasm. »Hysteria«, the Vibrator, and Women's Sexual Satisfaction, Baltimore 1999.

S. 160 *»Das ist gerade so, als forderte man einen Krüppel zum Rennen auf.«* Goldberg, Herb zitiert nach: »Hite-Report: Abnabeln von Doktor Freud«, in: *Der Spiegel*, 37, 1977.

S. 161 *Frauen dachten grundsätzlich etwas weniger an alles.* Fisher, Terri: Sex on the brain? An examination of frequency of sexual cognitions as a function of gender, erotophilia, and social desirability, in: *Journal of Sex Research*, 2011.

S. 161 *Und eine weitere Untersuchung über sexuelle Erregung beim Anblick von …* Chivers, M. L.; Seto, M. C.; Blanchard, R.:

Gender and sexual orientation differences in sexual response to the sexual activities versus the gender of actors in sexual films, in: *Journal of Personality and Social Psychology*, 93, 2007.

S. 162 *Weitere Studien lassen vermuten, dass es eine Form der körperlichen Erregung gibt …* Anokhin, A. P.; Golosheykin, S.; Sirevaag, E.; Kristjansson, S.; Rohrbaugh, J. W.; Heath, A. C.: Rapid discrimination of visiual scene content in the human brain, in: *Brain research*, 2006. Georgiadis, J. R; Kortekaas, R.; Kuipers, R.; Nieuwenburg, A.; Pruim, J.; Reinders, A. A. T. S. et al.: Regional cerebral blood flow changes associated with clitorally induced orgasm in healthy women, in: *European Journal of Neuroscience*, 24, 2006.

S. 163 *Und auf das Sexangebot wollten 75 Prozent der Männer eingehen …* Clark, R. D.; Hatfield, E.: Gender differences in receptivity to sexual offers, in: Journal of Psychology and Human Sexuality, 2, 1989.

S. 165 *»Der Grund, warum Frauen keinen unverbindlichen Sex mit euch haben ist …«* Conley, Terri, unter: http://nymag.com/thecut/2014/02/woman-with-an-alternative-theory-of-hookups.html.

S. 165 *Sie mögen nur keinen schlechten Sex.* Conley, Terri: Personality and Individual Differences?, in: *Perspectives on Psychological Science*, 4, 2011.

Buss, David M.; Schmitt, David P.: Sexual strategies theory: An evolutionary perspective on human mating, in: *Psychological Review*, 100, 1993.

S. 166 *Ein großer Studienvergleich, in dem die Unterschiede …* Petersen, Jennifer; Hyde, Janet: A Meta-Analytic Review on Gender-Differences in Sexuality 1993–2007, in: *Psychological Bulletin*, 136 (1), 2010.

S. 167 *»Sie sichert sich das Gefühl, ständig begehrt zu werden.«* Schmidt, Gunter: Das Verschwinden der Sexualmoral. Über sexuelle Verhältnisse, Hamburg 1996.

S. 167 *»Ich möchte mit dir schlafen« ist das männliche Äquivalent dazu …* Pedersen, Willy; Blekesaune, Morten: Sexual Satisfaction in Young Adulthood. Cohabitation, Commited Dating or Unattached Life?, in: *Acta Sociologica*, 46(3), 2003.

**Glückliche Paare haben zweimal pro Woche Sex**

S. 168 *Dazu der Sexualtherapeut Christoph J. Ahlers* … Ahlers, Christoph J., in: *ZEIT Magazin*, 18, 2013.

S. 172 *So gibt es beispielsweise seit vielen Jahren das interessante Fragebogentestergebnis* … siehe z. B. Gomilschak, Martin: Sexualität im interkulturellen Vergleich, unter http://www.uni-graz.at/~gomilsch/publi/sex/intersex.html.

S. 173 *Die dritte Gruppe jedoch, die glaubte, dass sie beim Lügen ertappt werden würde* … Alexander, M. G.; Fisher, T. D.: Truth and consequences: Using the bogus pipeline to examine sex differences in self-reported sexuality, in: *The Journal of Sex Research*, 40, 2003.

S. 174 *Eine 60-jährige Frau, die frisch verliebt ist, hat genauso viel Lust* …

Schmidt, Gunter; Matthiesen, Silja: Beziehungsdauer und Leidenschaft, Forum Sexualaufklärung und Familienplanung, 2009.

Schmidt, Gunter; Matthiesen, Silja; Dekker, Arne; Starke, Kurt: Spätmoderne Beziehungswelten, Wiesbaden 2006.

S. 175 *»Übersehen, vergessen wird, dass auch die Sexualität des Menschen eine Periodizität hat – …«* Schmidt, Gunter: Das Verschwinden der Sexualmoral. Über sexuelle Verhältnisse, Hamburg 1996. Siehe auch: Retzer, Arnold: Systemische Paartherapie, Stuttgart 2004.

S. 175 *Zudem gibt es die interessante Beobachtung, dass die sexuelle Befreiung* … Schmidt, Gunter: Das neue Der Die Das, Gießen 2014.

S. 177 *Nach der Geburt des Nachwuchses wird der Überschwang der Verliebtheit* … Fisher, H.: Warum wir lieben. Die Chemie der Leidenschaft, Düsseldorf 2005, S. 113 f.

S. 178 *»Da spielt es keine Rolle, dass man sich anfangs nackt vom Kronleuchter geschwungen hat* …*«* Schnarch, David, in: *ZEIT*, 2. 11. 2012.

S. 181 *»Wir sprechen nicht mehr von der Kunst der Liebe …«* Perel, Esther: Wild life. Die Rückkehr der Erotik in die Liebe, München 2010.

**Die Heirat ist die Krönung unserer Liebe**

S. 189 *»Kopf hoch: Es gibt viele glückliche Sklaven.«* Darwin, Charles, unter: http://www.darwinproject.ac.uk/darwins-notes-on-marriage.

S. 190 *»Aber die intimste aller Katastrophen …«* Gilbert, Elizabeth: Das Ja-Wort, Berlin 2010.

S. 199 *Tatsächlich sinkt die Paarzufriedenheit nämlich bereits …* Lucas, R. E.; Clark, A. E.; Georgellis, Y.; Diener, E.: Re-examining adaptation and the setpoint model of happiness: Reactions to changes in marital status, in: *Journal of Personality and Social Psychology*, 84, 2003.

S. 200 *Schlechte Paare ebenso. Neue Studien haben sogar ergeben …*

Dzar, K.: Assessing the effect of marital sexuality on marital disruption, in: *Social Science Research*, 39, 2010.

S. 201 *»Wir werden das sein, was wir zusammen tun können.«* Gorz, André: Brief an D. – Geschichte einer Liebe, Zürich 2007.

**Mit einem Kind wird unsere Beziehung vollkommen**

S. 205 *Ein Kind stellt die Beziehung der Eltern …* Alesina, Alberto; Di Tella, Rafael; MacCulloch, Robert: Inequality and happiness: Are Europeans and American different?, in: *Journal of Public Economics*, 88, 2004.

Twenge et al.: Parenthood and marital satisfaction, in: *Journal of Marriage and Family*, 65(3), 2003.

S. 205 *Eine Studie ergab, dass die Zufriedenheit in der Ehe …* Gottman, John: Die 7 Geheimnisse der glücklichen Ehe, München 2002.

Gottman, John; Schwarz, Julie: And Baby Makes Three: The six-step plan for preserving marital intimacy and rekindling romance after baby arrives, New York 2007.

Doss, D.; Rhoades, G. K.; Stanley, S. M.; Markman, H. J.: The effect of the transition to Parenthood on relationship quality: An eight year prospective study, in: *Journal of Personality and Social Psychology*, 96, 2009.

S. 206 *Im ersten Lebensjahr des Kindes waren die elterlichen Depressionsraten …* unter: http://www.mrc.ac.uk/Newspublications/News/MRC007207.

S. 207 *»Väter ernten dauernd Schulterklopfen für Erziehungsaufgaben …«* Holofernes, Judith, in: *Vogue*, 2, 2014.

S. 210 *Studien belegen zudem, dass die glücklichsten Mütter diejenigen sind …* Rohmann, Elke; Schmohr, Martina; Bierhoff, Hans-Werner: Aufteilung der Hausarbeit, verletzte Erwartungen und Beziehungsqualität, in: *Zeitschrift für Familienforschung*, 14, 2002.

S. 214 *Kinderlose sind oft insgesamt ein bisschen glücklicher als Eltern …* Riehl-Emde, Astrid: Die Liebe – eine vernachlässigte Dimension in Paartherapie und Eheforschung, Zürich 1998.

Willi, Jürg: The significance of romantic love for marriage, in: *Family Process*, 36, 1997.

## VIER – Treue – der (un)moralische Vertrag

S. 223 *»Absolute Treue ist der Fels, an dem nicht nur das Schiff des Odysseus …«* Schmid, Wilhelm: Die Liebe atmen lassen, Berlin 2013.

### Männer sind Schweine

S. 226 *»Die betreffende Frau wird am Jüngsten Tage sich seufzend bei Gott beklagen …«* Kazantzakis, Nikos: Alexis Sorbas, Hamburg 1979.

S. 227 *Frauen hingegen haben nur eine begrenzte Anzahl von Eizellen …* Buss, David: The Evolution of Desire: Strategies of Human Mating, New York 1995.

Buss, David M.; Schmitt, David P.: Sexual strategies theory: An evolutionary perspective on human mating, in: *Psychological Review*, 100, 1993.

Miller, L. C.; Putcha-Bhagavatula, A. D.; Pedersen, W. C.: Men's and women's mating preferences: Distinct evolutionary mechanisms?, in: *Current Directions in Psychological Science*, 11, 2002.

S. 227 *Die Evolutionsbiologin Sarah Blaffer Hrdy ist sich sicher …* Hrdy, Sarah Blaffer: Infanticide among animals: A review, classificaton and examination oft he implications for the reproductive strategies of females, in: *Ethology and Sociobiology*, 1, 1979.

Hrdy, Sarah Blaffer: Mutter Natur. Die weibliche Seite der Evolution, Berlin 2002.

S. 228 *Den Frauen half also eine »Partner-Versicherung« …* Buss, David: Wo warst du? Der Sinn der Eifersucht, Reinbek 2003.

S. 229 *Ergebnis: Fast jeder zweite männliche Befragte (49 Prozent) …* Schreyer, Anna: »Was denken Sie über Untreue?« Online-Studie der Universität Braunschweig, 2008.

S. 229 *Der Paartherapeut Arnold Retzer spricht von 90 Prozent aller Männer und …* Retzer, Arnold: Systemische Paartherapie, Stuttgart 2004.

S. 229 *Frauen betrügen ihre Partner übrigens besonders häufig …* Baker, R. R.; Bellis, M.: Human sperm competition, London 1995.

Baker, R. R.: Copulation, masturbation, and infidelity: State of the art, in: Schmitt, A. (Hrsg.): New aspects of human ethology, New York 1997.

Smith, R. L.: Human sperm competition, in: Smith, R. L. (Hrsg.): Sperm competition and the evolution of animal mating systems, New York 1984.

S. 229 *Der Wunsch nach Treue steht ganz oben in der Beziehungshitliste …* Schmidt, Gunter; Matthiesen, Silja; Dekker, Arne; Starke, Kurt: Spätmoderne Beziehungswelten, Wiesbaden 2006.

S. 231 *»Man kann ein Gefühl tiefer Verbundenheit für einen Partner empfinden und gleichzeitig …«* Fisher, Helen: Warum wir lieben. Die Chemie der Leidenschaft, Düsseldorf 2005.

S. 232 *Selbst, wenn sie sich von ihrer Lust leiten lassen …* Townsend, J. M.: Sex without emotional involvement: An evolutionary interpretation of sex differences, in: *Archives of Sexual Behaviour*, 24, 1995.

S. 232 *»Es scheint, als würden sie von Natur aus dazu neigen, Sicherheitsüberlegungen …«* Gillath, Omri; Canterberry, Melanie: Neural correlates of exposure to subliminal and supraliminal sex cues, in: *Social Cognitive and Affective Neuroscience*, 7, 2012, zitiert nach: Johnson, Sue: Liebe macht Sinn, München 2014.

**In einer guten Beziehung ist man sich immer treu**

S. 239 *Es scheint, als ob mehr Männer, die in ihrer Beziehung eigentlich …«* Fisher, Helen: Warum wir lieben. Die Chemie der Leidenschaft, Düsseldorf 2005.

Clement, Ulrich: Wenn Liebe fremdgeht, Berlin 2009.

Glass, S. P.; Wright, T. L.: Justifications for extramarital relationships: The association between attitudes, behaviors, and gender, in: *Journal of Sex research*, 29, 1992.

Schmidt, Gunter; Matthiesen, Silja; Dekker, Arne; Starke, Kurt: Spätmoderne Beziehungswelten, Wiesbaden 2006.

S. 239 *»Affären kommen in glücklichen wie in unglücklichen Beziehungen vor …«* Clement, Ulrich: Wenn Liebe fremdgeht, Berlin 2009.

S. 246 *»Dreiecksbeziehungen sind der Versuch, die verschleppte Entwicklungsaufgabe, …«* Jellouschek, Hans: Warum hast Du mir das angetan? Untreue als Chance, München 1995.

S. 250 *Der Paartherapeut Ulrich Clement unterscheidet zwischen …* Clement, Ulrich: Wenn Liebe fremdgeht, Berlin 2009.

*Frauen sind laut Studien weitaus besser im Verheimlichen …* Ebd.

**Nach einem Seitensprung ist alles vorbei**

S. 252 *Liebesaffären sind tatsächlich der häufigste Anlass …* Betzig, L. L.: Causes of conjugal dissolution, in: *Current Anthropology*, 30, 1989.

Willi, Jürg; Limacher, Bernhard: Wenn die Liebe schwindet, Stuttgart 2005.

S. 254 *Problematisch wird es jedoch, wenn moralisierende Schwarz-Weiß-Beschreibungen …* Jellouschek, Hans: Warum hast Du mir das angetan? Untreue als Chance, München 1995.

S. 257 *Der Psychologe Ragna Beer, der an der Uni Göttingen über Untreue forscht …* unter: http://www.theratalk.de/studie_seitensprung_betrogene.html.

S. 262 *»Wir wollen gar nicht unseren Partner verlassen …«* Perel, Esther, unter: http://www.slate.com/articles/double_x/doublex/2014/03/esther_perel_on_affairs_spouses_in_happy_marriages_cheat_and_americans_don.html.

S. 262 *»Das positiv gespiegelte Selbstbild ist unser wichtigstes Lebenselixier …«* Precht, Richard David: Liebe. Ein unordentliches Gefühl, München 2009.

S. 263 *»Wenn Sie in ein paar Jahren auf die jetzige Zeit zurückblicken …«* Jellouschek, Hans: Warum hast Du mir das angetan? Untreue als Chance, München 1995.

**Treue ist auch keine Lösung**

S. 267 *»Der glitzernde Komet der Treue zieht einen Schweif des Leidens hinter sich her.«* Schmitter, Elke, in: *Spiegel Wissen*, 2, 2012.

S. 267 f. *»Warum ist erotische Liebe die einzige Ausnahme …«* Ryan, Christopher; Jethá, Cacilda: Sex at Dawn. How we mate, why we stray and what it means for modern relationships, New York 2011.

S. 268 *»Eifersucht und andere erschreckende Gefühle wurzeln tief …«* Lendt, Holger; Fischbach, Lisa: Treue ist auch keine Lösung, München 2011.

S. 269 *Eifersucht ist keine anerzogene Eigenschaft …* Buss, David: The Dangerous Passion. Why Jealousy is as Necessary as Love and Sex, New York 2000.

S. 274 *»Sex fühlt sich wie der ultimative Verrat an.«* Perel, Esther: Wild Life. Die Rückkehr der Erotik in die Liebe, München 2010.

S. 275 *»Wird er schlecht versorgt, steigt sein Misstrauen.«* Schmidbauer, Wolfgang: Heimliche Liebe, Reinbek 2001.

S. 276 *Studien besagen übrigens, dass Männer empfindlicher auf sexuelle Untreue reagieren, …* Buss, David M.; Larsen, R. J.;Westen, D.; Semmelroth, J.: Sex differences in jealousy: Evolution, physiology and psychology, in: *Psychological Science*, 3, 1992.

Buss, David M.: Wo warst du? Der Sinn der Eifersucht, Reinbek 2003.

S. 278 *»Sag mir nichts von deinen anderen Partnern«* Easton, Dossie; Hardy, Janet: Schlampen mit Moral. Eine praktische Anleitung für Polyamorie, offene Beziehungen und andere Abenteuer, München 2014.

S. 279 *Gleichzeitig übernehmen sie für sich selbst und ihre Partner Verantwortung …* Conley, Terri; Moors, A. C.; Ziegler, A.; Karathanasis, C.: Unfaithful individuals are less likely to practice safer sex than openly nonmonogamous individuals, in: *Journal of Sexual Medicine*, 9, 2012.

S. 280 *»Wählen Sie zwischen Pest und Cholera.«* Perel, Esther, unter: http://www.bbc.com/news/magazine-23726120.

S. 281 *Denn auch in entschieden monogamen Beziehungen gibt es viele Möglichkeiten …* Gottman, John; Silver, Nan: Die Vermessung der Liebe. Vertrauen und Betrug in Paarbeziehungen, Stuttgart 2014.

## FÜNF – Trennung: Wie man zurückblickt – wie man nach vorn blickt

### Wenn wir uns trennen, haben wir versagt

S. 288 *»Sie schwang sich lieber auf ein Rad und kannte jeden Wiesenpfad.«* Bofinger, Manfred; Könner, Alfred: Herr Dickbauch und Frau Dünnebein, Leipzig 2010.

### Eine Trennung traumatisiert die Kinder

S. 297 *»Leider produziert die Wendung ›wegen der Kinder‹ ein generationenübergreifendes Ausbildungslager …«* Kipnis, Laura: Liebe. Eine Abrechnung, Frankfurt am Main 2004.

S. 298 *»Die Qualität der Familienbeziehungen spielt eine deutlich wichtigere Rolle …«* Walper, Sabine: Die Folgen von Trennung und Scheidung für Kinder in Deutschland. Frühe Kindheit 02/11, Die deutsche Liga für das Kind, 2011.

Ständer, D.; Kuschel, A.; Heinrichs, N.; Bertram, H.; Naumann, S.; Hahlweg, K.: Der Einfluss von Familientyp und Partnerschaftsqualität auf die psychische Situation von Müttern und Kindern, in: *Psychologie in Erziehung und Unterricht*, 54, 2007.

Reis, Olaf; Meyer-Probst, B.: Scheidung der Eltern und Entwicklung der Kinder – Befunde der Rostocker Längsschnittstudie, 1999, in: Walper, Sabine; Schwarz, B. (Hrsg.): Was wird aus den Kindern? Chancen und Risiken für die Entwicklung von Kindern aus Trennungs- und Stieffamilien, München 1999.

S. 300 *Aber eine Trennung muss für ein Kind nicht traumatisch sein.* Largo, Remo: Glückliche Scheidungskinder, München 2014.

**»Liebeskummer lohnt sich nicht, my Darling«**

S. 303 *Dieses Phänomen ist als Frustrations-Aggressions-Theorie bekannt.* Fisher, Helen: Warum wir lieben. Die Chemie der Leidenschaft, Düsseldorf 2005.

S. 304 *Während einer Trennung durchlaufen wir …* Ebd.

S. 304 *Unsere Trennungsängste werden aktiviert, Stresshormone überfluten …* Nemeroff, C. B.: The neurobiology of depression, in: *Scientific American*, 278 (6), 1998.
Fisher, Helen, Ebd.

S. 305 *Tatsächlich gibt es eine neuronale Verknüpfung zwischen Liebe und Hass …* Panksepp, Jaak: Affective Neuroscience: The Foundations of Human and Animal Emotions, New York 1998.
Fisher, Helen, Ebd.

S. 305 *Die weibliche Version von verschmähter Liebe mündet nur selten in Gewalt …* u. a. unter: http://www.sueddeutsche.de/panorama/frauenmorde-sind-haeufig-beziehungstaten-toedliche-zweisamkeit-1.1365223.

S. 307 *Zurückweisung aktiviert ähnliche Hirnareale wie körperlicher Schmerz …* Eisenberger, Naomi I.: Broken Hearts and Broken Bones: A Neural Perspective on the Similarities between Social and Physical Pain, in: *Current Directions in Psychological Science February*, 21, 2012.

S. 307 *»Trennung ist alles, was wir von der Hölle wissen müssen …«* Zitiert nach Helen Fischer: Warum wir lieben, Düsseldorf 2005.

S. 307 *Fast die Hälfte aller Menschen erlebt während einer Trennung …* Mearns, J.: Coping with a breakup: Negative mood regulation expectancies and depression following the end of a romantic relationship, in: *Journal of Personality and Social Psychology*, 60, 1991.

S. 307 *Studien über Stress belegen, dass eine Trennung oder Scheidung ähnlich aufwühlend …* Holmes, T. H.; Rahe R. H.: *The Social Readjustment Rating Scale*, in: *Journal of Psychosomatic Research*, 11, 1967.

S. 307 *Bei einigen wenigen – vor allem älteren Frauen – kann eine Trennung …* Rosenthal, N. E.: The Emotional Revolution: How the New Science of Feelings Can Transform Your Life, New York 2002.

S. 307 f. *Männer flüchten sich nach einer Trennung häufig in selbstzerstörerisches Verhalten …* Hatfield, E.; Rapson, R.: Historical and cross-cultural perspectives on passionate love and sexual desire, in: *Annual Review of Sex Research*, 4, 1993.

S. 308 *Demgegenüber haben Menschen, die in der Kindheit weniger …* Gebhardt, Sue: Why Love Matters, London/New York 2004.

S. 312 *Etwa ein Drittel der Befragten neigte dazu, ihre Expartner über Facebook …* Marshall, Tara C.: Facebook surveillance of former romantic partners: Associations with post-breakup recovery and personal growth, in: *Cyberpsychology, Behavior and Social Networking*, 15, 2012.

S. 312 f. *Bleiben Sie körperlich und geistig in Bewegung, nicht zuletzt …* Rosenthal, N. E.: The Emotional Revolution: How the New Science of Feelings Can Transform Your Life, New York 2002.

Kolata, G.: Runners High? Endorphins? Fiction, some scientists say, in: *The Science Times, New York Times*, 21. 5. 2002.

## SECHS – The (happy) End

### Liebe ist … das alles und noch viel mehr

S. 325 *Sternberg fand heraus, dass Paare umso glücklicher sind, je ähnlicher …*

Sternberg, Robert: A triangular theory of love, in: *Psychological Review*, 93, 1986.

S. 326 *Immer nur tolle Gefühle, das wäre so, als atmeten …* Schmid, Wilhelm, in: *Spiegel Wissen*, 2, 2012.

S. 326 *Im letzten Bild sieht man einen kleinen Hund, der sich hingebungsvoll …* Touché by Tom *(taz)*.